Traité du trait

Cet ouvrage est édité à l'occasion de l'exposition
présentée au musée du Louvre, Hall Napoléon,
par le département des Arts graphiques,
du 26 avril au 24 juillet 1995.

Hubert Damisch

Traité du trait

Tractatus tractus

Réunion
des Musées
Nationaux

La présentation de l'exposition a été conçue par Christophe Clément
et réalisée sous sa direction par le Service des travaux muséographiques du musée du Louvre.
La restauration des dessins a été assurée par André Le Prat.

Le département des Arts graphiques tient à exprimer sa profonde gratitude aux responsables des
collections suivantes pour leurs prêts généreux :
Stedelijk Museum, Amsterdam
Musée national d'Art moderne, Centre Georges-Pompidou, Paris
Musée Guimet, Paris
Musée Picasso, Paris

Les organisateurs de l'exposition remercient tout particulièrement Varena Forcione
et Laura Gensini qui ont, avec le concours d'Annette Schmidt, prêté leur compétence inlassable
à toutes les phases de sa mise au point.

A Jacques Gies et Véra Linhartova, Marie-Laure Bernadac et Vivianne Tarenne,
Alain Sayag, François Rouan, Jacques Foiret, Jean Galard, Philippe-Alain Michaud,
est due la plus vive reconnaissance pour leur précieuse contribution.

Que tous ceux qui ont par ailleurs favorisé cette exposition de leur assistance éclairée
soient ici vivement remerciés :
Christine André, Agnès de la Beaumelle, Lydia Beauvais, Antoine Castanier, Michèle Gardon,
Gabriele Gerling, Françoise Heilbrun, Paul Joannides, Pierrette Jean-Richard, Brigitte Léal,
Catherine Legrand, Annick Lionel Marie, Nathalie Lorand, Laura Lucarini, Annie Madec,
Jean-François Méjanès, Elisabeth Moll, Catherine Monbeig Goguel, Jean Nicollier, Anna Pianezzola,
Madeleine Pinault Sørensen, Cendrine Prost, Bernadette Py, Brigitte Scart, Emmanuel Starcky,
Messody Zirhen, Véronique Goarin et Catherine Scheck,
ainsi que les Services de documentation du département des Arts graphiques
et du département des Peintures du musée du Louvre, du musée national d'Art moderne,
du musée Picasso et du musée Guimet, le Service culturel et l'Auditorium du Louvre,
et le Service photographique de la Réunion des musées nationaux.

Les membres du Service des travaux muséographiques, Joël Courtemanche, Clio Karageorghis,
Marielle Pic, ainsi que Daniel Bibrac, Nicole Chanchorle, Gérard Fabre, Didier Joaquim,
Eric Journée, Alexis Lemoine, Eric Persyn, Frédéric Poincelet, Béatrice Tambafendouno,
Matthieu Texier, Eric Valton, Stéphanie de Vomécourt, et l'atelier de montage des dessins du Louvre,
Norbert Pradel, Dominique Boizot, Philippe Sirop, ont voué à cette exposition leurs talents multiples.

A ceux qui ont assuré la publication du présent ouvrage,
Laurence Posselle, responsable de sa coordination,
Jean-Pierre Rosier, de sa maquette, Guillaume Rosier, de sa composition,
Gérard Haller et Gilles Gratté, de sa préparation, est due la plus extrême gratitude.

I.S.B.N. : 2-7118-2939-1

Sommaire

Avant-propos

De la Théorie du nuage *au* Jugement de Pâris, *Hubert Damisch n'a cessé d'interroger les œuvres d'art en critique moderne, qui allie (entre autres) Freud et Panofsky. Voici qu'il prête au Louvre ses lumières inventives pour un nouveau projet non moins original : l'étude du trait, qui s'épanouit en grammaire du dessin, sous l'égide d'un autre penseur, Wittgenstein. Qu'il nous soit permis de lui en témoigner notre gratitude amicale, ayant la faiblesse de croire (nous ne sommes pas les seuls) que le résultat est d'importance.*

Cette exposition n'est pas un Parti pris *dans le sens strict du terme, lequel requiert un discours extérieur à l'histoire de l'art, par un critère constant qui est la loi du genre. Hubert Damisch se considère, à tort ou à raison, comme un historien d'art, dont il ne récuse ni l'appellation ni la pratique. Son travail, qui s'insère dans la discipline, ne relève donc pas de la même intention. Mais la nuance est formelle, et par suite contestable. Car le propos de l'auteur emprunte plus volontiers les voies de la philosophie que les techniques de l'histoire. Il importe assez peu. Parti pris sans l'être, ce* Traité du trait *s'inscrit tout naturellement dans la série d'expositions naguère inaugurée par Jacques Derrida, dont il partage bien des prémisses théoriques. Et Damisch lui-même se plaît à reconnaître que cette ample méditation sur la nature du graphisme doit beaucoup, fût-ce pour s'en démarquer, au paradoxe aigu des* Mémoires d'aveugle : *la cécité du dessinateur.*

Par suite des travaux qui parachèvent le projet du Grand Louvre, le département des Arts graphiques va, dans les années qui viennent, réduire malgré lui ses activités publiques. Aussi lui faut-il suspendre, à titre provisoire, ces expositions d'un autre type, qui furent autant d'aventures intellectuelles. A lui d'en reprendre au plus tôt l'initiative, s'il veut être à la hauteur de ses ambitions. Car au moment même où l'histoire de l'art s'enrichit, non sans controverses, d'idées neuves et de méthodes critiques, parfois si radicales qu'elles n'hésitent plus à l'excommunier, la pratique du pluralisme est mieux qu'un devoir d'état : une exigence morale. Qui pourrait encore sans ridicule se prévaloir en l'espèce du privilège de la vérité ?

Françoise Viatte
Régis Michel

6

Retour à Wittgenstein ?

Raisins secs

« Peut-on dire : "Où manque le doute, manque aussi le savoir" ? »[1]

« Un gâteau, notait plaisamment Wittgenstein, ce n'est pas la même chose que des petits morceaux de raisins secs ».[2] Le constat serait trivial s'il n'était allusif : l'auteur y fustige sa propre manie de l'écriture en miettes, qui n'engendra jamais que des livres de notes. Mais nul mieux que lui, penseur de l'ascèse, ne goûtait sans doute l'amère volupté de faire maigre, au point que sa métaphore gourmande s'entend par antiphrase : le raisin sec est un aliment de choix, fût-il diététique, de la pensée moderne. A qui délaisse les vains systèmes d'une philosophie exsangue pour les énoncés modestes du langage ordinaire ne convient que l'exercice laconique de la forme brève : hygiène de l'aphorisme, catharsis du fragment. Il s'agit de subvertir la langue des philosophes, langue déformée, «comme par des souliers trop larges ».[3] Et sans doute faut-il entendre, dans ce jugement de savetier, nouveau prosaïsme, un tour dogmatique et un lexique obscur : bref, un ton de certitude.[4]

On ne s'étonnera guère qu'Hubert Damisch, lecteur de Wittgenstein, opte ici pour la même frugalité, volontiers lapidaire, où se dissout, dans le hiatus et l'ellipse, l'arrogance de la scolastique. Il n'est pas jusqu'au titre de cet ouvrage qui n'évoque, dans sa version latine,[5] le livre inaugural de Wittgenstein,[6] lequel se référait lui-même à Spinoza.[7] Cet hommage implicite a valeur de programme, assurément salutaire, dans l'état présent d'une histoire de l'art dont l'auteur, libre à lui, ne renie pas l'égide : retour à Wittgenstein. Mais lequel ? Le premier, celui du Tractatus, héraut putatif du néo-positivisme, qui fait de la proposition le tableau du monde ? Ou le second, celui des Recherches, qui troque le langage idéal de la logique pour le langage courant de l'expérience ? Hubert Damisch n'entre point dans ce faux débat. Aussi joue-t-il impunément du paradoxe formel que lui permet le nom de Wittgenstein, principe unitaire d'une pensée double. Car son travail reprend la numérotation progressive qui régit les sentences du Tractatus, où les décimales fixent, dans l'ordre décroissant, la hiérarchie des propositions. Mais la rigueur des chiffres ne saurait prescrire, en la matière (l'art), un raisonnement déductif more geometrico de goût spinoziste. Ce Traité se réclame d'un tout autre modèle que le Tractatus : celui des Recherches philosophiques, modèle réticulaire d'un questionnement tenace et d'une digression méthodique. C'est changer d'univers ou, pour simplifier beaucoup, passer de la logique à la pratique, de la thèse à l'hypothèse, et de l'aphorisme à la conjecture.

1. L. Wittgenstein, De la Certitude (Über Gewissheit), trad. fr. J. Fauve, Paris, 1965, rééd. 1990, paragraphe 122, p. 54.

2. Id., Remarques mêlées (Vermischte Bemerkungen), trad. fr. G. Granel, Paris, 1984 , 2e éd. , 1990, p. 85.

3. Cité par C. Chauviré, Ludwig Wittgenstein, Paris, 1989, p. 232.

4. « La certitude est comme un ton de voix selon lequel on constate un état de fait, mais on ne conclut pas de ce ton de voix que cet état est fondé » (L. Wittgenstein, De la Certitude, op. cit., paragraphe 30, p. 37).

5. Tractatus tractus : Traité du trait.

6. Tractatus logico-philosophicus (1921).

7. Tractatus theologico-politicus (1665).

« Ce que j'écris, avouait sur le tard Wittgenstein, est presque toujours un dialogue avec moi-même. Des choses que je dis entre quatre yeux ».[8] Le texte qu'on va lire obéit à cette exigence de colloque intérieur, entretien solitaire, monologue silencieux. Rien n'est – par bonheur – moins péremptoire *qu'une telle méditation, prodigue en détours, inflexions et méandres, où s'immiscent des pauses taciturnes. Le lecteur familier des produits bruts au style carré de l'érudition classique s'étonnera peut-être de cette écriture* circonspecte *qui décline à bon droit toutes les nuances de l'interrogation. Mais il aurait tort de n'y voir qu'un caprice de plume. Car c'est le tour approprié d'une pensée* critique, *laquelle a le doute pour registre, et le conditionnel pour mode : salubre antidote au vieux positivisme, qui ne connaît que la certitude et l'assertion. Voici donc d'Hubert Damisch les raisins secs...*

Jeu de langage

« L'œuvre d'art ne veut pas transmettre *quelque chose d'autre*, mais elle-même ».[9]

Qu'est-ce qu'un jeu de langage ? Cela ne s'explique pas.[10] Mais se décrit. *Car le concept de jeu n'est qu'un concept flou, soit à peine un concept.[11] Un jeu s'apprend en jouant : par l'exemple. Aussi Wittgenstein se borne-t-il, au paragraphe 23 – le plus fameux – des* Recherches, *à citer quelques jeux de langage pour leur valeur exemplaire. On en retiendra l'un qui nous intéresse ici : «décrire un objet d'après son aspect».[12] Car c'est le propos même de cet ouvrage, dont l'auteur s'astreint à des fins descriptives, qui s'agrémentent d'un* détail *subsidiaire – mais non négligeable : l'objet de l'entreprise est l'œuvre de l'art. Toute description se réfère en l'espèce à des éléments visibles, des faits visuels de teneur objective (les phénomènes de l'image, non les sensations du sujet). Le jeu de langage portant sur l'activité graphique, il s'agira de décrire par le menu ce que* fait *le trait dans une série d'œuvres aux provenances diverses, le Louvre en tête, choisies pour leur éclectisme, qui mêle expressément peintures et dessins, anciens et modernes, d'Orient et d'Occident, sans scrupules historiques ni réticences culturelles : soixante-deux objets à décrire sous le seul aspect de leur fonction graphique. L'objectif du jeu consiste à établir une valeur d'usage. Le sens d'un mot, répète Wittgenstein, avec insistance, en des formes variées, tient à son emploi* dans le langage. *On dira, par analogie, que le sens d'un motif tient à son emploi dans l'image. Au terme du jeu naît une morphologie des significations : quelque chose comme une* grammaire. *La grammaire du trait.*

Une toile de Fontana, qui introduit l'enquête, en résume d'emblée tous les paradoxes. Sur l'incision qui la déchire, nous portons notre *regard de contemporains, rompus aux gestes symboliques. Mais ce regard, on s'en doute, n'est pas libre. Car la toile fait écran. L'œil ne voit qu'au travers de la fente qui l'entaille. Par où le spectateur se fait* voyeur : *il ne perçoit le monde que d'un trait, par effraction, dans cette béance menaçante. La métaphore, qui est riche de connotations, campe du trait la scène primitive dans sa cruauté symbolique. En Occident, le trait coïncide avec la* violence :

---

8. *L. Wittgenstein,* Remarques mêlées, op. cit., *p. 97.*
9. Ibid., *p. 76.*
10. Id., Recherches Philosophiques *(Philosophische Untersuchungen, 1945), publ. à la suite du* Tractatus logico-philoso-phicus *sous le titre d'*Investigations philosophiques, *trad. fr. P. Klossowski, Paris, 1961, rééd. 1990, paragraphe 69, p. 148.*
11. Ibid., *paragraphe 71, p. 150.*
12. Ibid., *paragraphe 23, p. 125.*

il tend à détruire son propre support. Ainsi, chez Fontana, s'abolit-il lui-même dans la fureur acméique de sa lacération. Le trait ne s'incarne que dans son effacement.

D'où la double antithèse qui gouverne sa rhétorique. Car tout oppose la peinture chinoise à *l'art occidental. Le trait n'y tient pas un rôle auxiliaire, mais premier. Il utilise, non la pointe, mais le pinceau, et promeut, non la figure, mais le paysage. Surtout, le trait participe de la calligraphie. Dans la tradition lettrée, le peintre* écrit, *et cette écriture est travaillée par un mythe, quasi religieux : le trait unique. Au contraire de la peinture chinoise, qui vise à l'abstraction (l'universel), la peinture occidentale célèbre l'individu (le singulier). Le trait s'y avère* figural : *vecteur privilégié de la figure humaine, à travers le portrait, voire le profil. En atteste la fable qui prête à Dibutade l'invention de la peinture. Sur la pierre où s'inscrit l'ombre de son amant, la jeune Corinthienne en dessine la trace, qui cerne les contours de la silhouette. On voit que, mémoire et désir, le trait* fixe la *présence : il éternise une empreinte, restitue un absent, ressuscite les morts. De là cette autre antithèse, qui en est comme le corollaire : celle de la ligne et du trait. La véritable origine de la peinture, note Damisch, c'est l'invention de la* ligne, *ou contour idéal. Ce clivage séculaire, d'écho métaphysique, partage depuis la Renaissance toute l'esthétique occidentale, qui réduit le destin du graphisme à ce lent procès d'idéalisation. La ligne exalte l'idée, quand le trait flatte la matière. L'un tend à la pesanteur, et l'autre à l'épure. Ainsi le contour est-il le propre de la géométrie. Et le trait, principe de l'expression, s'annexe la caricature. Le trait charge, où la ligne décharge. Ces termes éloquents sont d'ordre économique : ils renvoient à la* libido *freudienne. A l'ordre de la pulsion. Le trait se dévergonde (en tous sens) avec la modernité, qui le détache de la figure : l'excès le dote de son autonomie. La force de ces idées, que gauchit tout résumé, ne tient pas seulement à leur pertinence intrinsèque. Mais à leur mode (littéral) d'exposition : elles sont ici* montrées, *au sens de Wittgenstein. En action.*

Silence bruyant   « Ne pensez pas, mais *voyez !* »[13]

Le texte qui suit ne vaut pas seulement par ce qu'il dit. Mais par ce qu'il ne dit pas. Son mutisme est disert et son silence bruyant. Le paradoxe n'a rien pour surprendre. On se souvient que Wittgenstein ponctue son Tractatus *d'une maxime implacable : « Ce dont on ne peut parler, il faut le taire ».[14] Nul doute que l'injonction ne vise le* bavardage de la métaphysique. *Le Cercle de Vienne ne s'y est pas trompé, qui en fait le slogan favori du positivisme logique. Car le discours de la philosophie regorge d'énoncés parasites qui s'avèrent autant de faux problèmes puisqu'ils n'ont pas de solution. Tels sont les problèmes existentiels* (Lebensprobleme) *aux formules éculées du type : « Qui suis-je ? Où vais-je ? D'où viens-je ? », et ainsi de suite. Il s'agit de non-sens. Aucune proposition ne peut y répondre. Elles ne renvoient qu'aux prédicats du locuteur. Aux croyances de l'individu. Ce que Wittgenstein appelle* mystique, *sans acception péjorative : terroir de l'énigme aux prémisses insolubles.*

L'histoire de l'art a aussi sa mystique. *Nul n'en ignore les postulats majeurs, qui doivent beaucoup à l'idéalisme allemand de ses origines, Winckelmann, Hegel et quelques autres : l'artiste (et la*

---

13. Ibid., *paragraphe 66, p. 147.*
14. Id., Tractatus, *op. cit., 7, p. 107.*

psychologie), *l'intention (et l'empathie), le sens (et la vérité), l'œuvre (et la présence), la forme (et l'idéal), l'histoire (et la causalité), etc. Ce sont les avatars têtus de la métaphysique du* sujet, *qui définissent le système auctorial : le culte de l'auteur. Hubert Damisch les évacue par omission. Qui vaut anathème. Car ces notions conjecturales ne sont pas opératoires. Elles ne servent de rien puisqu'elles excèdent les ressources du langage. Il n'est même pas besoin de les* déconstruire. *Il suffit de les écarter. Ce sont des illusions philosophiques dont n'a que faire une entreprise de description: un projet de grammaire. L'histoire de l'art n'explique pas le monde, mais décrit les faits (de langage). Elle n'examine pas l'ordre des causes (la généalogie des origines), mais l'ordre des raisons (les règles du jeu). Ce texte est exemplaire par la radicalité de son parti : dédaigner la méthode. Et l'histoire de l'art. Ainsi réduit-il les artistes à de purs* noms propres, *enfin délivrés des mirages du vouloir-dire. Car le jeu de langage se joue* hic et nunc, *ici et maintenant, dans la seule temporalité des joueurs eux-mêmes. Hors texte. Hors contexte. Hors sujet.*

Le discours sur l'art est, depuis sa moderne genèse, dans l'Allemagne historiciste du siècle dernier, frappé d'une amnésie tenace, l'oubli du langage. Rien n'est donc plus urgent que de rappeler aujourd'hui, comme le fait Damisch, cette évidence première : les œuvres d'art n'existent que dans le langage (le nôtre) et comme langage (le leur, c'est-à-dire encore le nôtre). Tel est le sens élémentaire d'un retour à Wittgenstein, moment cathartique d'une stratégie de rejet, qui traite avec une légitime désinvolture ces entités positivistes que sont la théorie, la méthode et le reste. Mais le mot d'ordre ne va pas sans difficultés manifestes, à l'intérieur même du langage. Elles mériteraient à coup sûr une discussion d'ampleur, qui serait ici déplacée. Hubert Damisch en est si conscient qu'il les suggère lui-même au gré de son soliloque. Toutes les opérations qui président au jeu de langage – décrire, voir, comprendre – sont suspectes d'objectivisme. Peut-on décrire sans interpréter ? Peut-on voir sans projeter ? Peut-on comprendre sans préjuger ? Evidemment non. Mais jusqu'où la conscience de ces obstacles préfixes grève-t-elle la validité d'un projet de grammaire ? Wittgenstein lui-même a souvent dénoncé l'imposture naïve de la vision pure. « Il y a certaines choses dans le voir qui nous paraissent énigmatiques, parce que le voir tout entier ne nous paraît pas assez énigmatique ».[15] Et encore : « Comme il m'est difficile de voir ce que j'ai sous les yeux ».[16] Reste que, pour faire bref, le jeu de langage n'est pas exempt d'optimisme linguistique, analogue à celui que relevait Derrida chez Austin. Le lecteur de Wittgenstein, et Damisch le sait bien, qui interroge longuement le concept d'aspect (le voir-comme*), ne peut s'exempter des critiques les plus décisives du langage (le préjugé de Gadamer, la dissémination de Derrida, ou la boîte à sardines de Lacan). Car la question dernière est toujours la question du sujet. Quel est ce* je *qui dit les règles du jeu ? Quel est ce sujet qui dit la fin du sujet ?*

Régis Michel

15. *Cité par J. Bouveresse,* Wittgenstein : la rime et la raison. Science, éthique et esthétique, *Paris, 1973, p. 202.*
16. *L. Wittgenstein,* Remarques mêlées, op. cit., *p. 55.*

0.

« J'accompagnerai ces images d'un peu de texte
que l'on puisse ne pas lire, ou ne pas lire d'un trait. »

Paul Valéry, *Degas, Danse, Dessin.*

Incise

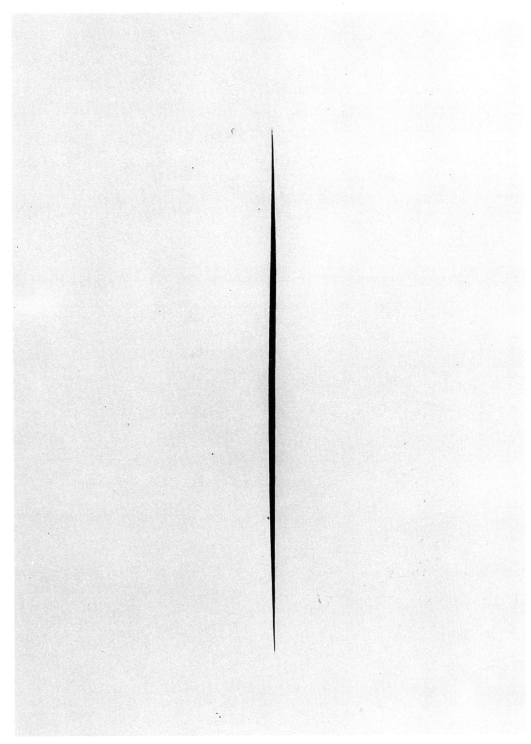

1 Lucio Fontana, *Concept spatial / Attente*, Amsterdam, Stedelijk Museum.

0.   Qu'un artiste en soit venu, dans les années soixante de ce siècle, à lacérer à une ou plusieurs reprises, d'un coup de rasoir, une toile tendue sur un châssis et préalablement enduite d'un film de couleur uniforme, certains seront tentés d'y voir un trait d'époque : cet attentat perpétré contre le tableau serait bien dans la note du temps, ou du moment, dont elle porterait la marque. Une marque qu'elle exhiberait sous les dehors, précisément, de cette lacération, ou pour mieux dire : de cette *incision*. Prétexte, au départ de cet écrit, à cette « incise ».

0.1.   Mouvement lui-même caractéristique – autre « trait d'époque » ? – que ce passage du particulier au général : je fais ici référence à quelque chose comme le *tableau*, au sens générique du terme, alors que nous sommes en présence, matériellement parlant, d'une œuvre bien spécifiée, une toile – rarement le terme aura été mieux approprié – que le Stedelijk Museum d'Amsterdam a accepté de prêter au musée du Louvre pour les besoins de cette exposition, et qui a son *pedigree*, qui fait l'objet dans le catalogue d'une notice en bonne et due forme. Mais il n'est nul besoin de savoir que l'opération n'a rien eu d'unique dans l'œuvre de Lucio Fontana pour être tenté de reconnaître dans cette incision à même le support un attentat perpétré par ce peintre, sous le titre plus général des *Concetti spaziali*, contre l'idée, la notion de « tableau » telle qu'elle peut avoir cours, aujourd'hui encore, dans notre culture. A ceci près que si « tableau » il y a, en l'occurrence, il procède, en tant que tel, de la fente même qui l'entaille : attentat – si c'en est un – dès lors sans commune mesure avec un acte de vandalisme, auquel cependant il s'apparente (ailleurs la toile sera perforée d'un ou plusieurs trous, et qui pourront aller s'étendant, se multipliant).

0.2.   Voir dans l'estafilade, la balafre infligée au tableau (ou à ce qui en tient lieu), un trait d'époque – qu'on le tienne pour exemplaire ou pour dérisoire –, c'est, là encore, se laisser entraîner à une généralisation en même temps qu'à un déplacement, voire une dérobade sans doute inscrite, impliquée dans le concept, la notion même de « trait », et qui voudrait qu'un trait, quel qu'il soit, n'ait et ne puisse avoir de sens que dans un contexte donné (si équivoque et confus que soit par ailleurs le concept ou la notion de « contexte »). Avec pour premier effet que ce qui se présente sous les dehors d'une marque inscrite dans l'épaisseur du support qu'elle pourfend comme pourrait le faire d'une feuille de papier un coup de crayon trop aigu ou appuyé, ce trait (cette marque) nous semble lui-même porter le sceau du temps qui est le nôtre. De l'actif au passif, du marqueur au marqué, et de la production à la réception, de la décision qui aurait conduit le peintre à commettre cet attentat au symptôme qu'on est tenté d'y reconnaître, la fonction qui peut être celle du signe s'inverse, ou à tout le moins se modifie, s'altère (mais qu'est-ce, pour un trait, et à quelles conditions, que *faire signe* ?).

15

0.2.1.   La procédure de l'attribution va de pair avec l'altération du trait, le changement, la modification de ce qui en ferait le sens phénoménal : reconnaître ici la griffe de Fontana, c'est déjà considérer cette toile, et jusqu'à la marque qui l'affecte, sous un autre aspect. A supposer qu'il puisse en aller différemment d'un aspect, et qu'un aspect ne doive être essentiellement *autre*, par définition (l'autre d'un autre aspect).

0.3.   En fait d'*aspect*, le choix d'introduire par un tableau comme celui de Fontana ce qui devrait trouver à s'exposer et se donner à lire, doublement, comme un *Traité du trait* correspond à un projet rhétorique en même temps qu'à un parti pris de méthode.

0.3.1.   Pour ce qui est de la rhétorique, le projet muséographique autant que littéraire auquel répond cette exposition, qui mobilisera un ensemble de matériaux provenant par priorité du département des Arts graphiques du musée du Louvre, voudrait en effet qu'elle se limitât à une manière d'*aspectualisation*, au sens linguistique du terme (on verra plus loin comment l'entendre). S'inscrivant comme elle le fait au départ d'un parcours critique portant sur quelques aspects de cet objet – ou faut-il dire : de ce concept, de cette notion ? – pour le moins hypothétique qu'est le *trait*, la toile de Fontana devrait prendre figure d'affiche, ou d'enseigne (du latin *insigna* : «marque») dans le dispositif de l'exposition autant que dans le texte destiné à l'accompagner, voire – paradoxalement – à l'*illustrer*, au sens où on le dit de notes ou de commentaires qui viseraient à rendre plus clair un texte d'accès difficile, ou à la façon encore dont le tracé d'une figure peut aider à comprendre une démonstration de géométrie. Ce qui m'oblige à dire que la citation de Valéry qu'on a pu lire en exergue de ce *Traité* était tronquée.[1] Sans doute pourra-t-on, ce *Traité* – ou ce qui se donne pour tel –, ne pas le lire, ou ne pas le lire d'un trait. Mais c'est que la suite des dessins qui sont ici présentés (et dont la sélection a précédé la rédaction des pages censées l'introduire), cette suite devrait, idéalement parlant, se suffire à elle-même, le texte n'étant là que pour en développer, en *illustrer* – je le répète – le propos. Et comment en irait-il autrement, dès lors qu'on ne le lira, ce texte, dans le meilleur des cas, qu'après avoir visité l'exposition ? Loin que la lecture de ce catalogue soit indispensable à la bonne entente du scénario qui est celui de l'exposition, le texte empruntera à la limite des seules images non seulement ce qu'il pourra avoir – comme il se doit d'un «traité» – de systématique, mais son argument même, et jusqu'à ses tours et détours. Ce qui correspond assez bien – soit dit en passant – à l'idée que j'ai formée de longue date d'une pensée qui porterait moins *sur* les images, les productions, les œuvres de l'art, qu'elle n'aurait partie liée, et ne s'affairerait, ne s'activerait, ne travaillerait, *avec* elles.

0.3.2.   Le *concept spatial* de Fontana aura donc ici doublement valeur d'indice. En premier lieu pour la connexion réelle, physique, matérielle, dynamique, qu'implique la notion d'indice entre le signe apparent et l'objet, le phénomène ou l'acte qu'il dénote (pas de fumée sans

---

1. La phrase complète est la suivante : «J'accompagnerai ces images d'un peu de texte que l'on puisse ne pas lire, ou ne pas lire d'un trait, et qui n'ait avec ces dessins que les plus lâches liaisons et les rapports les moins étroits» (Paul Valéry, *Degas, danse, dessin*, in *Œuvres*, «Bibliothèque de la Pléiade», t. II, p. 1163).

feu, ni de trace de balle sans une arme elle-même à feu) : quelles que soient les connotations, sexuelles ou autres, qui peuvent s'y attacher, et quelles que puissent en être les conséquences quant à l'idée ou au concept de « tableau », sinon celui même de *trait*, la fente ouverte dans la toile de Fontana est d'abord l'indice d'une intervention qui a consisté sans nul doute possible en une *incision*. Mais indice, aussi bien, annonce du fait qu'il ne sera question du dessin, dans ce *Traité du trait*, que dans la seule mesure où celui-là (le dessin) en appelle, par le détour de l'idée, du concept de «trait», à une problématique beaucoup plus générale, et qui ne saurait s'accommoder d'aucun partage disciplinaire. Et ce, au risque – assumé – de l'abstraction, laquelle revêt chez Fontana des allures pour le moins singulières (on remettra à une autre occasion de s'interroger sur ce qu'il peut en être de ladite «abstraction» au regard d'une pensée de l'indice, et vice versa).

0.3.3.　Pourquoi une peinture – à tout le moins un tableau – en guise d'affiche ou d'enseigne, au départ d'une exposition consacrée en principe au dessin, en même temps que de frontispice pour un *Traité du trait* qui s'en voudrait l'illustration, au sens qu'on a dit ? Et pourquoi cette peinture-là ? Comme si – effet de l'histoire ou de la tradition – la question du dessin, telle qu'il nous appartient de la poser aujourd'hui, ne se laissait décidément pas plus disjoindre de celle de la peinture, voire de celle de la sculpture, qu'il n'en serait allé dans l'Antiquité classique (la critique insistant sur le fait que Fontana aura constamment travaillé à effacer toute différence entre peinture et sculpture). Comme si la question du trait (en général, et fût-ce sous ses espèces les plus abstraites) était indissociable de ce qu'il peut en être de celle du trait en peinture (ou en sculpture). Comme si cette trace qui n'a en apparence rien de graphique, qui se présente dès l'abord comme strictement indicielle, pouvait constituer une bonne introduction à un *Traité du trait*.

0.3.4.　Travail de l'*aspect* (du latin *aspicere* : «regarder»), au sens du dehors sous lequel une chose se présente à l'œil, ou à l'esprit, et qui implique nécessairement quelque chose comme une perspective, un point de vue, un angle de visée. Comme s'il nous fallait en passer par là, par cette marque, ou cette fente, pour considérer à travers elle ce qui va suivre. (Me vient ici à l'esprit cette photographie de Cartier-Bresson qui nous

Fig. 1. Henri Cartier-Bresson, *Bruxelles* (1932).

donne à voir deux hommes debout derrière une toile tendue dans la rue : l'un a l'œil collé à un petit trou marqué au plus près d'une barre verticale qui traverse l'image comme un trait, sans qu'on sache rien du spectacle qui s'offre à lui; au lieu que l'autre, aux allures de policier en chapeau melon, regarde au contraire de notre côté, méfiant, comme s'il se savait lui-même regardé, épié, surveillé.)

0.3.5. Mais travail d'aspectualisation, aussi bien, au sens plus proprement linguistique, grammatical, d'une temporalisation. Le parti pris de méthode auquel je m'en tiendrai ici se résumant à cela que, loin de prétendre à considérer les œuvres, et parmi celles-ci les productions graphiques du passé, avec les yeux qui furent ceux des contemporains (si tant est qu'un pareil propos soit tenable jusqu'au bout), il importerait d'être au clair sur ce que le regard que nous portons sur elles (fût-ce en chaussant les lunettes d'un Diderot ou celles d'un Baudelaire, ou s'essayant à penser avec Pline ou Alberti) doit au temps qui est le nôtre, et aux engouements autant qu'aux résistances de toute espèce que font lever en nous les productions et les pratiques qui sont les siennes, aux ouvertures qu'elles ménagent sur le passé autant qu'à l'aveuglement, voire au refoulement, qui peuvent en être l'effet. La question du *trait*, comment ne pas voir – ce qui ne sera pas affaire seulement d'optique, et que ce soit pour s'en féliciter ou au contraire pour le contester, ou s'en gausser – qu'elle emprunte partie de sa pertinence aux usages de l'art déclaré «contemporain», aux principes et aux règles que celui-ci ne cesse de se donner pour aussitôt les enfreindre ou les récuser? En fait de médiations, la première, et la plus importante, veut que les conditions de toute approche des productions du passé, aussi bien que de celles qualifiées d'«exotiques», soient à chercher ici et maintenant : si objective que se veuille cette approche, l'acuité en sera directement fonction de l'attention que nous prêtons aux productions de ce siècle.

0.4.   Comment décrire un pareil tableau? Et comment décrire l'incision qui affecte la toile, qu'elle crève sans pour autant ouvrir sur rien qui se situe «derrière» elle, quoi qu'ait pu en dire le peintre lui-même? Ainsi d'un acteur, au cinéma, dont on dit qu'il «crève l'écran» : l'attentat n'ayant cependant, ici et là, ni même sens, ni même réalité.

0.4.1.   La toile blanche, tendue, et la détente qu'y introduit l'incision. Béance légèrement obscène des deux lèvres de la fente. La couleur ayant de toute évidence été appliquée au préalable.

0.4.2.   Comment décrire un pareil tableau, comment qualifier cette incision, sans *virer* aussitôt à l'interprétation, sans y voir, y reconnaître une métaphore? Mais que pourrait signifier «interpréter» ce tableau, cette incision, sinon leur appliquer une grille de lecture, psychanalytique ou autre, qui supposerait d'en appeler à un «dessous» des choses, dont l'action ou l'opération dont le tableau est le produit semble conjurer jusqu'à l'idée? Une action ou une opération en deux temps : l'incision (comme le trait lui-même?) étant toujours, déjà, de l'ordre de l'*après-coup*.

0.5.   Attentat dirigé contre le tableau. Mais attentat, du même coup, dirigé contre le sujet auquel il appartient – selon la formule de Lacan – de se repérer en tant que tel dans son dispositif.

0.5.1.   Le trou, dans la toile, comme un point. L'incision, comme un trait. Avec, de l'un à l'autre, toute la distance qui sépare les deux définitions classiques de la ligne (de la *ligne*, non du *trait*) : la première, qu'on trouve chez Alberti, et qui veut qu'une ligne se réduise à une suite ininterrompue de points immobiles, accolés les uns aux autres; et l'autre, qui sera le fait de Léonard de Vinci, lequel l'assimile au parcours, à la trajectoire décrite par un point en mouvement. L'idée même de «description» demandant à être modulée selon qu'elle s'appliquera à un objet considéré comme stable, ou statique, ou à une entité exposée à une manière ou une autre de devenir, de changement, de fluctuation.

0.5.2.   Ou du *punctum* au *tractus*. Le fait, pour Roland Barthes, d'avoir qualifié de *punctum* le «détail» qui, dans une photographie, m'atteindrait dans mon être de sujet, à la différence du *studium* qui n'éveillera chez le consommateur qu'un intérêt d'ordre culturel, cette désignation a certes d'autres implications que géométriques : le *punctum* m'attire, me blesse, me remue, et du même coup traverse, zèbre, fouette, dérange le *studium*, l'analyse conduite en termes qui se voudraient objectifs. Mais le *punctum* d'une photo, «ce hasard qui, en elle, *me point* (mais aussi me meurtrit, me poigne)»[2], n'est jamais qu'un point, une piqûre, une marque que n'habite aucune puissance de tracement. «Une petite tache», «une petite coupure», comme l'écrit encore Barthes : à mettre en balance avec l'impact qui peut être celui du trait, à l'entendre en termes strictement graphiques, dont participent à leur manière les incisions de Fontana. Le trait qui m'attaque, qui me traverse, qui me rompt.

0.5.3.   A l'entendre, j'y insiste, en termes strictement graphiques : car, en fait de traits, et du trait de physionomie au trait de lumière, la photographie en joue à plaisir. Certains n'ont-ils pas été jusqu'à tenter d'enfreindre ce qui ferait la limite constitutive de cet art en s'efforçant de lui conférer une dimension graphique qui ne fût pas liée seulement au «motif» : fils et fibres, nervures, résilles, grilles, textures en tous genres, etc.? Les tracés lumineux que proposent les «rayographes» de Man Ray, engendrés qu'ils furent par l'action directe d'un faisceau lumineux sur la plaque sensible, s'approchent au plus près du dessin, sans qu'on soit en droit pour autant de les assimiler à des *traits*. Le terme impliquant l'idée d'une action (à commencer par celle de tracer une ligne, ou un ensemble de lignes), sinon d'une attaque – voire ce que j'ai nommé, à propos des incisions de Fontana, un «attentat» –, dont la souplesse ou le mordant exclurait qu'elle pût s'exercer à distance, et sans l'intervention d'un instrument, quel qu'il soit, en contact direct, immédiat, avec la surface d'inscription.

0.6.   Considéré en tant qu'élément graphique, et qui pourrait faire l'objet d'une approche tout à la fois descriptive et analytique, le trait – trait de plume, trait de crayon, trait de pinceau – peut paraître relever du *studium*. Mais l'analyse, la description, la réflexion même, ne sauraient, sinon atteindre leur objet, au moins s'en approcher que sous la condition pour elles de prendre en compte ce qui fait son mode d'activité propre, par quoi il nous sollicite sous des espèces multiples et ambiguës, et qui se laissent mal contenir sous la rubrique du *studium*, ainsi que le manifeste le champ sémantique qu'ouvre le mot «trait». A tout le moins en français et en italien, la langue anglaise, pour s'en tenir à elle, proposant un autre découpage.

2. Roland Barthes, *La Chambre claire*, Paris, 1980, p. 49.

0.6.1.   TRAIT, mot – comme l'écrivait encore Barthes – graphique et linguistique[3] (les Anglo-Saxons font la différence, à cet égard, entre *stroke*, ou *mark*, et *feature*). Mais terme, aussi bien, mécanique : les premiers sens du vocable que retient Littré ont rapport à l'action de tirer (une voiture, un chariot, un train de bateaux) en même temps qu'au lien (une corde ou une lanière de cuir) par l'intermédiaire duquel s'exerce cette action (à l'inverse – tension / détente – le «trait de corde» désignait, dans le supplice de l'estrapade, le moment où on laissait retomber le patient). Ou encore au lancer d'un projectile, soit avec la main, soit à l'aide d'une arme (le décoché d'une flèche), voire au projectile lui-même. Mais non sans que les autres acceptions du terme n'impliquent elles-mêmes l'idée d'un mouvement ou d'un tour plus ou moins vif, comme il peut en aller du tracé d'une ligne, d'une suite rapide de notes, d'un bon mot, d'une pensée brillante, d'un événement digne de remarque, ou encore – pour parler comme Littré – d'une attaque de l'amour ou de la méchanceté. Mais aussi bien celle (l'idée) d'une opération : le trait qui sert de repère, voire de modèle pour couper la pierre ou le bois, quand il ne prend pas valeur de marque ou de signe, d'élément caractéristique ou discriminant, qui n'aurait à la limite qu'une valeur diacritique (ce qui donne raison à Barthes, jusque dans la référence à la linguistique).

0.6.2.   L'opération qui consistait pour Fontana à inciser à une ou plusieurs reprises une toile enduite d'une couche de peinture uniforme et tendue sur un châssis, cette opération était elle-même de l'ordre du trait, à tout le moins du tracé, dans son principe et son tour, autant que dans ses effets. A commencer par celui qui veut qu'on reconnaisse sans doute possible ce «tableau» comme un «Fontana», et cette incision comme sa signature, en même temps que celle d'un temps, le nôtre, qui n'incline que trop à confondre, sous le titre du trait, le moment de l'ouverture avec celui de la clôture. Tirer un trait sur une affaire, c'est y mettre un terme, qu'on voudrait sans retour. Mais avoir le trait, aux échecs ou aux dames (dernier sens du mot que retient Littré), c'est, à l'inverse, disposer de l'avantage de jouer le premier, d'ouvrir la partie, de l'engager.

3. Barthes, *L'Empire des signes*, Genève, 1970, p. 9.

1.

Pinceau

2a Wan Shouqi, *Quatre Paysages*, rouleau peint (**2a** à **2g**) : exergue, Paris, musée Guimet.

2b Wan Shouqi, « *Première peinture pour Maître Jin* », 1651.

2d Wan Shouqi, « *Troisième peinture pour Maître Jin* », 1651.

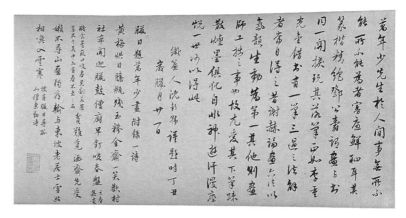

2f *Textes et commentaires.*

24

2c Wan Shouqi, « *Deuxième peinture pour Maître Jin* », 1651.

2e Wan Shouqi, « *Quatrième peinture pour Maître Jin* », 1651.

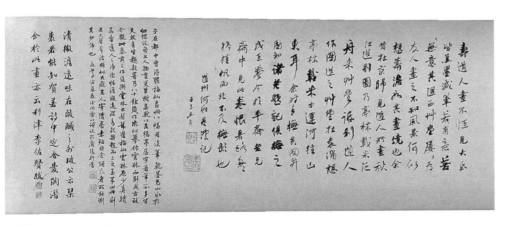

2g *Textes et commentaires.*

3 Anonyme chinois (XIVᵉ siècle), *Feuilles de bambou,* Paris, musée Guimet.

竹君子厄文人千載受冤

此春 板橋居士鄭燮

4 Zheng Xie, *Bambous et rochers*, Paris, musée Guimet.

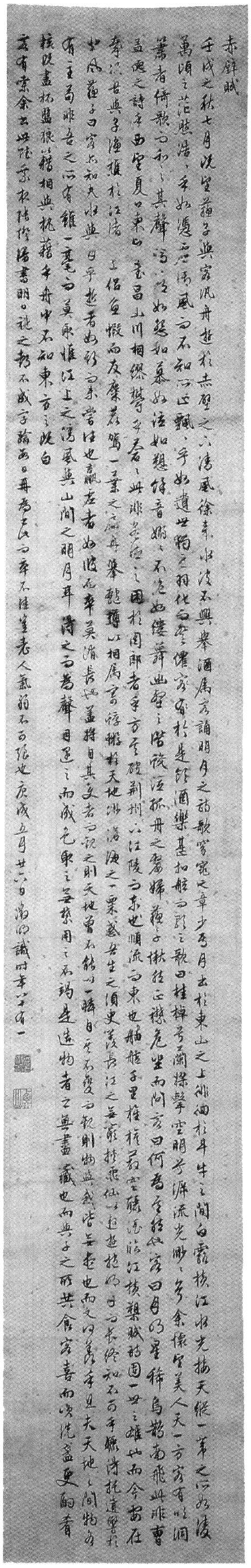

5 Wen Zhengming,
*Première Promenade
à la Falaise Rouge*,
Paris, musée Guimet.

6 Zhu Da, *Les Six Gentilshommes*, Paris, musée Guimet.

1.   Le trait m'ayant été donné à mes risques et périls, j'engagerai donc la partie par la bande, sous les dehors d'une variation géographique. L'enseigne ou le frontispice qu'a constitué le *Concept spatial* de Fontana était là pour manifester, d'entrée de jeu, l'équivoque qui s'attache à l'opposition marquée en Occident entre ce qu'on devrait nommer la peinture et les arts graphiques. Un détour préalable par la Chine me paraît dès lors s'imposer, et la peinture dite des «lettrés» : celle-ci n'accorde-t-elle pas une place centrale au *trait*, dans la double acception du terme, graphique et linguistique, ou à tout le moins scripturale ?

1.1.   La peinture chinoise ne se résume certes pas à l'esthétique des lettrés telle que celle-ci aura trouvé à s'affirmer à l'époque des Song du Nord. Et l'entraînement qui nous fait dire que ses plus grandes réussites se rencontrent dans la grisaille, et procèdent d'un maniement de l'encre et du pinceau dont la virtuosité serait redevable à la calligraphie[1], a quelque chose de suspect, trop bien accordé qu'il est au goût qui est aujourd'hui le nôtre, en même temps qu'à une image par trop réductrice de l'art de la Chine ancienne. Mais le fait qu'en des temps troublés, dans lesquels les privilèges qu'ils avaient acquis de longue date dans l'appareil d'Etat étaient remis en cause par l'accession au pouvoir de dynasties étrangères, les fonctionnaires et hauts dignitaires formés à la culture la plus raffinée qu'étaient les «lettrés» aient tenu à marquer leur différence par une pratique de la peinture elle-même «excentrique», et qui fût leur privilège exclusif, dit assez le recours que pouvait représenter pour eux un art aussi directement lié dans leur esprit à l'exercice de l'écriture, et plus encore à celui de la calligraphie, laquelle faisait leur raison d'être, sociale autant qu'intellectuelle. Mais c'est que de savoir jouer du pinceau, tantôt vers la droite, tantôt vers la gauche, puis de haut en bas et de bas en haut, éventuellement en en «cachant la pointe», la main suspendue dans le vide, à la manière des grands calligraphes de l'Antiquité et des maîtres de l'écriture cursive, n'avait pas que des implications utilitaires ou artistiques : «Lorsqu'il écrit spontanément, l'artiste renouvelle sans effort le geste du grand ancêtre des calligraphes, Ts'ang Kie, l'historiographe de l'Empereur Jaune, qui traça les premiers pictogrammes à l'image de la constellation K'ouei.»[2] Mais plus que cela encore : il renoue ce faisant avec le mouvement même de la vie, le rythme du Spontané, dont il transmet l'influx. Comme l'écrira d'une manière quelque peu provocante, à une époque figée dans l'académisme et le culte des Anciens, le «Moine Citrouille Amère», autrement dit Shitao, dans ses *Propos sur la peinture* : «N'importe qui peut

---

1. Peter C. Swann, *La Peinture chinoise*, trad. fr., Paris, 1958, nouv. éd., p. 11-12.
2. Nicole Vandier-Nicolas, *Art et sagesse en Chine. Mi Fou (1051-1107). Peintre et connaisseur d'art dans la perspective de l'esthétique des Lettrés*, Paris, 1963, p. 20.

faire de la peinture, mais nul ne possède l'Unique Trait de Pinceau, car l'essentiel de la peinture réside dans la pensée, et il faut d'abord que la pensée étreigne l'Un pour que le cœur puisse créer et se trouver dans l'allégresse. »[3]

1.1.1.   Opposer à une pratique strictement artisanale de la peinture une autre modalité d'exercice de cet art, qui en appelait par priorité au «cœur», siège de l'intellect, n'était certes pas chose nouvelle, et l'art des lettrés n'aura à bien des égards fait que mettre en relief un fil qui court tout au long de l'histoire de la peinture chinoise. Il n'en a pas moins correspondu à une révolution, sinon dans ce que nous nommons, en Occident, la hiérarchie des genres, au moins dans celle des objets qui méritaient de retenir l'attention du peintre (étant entendu qu'en Chine toute réforme ou toute révolution implique toujours un retour aux sources, avoué ou non)[4]. Sous les Song est venue à son terme une évolution séculaire qui aura vu le paysage se substituer progressivement aux êtres animés, et plus particulièrement au portrait, en tant que sujet le mieux accordé aux fins les plus élevées qui peuvent être celles de la peinture. Là où les architectures, les ustensiles, et en général les objets inanimés, mais aussi bien, désormais, les êtres humains et les animaux, ne requièrent du peintre qu'un rendu aussi fidèle que possible de leur forme extérieure, le «principe constant», que seul le lettré sera en mesure de saisir, englobe au contraire les montagnes, les pierres, les bambous, les arbres, les nuages, c'est-à-dire tous les éléments du paysage à travers lequel s'expriment l'élan et le rythme de l'Univers.[5]

1.2.   Shitao : «La beauté formelle du paysage se réalise par la possession des techniques du pinceau et de l'encre. Si l'on s'attache à cette seule beauté formelle sans tenir compte du principe, le principe se trouve en péril. Si l'on s'attache au seul principe, au mépris de la technique, la technique devient médiocre. [...] Mais si l'on se sert de l'Unique Trait de Pinceau comme mesure, alors il devient possible de participer aux métamorphoses de l'Univers, de sonder les formes des monts et des fleuves, de mesurer l'immensité lointaine de la terre, de jauger la disposition des cimes, de déchiffrer les secrets sombres des nuages et des brumes. »[6]

1.2.1.   Le rouleau dû au pinceau de Wan Shouqi (1603-1652), et qui réunit quatre paysages, n'a sans doute pas l'autorité des paysages d'époque Song ou Yuan. Peint qu'il fut en 1651, à Puxi, au Jiangsu, où Wan s'était retiré au lendemain de la chute de la dynastie des Ming, il n'en présente pas moins nombre des qualités graphiques de la grande peinture chinoise, et

---

3. Shitao, *Hua Yu Lu*, chap. XV; cf. Pierre Ryckmans, *Les «Propos sur la peinture» de Shitao, traduction et commentaire pour servir de contribution à l'étude terminologique et esthétique des théories chinoises de la peinture*, Bruxelles, 1970, p. 101.
4. Sur ce point, et en général sur la position des lettrés dans la société impériale, cf. F. A. Bischoff, *La Forêt des pinceaux. Etude sur l'académie du Han-lin sous la dynastie des T'ang et traduction du Han lin tche*, Paris, 1963.
5. Ryckmans, *op. cit.*, p. 21, n. 19. Comme l'écrit Mi Fu : «En général, pour les bœufs et les chevaux, comme pour les personnages et les objets, il suffit de copier pour saisir la ressemblance. Pour les paysages la copie ne réussit pas. Dans le paysage, le lieu où la pensée créatrice se saisit elle-même est élevé»; cf. Vandier-Nicolas, *Le Houa-che de Mi Fou (1051-1107) ou le carnet d'un connaisseur à l'époque des Song du Nord*, Paris, 1964, p. 37.
6. Ryckmans, *op. cit.*, p. 63-64.

2b, détail

cela de façon délibérément contrastée, mais d'autant plus significative. J'apprends des connaisseurs que les trois premiers de ces paysages, dédiés à un certain «Maître Jin», et qui décrivent les lieux mêmes où le peintre avait fait retraite, adoptent le style dépouillé qui fut au XIVᵉ siècle celui de Ni Zan, à l'heure où l'art des lettrés avait atteint à sa pleine indépendance. Ni Zan, maître révéré entre tous sous la dynastie des Ming, et dont il est dit que, travaillant comme il le faisait à l'«encre sèche», il «épargnait l'encre comme de l'or»[7]. Au point d'être à même de tirer parti comme nul autre de l'espacement entre les diverses parties du paysage pour suggérer, comme l'a fait Wan Shouqi dans le premier de ces paysages, plutôt que la profondeur (laquelle impliquerait une forme ou une autre de « perspective »), l'*intervalle*[8] qui peut séparer sur le blanc de la feuille un groupe de rochers qui s'avance au premier plan de deux langues de terre perdues dans le lointain : intervalle traité comme en réserve, entre deux groupes de tracés, si ne le marquait, ainsi qu'un point ou un léger trait sur la feuille, minuscule, le graphe d'une barque. Le quatrième de ces paysages, qui en reprend, en manière de coda, nombre d'éléments, étant au contraire traité dans une technique très différente, proche de la manière du plus célèbre des peintres d'époque Ming, Shen Zhou (1427-1509).[9] Lequel, après avoir longtemps travaillé dans l'esprit des grands maîtres Song et Yuan, et entre autres de Ni Zan, adopta sur le tard une technique beaucoup plus libre et heurtée : «L'encre est abondante et riche, mais déposée avec un pinceau court et dru, technique qui fait ressortir la structure des formes plus que l'atmosphère picturale.»[10] En marge de ce dernier paysage, cette inscription : «Après avoir fait la troisième peinture, j'étais encore inspiré; du coup, j'en ai fait une quatrième.» Dans ce qu'il a de faussement désinvolte, ce supplément revêt les allures d'un collage par le détour duquel ce représentant de la dernière génération des peintres lettrés de l'époque Ming a trouvé le moyen de relancer la partie engagée sous l'invocation du trait de pinceau, posant du même coup la question de ce qu'on peut (ou doit) entendre ici par «histoire».

2e, détail

1.2.2.   Moins d'un demi-siècle plus tard, il suffira à Zhu Da (1626?-1705) d'une inscription autographe (en haut à gauche d'un rouleau cette fois vertical), «*Peinture de six gentilshommes*», suivie de la date où a été peint cet autre paysage, durant l'été 1694, pour imposer implicitement la référence, une fois encore, à Ni Zan. Le titre est en effet celui d'une des

---

7. Vandier-Nicolas, *Peinture chinoise et tradition lettrée*, Fribourg, Paris, 1983, p. 174.
8. J'emprunte ce terme à Oswald Sirén (*Chinese Painting. Leading Masters and Principles*, Londres, 1956, 1958; rééd., New York, 1973, vol. IV, p. 162), lequel l'introduit quant à lui à propos d'un autre peintre, celui-là d'époque Ming, et dont il va être bientôt fait mention, Shen Zhou.
9. Michèle Pirazzoli et Hou Ching-lang, «Une peinture pour un poème : un rouleau de Wan Shouqi (1603-1652)», *Arts asiatiques*, vol. XXVIII (1973), p. 185-200.
10. Sirén, *loc. cit.*

compositions parmi les plus connues de ce peintre, dont Zhu Da reprend ici la donnée : un groupe de six arbres étirés en hauteur est implanté au premier plan sur un îlot rocheux séparé par un large intervalle d'une chaîne de basses montagnes qui se dressent au bord de l'eau, en haut du rouleau.[11] Si l'iconographie est classique, la différence de traitement est immédiatement visible : dans le rouleau de Zhu Da, le sommet du plus haut des arbres touche presque à la ligne de crête, à peine indiquée, et sans qu'on puisse dire ce qu'il en est de la distance qui sépare celle-ci du rivage rocailleux sur lequel se dressent, au premier plan, les « six gentilshommes », eux-mêmes dessinés de façon beaucoup plus rapide et nerveuse, les diverses variétés de traits, allant jusqu'à la tache, correspondant à leurs différentes essences. Là encore on citera Shitao, qui fut l'ami de Zhu Da : « Quand les Anciens peignaient les arbres, ils les représentaient par groupes de trois, cinq, ou dix, les dépeignant sous tous leurs aspects, chacun selon son caractère propre, et mêlant leurs silhouettes irrégulières dans un ensemble vivant au plus haut point. Ma méthode pour peindre les pins, les cèdres, les vieux acacias et les vieux genévriers, est de les grouper par exemple par trois ou cinq, en combinant leurs attitudes : certains se dressent d'un élan héroïque et guerrier, certains baissent la tête, d'autres la relèvent, tantôt ramassés sur eux-mêmes, tantôt campés bien droits, ondulants ou balancés. »[12]

1.2.3.   Six essences d'arbres, six variétés de traits.

1.3.   Le « trait », sous ses espèces les plus archaïques, voire préhistoriques, a bien pu consister en une incision pratiquée avec un instrument pointu ou tranchant à même une surface plus ou moins plane : ainsi des fragments d'écailles de tortue ou d'omoplates de cerf couverts d'inscriptions mis au jour en Chine, à la fin du siècle dernier, et qui servaient semble-t-il à des fins oraculaires, voire des ossements marqués de multiples entailles qui témoigneraient, si l'on devait en croire Alexander Marshack, des capacités mnémotechniques et comptables d'une humanité plus ancienne encore. Comme il peut se confondre avec les craquelures, fentes ou fissures que présentent ces mêmes ossements ou écailles, qu'elles soient dues à la chaleur du feu auquel les prêtres les exposaient dans l'attente d'une réponse à la question posée (ce qui impliquait qu'un sens pût leur être assigné), ou à l'usure et aux injures du temps : auquel cas seule une analyse poussée jusqu'au système permettra de faire le tri entre ceux qui seraient le fait de l'homme ou d'une puissance naturelle ou divine, et ceux qui seraient le produit du hasard.[13] Mais que le trait soit ou non déterminé comme humain, la notion n'en correspond pas moins aux linéaments d'une écriture, si problématique que puisse en être le statut au regard de l'ethnologie et d'une histoire, sinon d'une science de l'écriture, d'une *grammatologie* au sens où l'entend Jacques Derrida.[14]

11. *Ibid.* p. 81.
12. Shitao, *op. cit.*, p. 85.
13. Cf. Henri Maspéro, *La Chine antique*, Paris, 1965, p. 30-31 et 159, et Alexander Marshack, *Les Racines de la civilisation. Les sources cognitives de l'art, du symbole et de la notation chez les premiers hommes*, trad. fr., Paris, 1972.
14. « L'écriture oraculaire déchiffrée sur les os exhumés à Anyang, sur l'emplacement de la capitale des Shang Yin, n'est pas une écriture primitive. Elle s'inscrit dans le développement technique, destiné non pas à la communication des hommes entre eux, mais à la communication avec les esprits [...] D'après Léon Vandermeersch, "les prototypes les plus
...

1.3.1.   Le trait comme espèce ou figure du *gramme* – ou du *graphème* – qui nommerait l'élément.[15]

1.4.   « Quand mes intestins desséchés sont satisfaits par le vin, ils bourgeonnent et se bossellent. De mon foie et de mes reins jaillissent en un rythme rompu les bambous et les pierres. Foisonnantes les formes s'imposent à moi, irrésistibles, et se transcrivent sur votre mur, blanc comme la neige. »[16] Parmi les éléments du paysage qui ont retenu l'attention des peintres lettrés, la peinture de bambou occupe une position privilégiée, dès lors qu'aucune manière de trait n'est plus proche de l'écriture dite cursive que celui par lequel le peintre s'efforce à saisir le rythme, l'influx du bambou tel qu'il s'exprime à travers feuilles et tiges. A quoi il ne saurait réussir, diront les lettrés, qu'à en viser la « figure d'ombre », celle-là qui participe de la substance de la pure pensée, comme le fait encore l'image inscrite dans la mémoire. A l'époque des Song du Nord, Guo Xi l'entendait à la lettre : « Celui qui apprend à peindre le bambou [doit] prendre une branche de bambou, et profiter d'une nuit de lune pour en projeter l'ombre sur un mur blanc; alors la figure véritable du bambou lui apparaîtra. Comment celui qui apprend à peindre un paysage agirait-il autrement? Il lui faut, en effet, s'assimiler [le site] en se rendant, en personne, dans les montagnes et parmi les cours d'eau; il pourra en apprécier alors la signification. »[17]

1.4.1.   Deux peintures de bambou :
L'une, un rouleau vertical dû à un peintre anonyme d'époque Yuan, et qui participe jusqu'en sa mise en page de la calligraphie. A chaque feuille de bambou correspond un trait unique, tantôt allongé et tantôt court, large et pointu ou plus fin et incurvé, enchaînés dru, par paquets, sans que jamais la tige apparaisse, les valeurs de l'encre passant du noir intense au gris délavé pour signifier l'espacement par des moyens qui n'ont pour autant rien d'« atmosphérique ». D'où l'apparence d'extrême modernité d'une peinture qui opère en fait au plus près de l'« écriture d'herbe ».

3, détail

L'autre, *Bambous et rochers*, d'époque Qing, et signée du « retraité lettré Zheng Xie », l'un des « Huit excentriques de Yang Zhou » (1693-1795), lui-même réputé par-dessus tout pour ses peintures de bambous, dans lesquelles il renouait avec la pratique plus ou moins mythique de ses grands devanciers. Le paradoxe voulant ici que les

...
anciens d'écriture devaient être des monogrammes emblématiques d'entités spirituelles tracés sur des vases à destination cultuelle ou au moins rituelle" », Vandier-Nicolas, *Peinture chinoise et tradition lettrée, op. cit.*, p. 17. Cf. Vandermeersch, *Wang Dao ou la voie royale. Recherches sur l'esprit des institutions dans la Chine archaïque*, vol. II, Paris, 1980.

15. Jacques Derrida, *De la grammatologie*, Paris, 1967, p. 19.

16. Zu Xi (1036-1101), cité par Vandier-Nicolas, *Art et sagesse en Chine..., op. cit.*, p. 197.

17. Guo Xi, *Linquan Gaozhi* (Le haut message des forêts et des sources), cité par Vandier-Nicolas (*op. cit.*, p. 205), laquelle emprunte à Su Dongpo l'idée de la « figure d'ombre », *ying-siang* : le caractère *ying*, dont le sens premier est ombre, s'employant par analogie pour désigner une peinture. Cf. également Shio Sakanashi, *An Essay on Landscape Painting*, Londres, 1935, p. 35.

4, détail

feuilles soient tracées d'un trait rapide, proche de la tache (comme il en va du rocher, dont le contour est cependant indiqué par un trait fin), tandis que les tiges le sont elles-mêmes d'un trait appliqué, et qui s'interrompt pour laisser voir les nœuds du bois, ce qui correspond à une manière d'écriture plus régulière. A Mi Fu qui lui demandait pourquoi il peignait les bambous d'un seul jet, Zhu Xi répondit : « Pendant la croissance du bambou, se forme-t-il jamais des nœuds successifs ? »[18]

1.4.2.   Mais l'analphabète que je suis s'inquiète : est-il possible à qui ne dispose en matière d'écriture et de calligraphie chinoises que de maigres connaissances, essentiellement livresques, de se faire une juste idée du trait, et de ses fonctions, de son opération, dans le cadre non pas seulement de l'esthétique, mais de la pratique lettrée de la peinture ? Ne dit-on pas qu'une seule erreur dans l'ordre dans lequel les traits d'un même caractère doivent être tracés compte pour une faute d'orthographe ?

1.4.3.   « En l'automne de l'an *renxu*, le seizième jour de la septième lune, Su Shi et ses amis passèrent en bateau au pied de la falaise rouge. » Ainsi commence un long poème composé en 1082 par Su Dongpo, et dont Wen Zhengming a transcrit intégralement la première partie dans une fine écriture régulière. Wen Zhengming, l'un des disciples les plus célèbres de Shen Zhou, et le maître le plus influent de l'époque Ming, mais aussi l'un des plus sages, les moins « excentriques ». Faut-il penser que l'échec qu'il avait subi dans sa carrière officielle y fut pour quelque chose, le besoin de reconnaissance, le souci de respectabilité se manifestant au registre de l'écriture ? Toujours est-il qu'on est loin ici de la liberté de l'écriture cursive, loin de la spontanéité de l'« écriture d'herbe », l'« écriture de brouillon », comme on la nommait dès la fin de l'époque Han, pour la distinguer de l'écriture « correcte », officielle. Loin du style *yi-pi*, « l'écriture d'un seul trait ». Et cependant l'œil analphabète repère aussitôt le dernier caractère sur lequel précisément s'achève, au bas de la colonne de droite, cette page d'écriture : ⼀, *yi*, « un ».

1.5.   De Zhang Xu, calligraphe d'époque Jin, la tradition rapporte qu'il écrivait avec une rapidité telle que « ses autographes semblaient faits d'un seul trait ». Il ne faisait qu'un avec le Spontané, aussi pouvait-on dire de son écriture : « C'est la mutation dans sa perfection. » Dans le même sens, l'historien Zhang Yanyuan ira jusqu'à affirmer que l'écriture d'herbe atteignait à sa perfection dans l'unité du trait : « Les veines du souffle communiquaient entre elles et les colonnes de caractères se suivaient sans interruption. »[19]

1.5.1.   ⼀, *yi*, « un » : soit le graphème le plus simple (un segment de ligne d'une venue, compris entre une attaque et une finale du pinceau) en même temps que l'élément de base

18. Mi Fu, *Houa-che*, *op. cit.*, p. 80.

dont dispose le calligraphe autant que le peintre, et dont tous les graphes et tracés, nés des jeux du pinceau et de l'encre, ne seront que des variantes ou des combinaisons.[20] Le trait de pinceau est au départ de la peinture comme de l'écriture, et qui veut apprendre à peindre ou à écrire doit partir de là, du tracé le plus simple, le plus élémentaire.[21] Mais il est aussi l'indice le plus sûr de la maîtrise : un seul trait, dit-on, révélera la main d'un maître. La formule serait bien faite pour découra-

6, détail

ger l'œil que j'ai qualifié d'analphabète, si la voie n'était du même coup clairement tracée (Shitao : «Si loin que vous alliez, si haut que vous montiez, il vous faut commencer par un simple pas»).

1.5.2.   *Trait*. Mais trait *de pinceau*. La qualité proprement graphique de la peinture se reconnaissant aux tracés qu'autorise le pinceau. Dès l'époque Yuan, les lettrés auront préféré employer le mot «écrire», 寫, plutôt que le mot «peindre», 畫, pour désigner le travail qu'ils jugeaient être le propre du peintre. Le nom même de «peinture» étant dénié à toute œuvre réalisée sans l'intermédiaire du pinceau, si séduisante et habile que pût en être la technique : ainsi de l'encre «éclaboussée», *po mo*, ou étalée avec le doigt. Mais trait de pinceau *à l'encre* : les premières peintures à l'huile importées d'Europe furent considérées comme hétérodoxes par la critique chinoise. C'est donc un contresens que de prétendre établir un parallèle entre l'appréciation du trait, au sens chinois du terme, et celle de la *touche*, telle qu'elle a cours dans la peinture occidentale.[22] Mais ce n'en est pas un d'observer que le lavis d'encre est considéré, en Occident, comme une technique graphique, à l'égal du trait, ou en concurrence avec lui.

1.5.3.   Pierre Ryckmans l'a bien montré : l'originalité de Shitao est d'avoir réduit la démarche picturale à sa manifestation concrète la plus simple en même temps qu'il la portait à son plus haut point d'universalité abstraite, en jouant sur le paradoxe de l'«un», plus petit des nombres, mais aussi l'«Un» absolu de la cosmologie du Livre des Mutations et de la philosophie taoïste.[23] Non pas «un seul», ou «un simple» trait de pinceau, mais l'*Unique* Trait de Pinceau, auquel Shitao assimile le premier emblème fondamental du *Yi King*, figuré qu'est celui-ci par une barre, —.

19. Cité par Vandier-Nicolas, *Art et sagesse en Chine...*, *op. cit.*, p. 23-24.
20. Dans les lignes qui suivent, j'emprunte librement au commentaire de Pierre Ryckmans sur le concept de «l'Unique Trait de Pinceau» tel qu'il fait tout à la fois le centre organisateur et le fil conducteur du système mis en place par Shitao dans ses *Propos sur la peinture*.
21. «L'Unique Trait de Pinceau, c'est d'abord ce premier pas élémentaire dans l'apprentissage de la calligraphie et de la peinture; les variantes du trait de pinceau constituent la méthode la plus simple et la plus élémentaire du maniement de l'encre et du pinceau», Shitao, *ibid.*, chap. VI, p. 51.
22. Cf. Sherman Lee, *Chinese Landscape Painting*, Cleveland, 1954; cité par Swan, *op. cit.*, p. 12.
23. «Le peu obtient, le nombreux égare; c'est pourquoi le Saint s'en tient à l'Un, clef de tout l'Univers», Lao Zi, cité par Ryckmans, *op. cit.*, p. 18.

1.5.4.   «Dans la plus haute Antiquité, il n'y avait pas de règles; la Suprême Simplicité ne s'était pas encore divisée. Dès que la Suprême Simplicité se divise, la règle s'établit. Sur quoi se fonde la règle? La règle se fonde sur l'Unique Trait de Pinceau [...] Le fondement de la règle de l'Unique Trait de Pinceau réside dans l'absence de règles qui engendre la règle; et la règle ainsi obtenue embrasse la multiplicité des règles.»[24]

1.5.6.   Paradoxe de l'Unique Trait de Pinceau. La règle s'établit quand se dissocie, se divise (formule taoïste) la «Suprême Simplicité», laquelle (ainsi le voudrait le sens déclaré «originel» du mot) est comme un bloc de bois brut, non taillé : la virtualité pure perd alors sa spontanéité, son unicité, devient acte, à charge pour le «Saint» de passer outre à l'appareil des règles et de renouer avec le «Spontané» par le truchement de l'Unique Trait de Pinceau. Mais la Règle, pour suprême qu'elle soit, n'en procède pas moins de la division. En toute rigueur, il n'est pas besoin d'attendre que l'Un se divise en deux, pour donner naissance au deuxième emblème du Livre des Mutations, figuré celui-là par deux barres, — —. Le trait lui-même censé signifier «l'Un» inentamé a dès l'abord figure d'entaille et, du même coup, d'événement catastrophique. La marque ne saurait prétendre à l'unicité qui est celle de la pure présence qu'à renoncer à ce qui fait son opération en même temps que la condition de son surgissement, pour se réduire à un concept, une idée.

---

24. Shitao, *op. cit.*, chap. I, p. 12.

2.

Contour

7 Filippino Lippi, *Profil d'homme*, Paris, musée du Louvre.

8 Léonard de Vinci, *Profil d'enfant,* Paris, musée du Louvre.

9 Léonard de Vinci, *Le Christ enfant (pour « La Vierge aux rochers »)*, Paris, musée du Louvre.

10 Léonard de Vinci, *Profil de jeune homme avec études de têtes*, Paris, musée du Louvre.

11 Piero di Cosimo, *Profil de femme,* Paris, musée du Louvre.

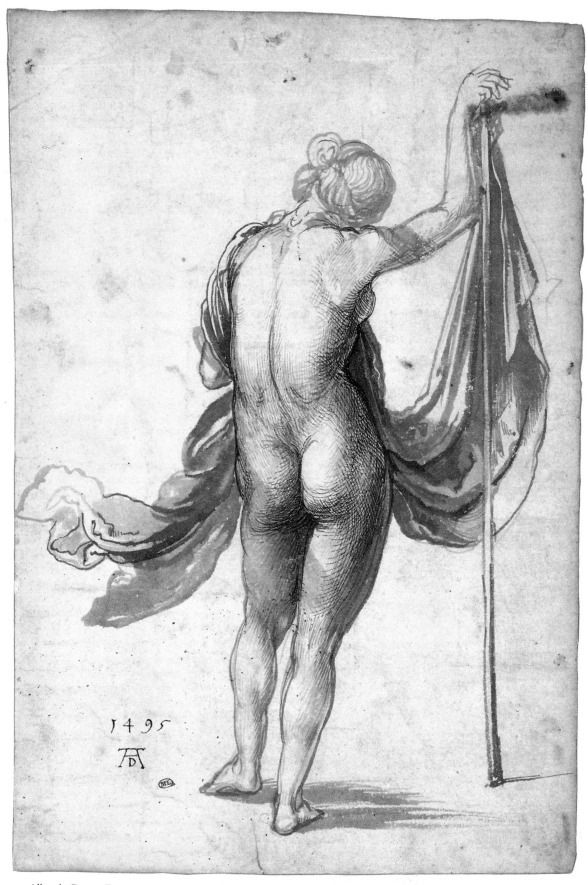

12 Albrecht Dürer, *Femme nue vue de dos,* Paris, musée du Louvre.

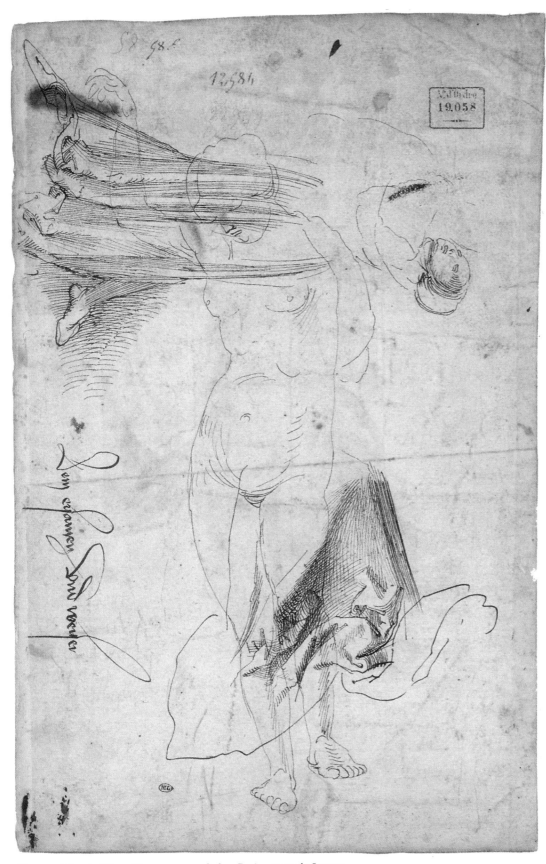

12 verso Albrecht Dürer, *Femme nue vue de face,* Paris, musée du Louvre.

13 Man Ray, *Sans titre (Nu),* Paris, musée national d'Art moderne.

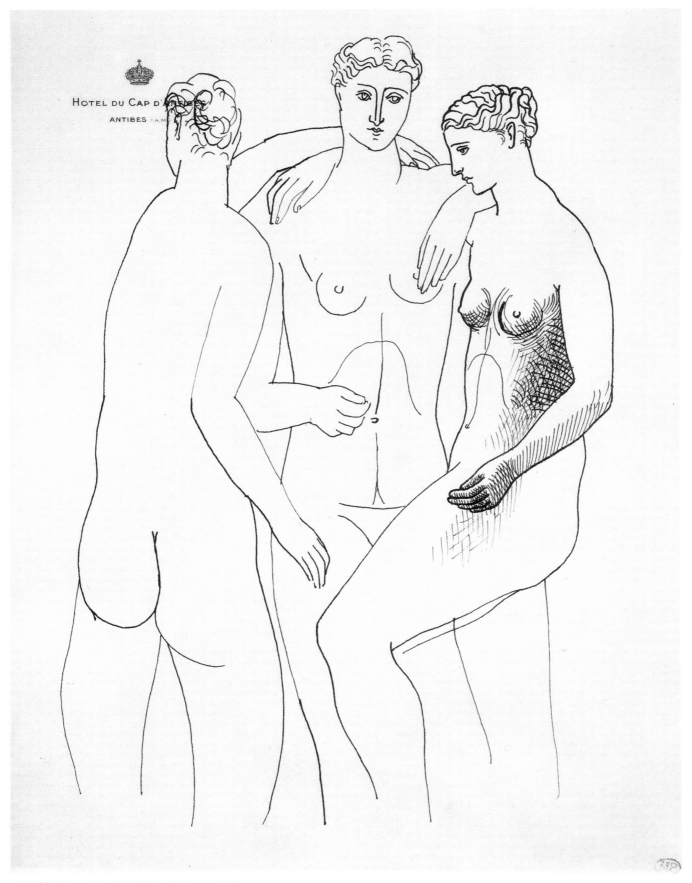

14 Pablo Picasso, *Les Trois Grâces,* Paris, musée Picasso.

15 Jean Dubuffet, *Corps de dame*, Paris, musée national d'Art moderne.

16 Tintoret, *Etude d'homme nu,* Paris, musée du Louvre.

17 Raphaël, *Etude pour l'allégorie de la Poésie* (Vatican), Paris, musée du Louvre.

18 Lorenzo di Credi, *Tête de vieillard,* Paris, musée du Louvre.

19 Maître des Anciens Pays-Bas (XVᵉ siècle), *Pleurant*, Paris, musée du Louvre.

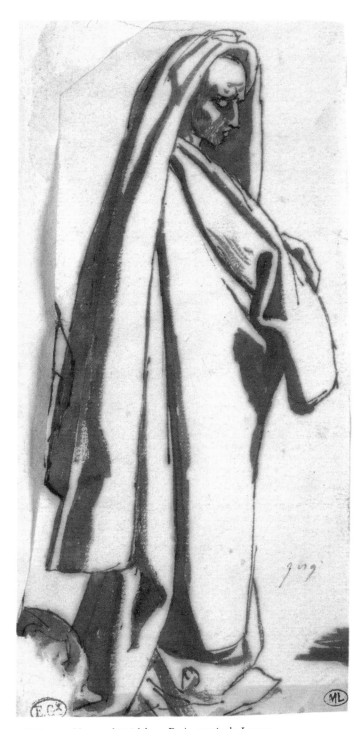

20 Ingres, *Homme drapé debout,* Paris, musée du Louvre.

21 Goya, *Quelle folie de penser encore au mariage !* Paris, musée du Louvre.

22 Goya, *Vieille Femme en prière,* Paris, musée du Louvre.

23 Goya, *La Veuve*, Paris, musée du Louvre.

2.   Là où l'esthétique lettrée de la Chine ancienne voyait dans la peinture une activité de nature essentiellement graphique, la tradition occidentale fait la différence entre dessin et peinture : «Un ouvrage n'est dessin qu'en raison de son caractère graphique. Qu'il comporte ou non de la couleur, il doit être considéré comme tel tant qu'il conserve ce caractère, et cela quelles qu'en soient les dimensions, quels que soient le procédé et le subjectile utilisés. Il devient proprement peinture dès lors que la couleur absorbe le trait, ou plutôt dès que l'aspect colorique l'emporte sur l'aspect graphique.»[1]

2.1.   La différence entre dessin et peinture serait ainsi affaire, encore une fois, d'*aspect*. La couleur l'emporte-t-elle sur le trait au point de l'absorber, le dessin est censé céder la place à la peinture, se transformer en peinture, devenir peinture. Mais là où le trait résiste ou fait retour, sous la couleur, à travers elle ou à son entour, de façon parfois indiscrète, dira-t-on de la peinture qu'elle devient, ou redevient dessin, qu'elle y fait retour, voire qu'elle régresse vers un état (graphique) qu'on devrait tenir pour archaïque, ou à tout le moins pour premier, logiquement, sinon ontologiquement parlant ?

2.1.1.   Pour un peintre lettré, c'était une seule et même question, jusqu'en ses résonances philosophiques ou cosmologiques, que celle de la peinture et celle du trait. Quelles qu'en soient les implications métaphysiques, l'opposition marquée en Occident entre le dessin et la couleur a au contraire pour effet que le dessin se présente comme une activité qui pourrait avoir son autonomie et obéir à ses lois et déterminations propres, abstraction faite des relations qu'il entretient avec la peinture, la sculpture, ou l'architecture, tout en se laissant difficilement décrire et même appréhender pour ce qu'il est, dans les termes qui seraient les siens.

2.2.   Le trait, au titre d'élément premier, constitutif, du dessin entendu comme «la représentation graphique des formes»[2] ? La formule s'appliquerait assez bien à tout un aspect de la peinture telle que la concevaient les peintres lettrés de la Chine (son aspect, précisément, «représentatif»). A ceci près que «forme», «représentation», «graphisme», ces mots n'ont pas ici et là-bas (à supposer qu'ils y soient recevables) le même sens, le même usage, la même résonance.

2.2.1.   C'est comme trait *de pinceau* que Shitao et ses prédécesseurs caractérisaient le trait qui se situait selon eux au départ de l'écriture comme à celui de la peinture. Il en va tout au-

---

1. Pierre Lavallée, *Les Techniques du dessin. Leur évolution dans les différentes écoles de l'Europe*, Paris, 1949, p. 7.
2. *Ibid.*

trement en Occident où l'idée de «trait», sinon celle de «ligne» (pour ne rien dire de celle de «graphisme»), est traditionnellement associée, par priorité, non pas aux poils du pinceau, ni même à sa pointe, et à la trace plus ou moins appuyée ou diluée qu'il laisse sur la soie ou le papier, mais au stylet qui entaille ou incise la surface d'une tablette, ou celle du parchemin. En témoigne la pratique médiévale dont on retrouve l'écho dans le *Libro dell'arte* de Cennino Cennini : «Alors aie un stylet d'argent ou de cuivre ou de quelque matière que ce soit, pourvu que la pointe en soit d'argent, fine comme il se doit, propre et belle. Puis commence, d'après le modèle (*con esempio*), à dessiner des choses aussi aisées que possible, pour former la main, et avec le stylet passe sur la tablette si légèrement qu'on puisse à peine voir d'abord ce que tu commences à faire, augmentant les traits peu à peu (*crescendo i tuo'tratti a poco a poco*), en revenant à plusieurs reprises pour faire l'ombre, etc.» Le support consistait en l'espèce en une tablette enduite de poudre d'os broyé liée avec de la salive. Mais on pouvait aussi dessiner sur parchemin préparé ou, «sans préparation à l'os, dessiner sur le papier avec des stylets de plomb, faits de deux parties de plomb et une d'étain battue au marteau». La trace déposée sur le subjectile par la pointe pouvant être effacée avec de la mie de pain, tandis que l'encre ne viendra qu'ensuite : «Si tu veux, après avoir dessiné avec le stylet, rendre plus clair le dessin, souligne avec de l'encre les extrémités et les endroits que tu jugeras nécessaires (*ferma con inchiostro ne'luoghi stremi e necessari*).»[3]

2.2.2. Quand bien même il devrait «faire la pointe», le pinceau, même manié rapidement, avec vivacité, n'attaque pas le support qu'il ne fait qu'effleurer, sauf pour l'artiste à jouer délibérément des accidents du papier. Il n'en va pas de même du stylet, ou de la pointe d'argent (supplantée, dès la fin du XVe siècle, par la pierre noire, ou pierre d'Italie), qui peut aller jusqu'à arracher le papier, le violenter, le détériorer. Mais c'est le crayon artificiel, le crayon de graphite, inventé en l'an II par Nicolas-Jacques Conté, qui devait donner sa pointe au «trait d'épure» de David, tandis qu'Ingres en tirera un type de dessin dont il deviendra l'éponyme (le dessin, le contour, le trait, la ligne, déclarés «ingresques»).[4]

2.2.3. A la différence du trait de plume (et du trait de pinceau lui-même), le trait de crayon n'autorise ni pleins ni déliés. On peut seulement l'appuyer, l'épaissir, le repasser, le renforcer par un autre trait (ce qu'on nommait «trait de force»[5]), le redoubler, le multiplier, voire le raturer.

---

3. Cennino Cennini, *Il Libro dell'arte o trattato della pittura*, chap. V et X. Cité ici d'après la traduction de Victor Mottez.
4. «Sans le crayon de graphite, Ingres n'eût pas été Ingres, ou du moins ne l'eût pas été tout à fait. Nul maître, en effet, ne s'est aussi complètement que lui identifié avec un procédé, avec une technique. Très peu peintre, il se fût à la rigueur passé de couleurs; de la plume il s'est servi assez rarement et dans de très rapides croquis; presque aussi peu du crayon noir. Au XVe siècle, il eût sans doute dessiné à la pointe d'argent; au XVIIIe, il n'aurait eu dans le graphite anglais qu'un procédé ingrat. Seul le crayon de graphite moderne pouvait lui donner la finesse, la vigueur et l'élégante précision dont il avait besoin pour s'exprimer», Lavallée, *op. cit.*, p. 84-85.
5. «Nous engageons aussi M. Emile Breton à ne pas abuser des traits noirs dans l'accentuation des contours; cela ressemble beaucoup aux dessins cotonneux des petits pensionnaires», Théophile Gautier, *Journal officiel*, 27 juin 1869, cité par Littré à l'article TRAIT de son dictionnaire.

2.3.	*I luoghi stremi*, les «extrémités», les «lieux» ou, comme parlaient Pline et ses contemporains, les «lignes extrêmes» (*lineae extremae*), et, pris substantivement, les «extrêmes» (*extremae*) : autrement dit les contours, dans l'acception graphique du terme, lesquels correspondaient pour les Anciens, dont Pline se fait ici l'écho (mais Winckelmann ne dira pas autre chose), à la partie la plus difficile de la peinture, et aussi la plus «subtile» (le mot, comme on verra, étant à prendre à la lettre).[6]

2.3.1. Or c'est précisément du contour qu'il s'agit dans le mythe d'origine du *disegno* que rapporte Pline : le mythe, ou la fable, comme le voudra Alberti quand il prétendra, quant à lui, non plus raconter des «histoires», ainsi que l'aurait fait Pline, mais écrire un «art de peinture».[7] Le mythe (ou la fable) de la fille du potier Butades de Sicyone, laquelle, amoureuse qu'elle était d'un jeune homme, et celui-ci étant sur le point de quitter Corinthe, eut l'idée de cerner par des lignes ou des traits l'ombre de son visage projetée sur le mur par la lumière d'une lanterne.[8] Soit quelque chose comme un contour, mais qui procédait, comme l'écrit Pline, d'une multiplicité de traits ou de lignes conduites à l'entour d'une figure, celle-ci se réduisît-elle à une ombre portée (le pluriel – *lineis* – faisant ici question, qu'ignorent régulièrement les traducteurs).

2.3.2.	La tradition chinoise associe l'idée du trait à celle du paysage, et de ses éléments constitutifs, bambous, rochers, etc. : le paysage dont l'Unique Trait de Pinceau ouvre l'espace, ou le champ. La tradition occidentale y reconnaît l'élément générateur de la figure, par priorité humaine. Il n'est pas jusqu'à la peinture qui n'ait d'abord été pensée sous le titre de la «pourtraicture», du portrait, du *trait pour trait*. Comme le veut, en italien, la notion même de *rittrare*, de *rittrato* (le trait, encore une fois, étant toujours et déjà de l'ordre du *re-trait*, de l'après-coup, de la répétition).

2.3.3.	De ces premières lignes, de ces premiers traits, de ce premier contour tracé à l'entour d'une ombre (sans que l'histoire ne précise à l'aide de quel instrument), je retrouve l'écho – et mieux que cela : l'empreinte – dans la *Tête d'homme, vue de profil* attribuée à Filippino Lippi. Un homme celui-là manifeste-

7, détail

6. «*Haec est picturae summa suptilitas.*» Pline, *Histoire naturelle*, livre XXXV, 67; trad. fr., Paris, 1985, p. 66. Selon S. Ferri, il s'agirait en fait là d'une glose entrée dans le texte à une époque ultérieure («Note esegetiche ai giudizi d'arte di Plinio il Vecchio», *Annali della Scuola normale superiore di Pisa*, Pise, 1942, p. 95).

7. «*Poi che noi non come Plinio recitiamo storie, ma di nuovo fabbrichiamo un'arte di pittura*», Leon Battista Alberti, *De Pictura*, livre II, 26; *reprint* (dans ses deux versions, latine et en langue «vulgaire») sous la direction de Cecil Grayson, Bari, 1975, p. 46. La version en langue «vulgaire» introduit une nuance d'importance par rapport au texte latin, dans lequel Alberti opposait au propos strictement historique qui fut celui de Pline (lequel se serait contenté d'écrire *une* histoire de la peinture, *Historiam picturae*), le projet théorique qui était le sien et qui devait prendre la forme d'un «art» de peinture qui n'empruntât rien que de son propre fond (*artem novissime*).

8. «*Umbram ex facie ejus ad lucernam in pariete lineis circumscripsit*», Pline, *op. cit.*, 44; trad. fr., p. 101.

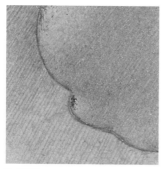

8, détail

ment âgé, et aux traits accusés (rien donc de commun avec l'amant de la fille de Corinthe), et dont le profil a été comme incisé à la pointe d'argent, sur un papier préalablement teinté de rose : ombre de laquelle il émerge (ou à laquelle il fait retour ?), ainsi que le soulignent, ou le manifestent (le *relèvent*) les rehauts de blanc par le détour desquels la lumière s'affirme, sous une espèce quasiment picturale, comme la condition d'abord projective, mais ici intériorisée, du dessin. Ainsi qu'elle le fait encore dans les deux études de Léonard de Vinci pour l'Enfant Jésus de *La Vierge aux rochers*, dont le profil s'enlève sur papier bleu et fond de hachures : autre manière de *trait*, lui aussi intériorisé, et dont l'invention aurait correspondu, si l'on en croit toujours Pline, à une étape décisive de l'histoire de la peinture, les premiers à avoir pratiqué le dessin au trait s'étant bientôt appliqués à en parsemer l'intérieur de la figure.[9] Un profil, dans les deux études, fortement marqué (on est loin, ici, de tout *sfumato*). Et presque caricatural dans ce qui pourrait être la première de ces études, dans laquelle la bouche se résorbe dans le quart de cercle de la joue gonflée compris entre la saillie, ou l'échancrure, du nez et celle du menton : le terme d'« échancrure » s'imposant, plutôt que celui de « saillie », pour dire comment le trait, lui-même accusé, repassé qu'il est par endroits, échancre en effet, ou découpe, comme en négatif, le fond auquel il n'est pas éloigné de donner figure.

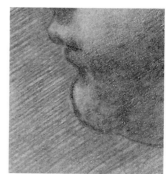

9, détail

2.3.4.   Ce trait, dans ce qu'il a d'ouvert et d'indéfini (là où l'autre étude, plus poussée et convenue, ne se réduit plus au simple contour du profil, mais présente la tête de l'enfant dans son ensemble, les cheveux et l'oreille étant simplement esquissés, ou « griffonnés »), je puis moi-même en jouer, et m'essayer (non sans effort de ma part, et de façon, j'en conviens, arbitraire) à le voir comme le contour, singulièrement acerbe, d'une forme qui ne correspondrait à rien d'identifiable, prélevée qu'elle serait dans le plein de hachures, et qui parasiterait le profil de l'enfant. A l'instar du trait d'esprit (car c'en est également un, de *trait*, que le *Witz*, comme traduisait excellemment Lacan[10]) que constitue, au regard de l'analyse freu-

9. *Ibid.*, 5, p. 42.

10. Cf. Jacques Lacan, « L'instance de la lettre dans l'inconscient », in *Ecrits*, Paris, 1966, p. 522. Lacan ne s'explique pas sur le bien-fondé de cette traduction : il lui suffit de compter *Le Trait d'esprit (Witz) dans ses rapports avec l'inconscient* parmi les livres qu'on peut dire canoniques en matière d'inconscient, et qui proposent « un tissu d'exemples dont le développement s'inscrit dans les formules de connexion et de substitution qui sont celles du signifiant dans sa fonction de *transfert* »— Freud ayant, dès la *Traumdeutung*, introduit le terme d'*Uberträgung* dans le sens d'une telle fonction. Arthur Popham voit dans le dessin du Louvre une variante caricaturale du couple formé par les profils opposés d'un guerrier sévère et d'un bel adolescent que Léonard aurait très tôt pris l'habitude de tracer sur le papier, je cite, « de façon presque inconsciente » : la figure du vieillard s'étant substituée ici à celle du guerrier, tout en revêtant les allures d'un griffonnage en marge d'un portrait de profil lui-même démultiplié (Arthur Popham, *Les Dessins de Léonard de Vinci. Introduction, notes et catalogue*, Bruxelles, 1947, p. 50).

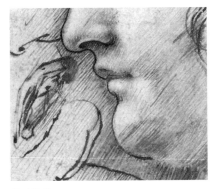

10, détail

dienne du « souvenir d'enfance » de Léonard de Vinci, l'introduction, dans un autre dessin du cercle dudit Léonard (mais dont Freud n'a pas eu connaissance), en marge du visage vu de profil d'un jeune homme aussi aimable que l'était sans doute l'amant de la fille de Corinthe, l'autre profil, celui-là caricatural, émergeant lui-même du fond où la figure se répète en écho, à la façon d'un mauvais rêve, d'un vieillard qui approche sa bouche édentée des lèvres du bel indifférent.

2.3.5.   Et cette autre figure encore. Un *Profil de femme*, attribué tantôt à Piero di Cosimo, et tantôt à Filippino Lippi. Le cou pris dans une stricte collerette cylindrique dont le tracé géométrique contraste avec celui des mèches qui pendent sur les tempes, autant qu'avec celui du profil, dessiné avec une pointe très fine, et mis en relief par de légers traits de hachures dont l'ondoiement quasiment aquatique se développe jusqu'à l'intérieur de la figure pour en dessiner, si ténu soit-il, le modelé. Cette circulation s'interrompt à hauteur des lèvres pour y laisser surgir en négatif, la maculature du papier aidant, le fantasme, là encore, d'une masse informe, en même temps que le rêve d'un baiser qui laisserait la figure non moins indifférente, orientée qu'elle est vers le dehors de la feuille, bouche à peine entrouverte quand l'œil l'est largement. Sans compter l'étrange fleur ou la coquille de l'oreille qui émerge, par-delà les mèches

11, détail

pendantes, de l'ondoiement de la chevelure dont elle ne se distingue, graphiquement parlant, que par son tracé involuté. Organe dont l'occurrence semble obscène au vu des dessins qui précèdent, et comme isolé, mis hors circuit, tenu à bonne distance de celui de la vue. Au point qu'il soit impossible de les considérer simultanément l'un et l'autre, le contraste étant nettement marqué, en des termes strictement graphiques, entre l'ombre dans laquelle est rejeté l'organe de l'ouïe et la brillance de l'œil, précisément dessiné jusqu'en l'ovale parfait de l'iris, et soulignée qu'est encore cette brillance par la proximité du contour d'un tracé presque rectiligne qui joint la racine du nez à la courbure du front. Trait, comme on verra, que Winckelmann tiendra pour « sublime ». Comme l'est, nettement marqué, le partage entre ce qui tient du profil, en tant qu'il prête à projection et délinéation, et la masse moins nettement détourable de la chevelure.

2.4.   La fable, ou la légende de la fille du potier, Pline ne la donne pas pour un mythe d'origine de la peinture. Elle prend place, dans le livre XXXV de l'*Histoire naturelle*, alors que l'auteur vient de déclarer sans ambages qu'il en a assez dit (et peut-être trop) sur la peinture, et qu'il convient de passer à autre chose, mais qui s'y rattache, à savoir la plastique, autrement dit le modelage.[11] L'«histoire», en effet, ne s'arrête pas au tracé du contour : au vu du travail de sa fille, et de ce que Pline n'hésite pas à nommer sa «découverte», le potier aurait eu l'idée d'appliquer de l'argile à l'intérieur de ces lignes, et d'en prendre une empreinte (*typus*) qu'il mit à durcir au feu avec le reste de ses poteries, après l'avoir fait sécher. Mais le passage est bien conduit de l'une à l'autre (la peinture et le modelage). Comme l'est le travail de tissage, d'intrication, de contextualisation (*contexuisse*), en son fond théorique, auquel s'est en l'espèce livré ce conteur d'«histoires».

2.4.1.   Conteur d'«histoires» (au pluriel), Pline, ou récitant d'*une* histoire (au singulier), comme on le lit dans la version latine du *De Pictura*. Une histoire, celle de la peinture (*historia picturae*), qui aurait à vrai dire pris son départ d'une opération analogue à celle que rapporte le mythe d'origine du modelage : avant de relater l'histoire de la fille de Corinthe, Pline aura pris soin de noter que si les débuts de la peinture étaient chose obscure, et si les Egyptiens prétendaient l'avoir inventée longtemps avant les Grecs, tandis que, parmi ceux-ci, les uns affirmaient qu'elle avait été découverte à Sicyone et les autres à Corinthe, tous s'accordaient néanmoins à penser que la première étape en a elle-même consisté à cerner par des lignes ou des traits l'ombre d'un homme.[12]

2.4.2.   Sicyone ou Corinthe : c'est la marque du mythe, plutôt que celle de la fable, de travailler à surmonter les oppositions dont il procède, voire qu'il instaure. Le père était originaire de Sicyone; mais lui et sa fille vivaient à Corinthe, où prend place le récit. Et de même pour l'opposition (la différence) entre peinture et modelage, dont Pline s'emploie à intriquer les fils, en montrant que l'une et l'autre procèdent d'une même opération, celle-là qui prendra plus tard le nom de *disegno*.

2.4.3.   Peinture et modelage s'inscrivent dans un même contexte. Ou pour mieux dire : sur un même fond, et dans une même dépendance par rapport à ce qui se présente, dans les deux cas, comme une *empreinte*, naturelle pour ce qui est de la première, et artificielle, produit de l'art, pour ce qui est du second. Les lignes tracées, conduites autour de l'ombre de son amant par la fille du potier ayant fourni à celui-ci le modèle, et comme le moule, l'empreinte en creux, où lui vint l'idée de couler de l'argile pour en faire un relief. Mais l'ombre elle-même, si fugace, évanescente, impalpable, immatérielle, qu'elle fût[13], avait fonctionné déjà comme un modèle, ou pour mieux dire comme un index, pour la jeune fille qui s'essaya pour la première fois à en relever l'empreinte. Une empreinte, comme telle, qui était d'emblée de l'ordre du double, de l'ajout, de la reproduction, en un mot : du supplément.

---

11. «*De pictura satis superque. Contexuisse his et plasticen conveniat*», ibid., *loc. cit.*
12. «*Omnes umbra hominis lineis circumducta, itaque primam talem*», ibid., 5, trad. fr., p. 42.
13. Et comme peut l'être l'image dans le miroir ou celle projetée sur les eaux. Alberti n'ignorera pas cette analogie quand il tentera de substituer l'«histoire» de Narcisse à celle de la fille de Corinthe, au titre de mythe d'origine de la peinture. Je reviendrai sur ce point dans un travail en cours sur *La Mort de Narcisse*.

2.5.   De l'empreinte prise par le potier, dira-t-on qu'elle *imitait* les lignes tracées sur le mur par sa fille ? Mais que dire de l'ombre elle-même sur laquelle celle-ci aura d'abord travaillé, projetée qu'elle était, cette ombre, à la verticale sur le mur ? L'ombre est à la semblance du corps auquel elle fait cortège, et dont elle est l'indice. Elle en reproduit le contour, elle lui ressemble (Peter Schlemilh, l'homme qui avait vendu son âme au diable, en fit à ses dépens l'expérience quand lui vint l'idée de louer l'ombre d'un autre pour se rendre à un bal. Mal lui en prit : il lui fallut bientôt prendre la fuite en raison du scandale que ne manqua pas de susciter une pareille atteinte à ce qui fait la doublure de l'identité). On ne saurait pour autant prétendre qu'elle l'*imite* (sauf à tenir pour allant de soi le concept traditionnel de *mimesis*). Ainsi en va-t-il encore des lignes ou des traits tracés à l'entour de l'ombre, lesquels n'imitent pas tant celle-ci qu'ils ne la terminent, la fixent, en retiennent l'empreinte, à la différence de la ligne qui les résume et dont l'invention fera la condition de l'imitation, en même temps qu'elle en ouvrira la possibilité – et pour tout dire, qu'ils ne la décrivent, *trait pour trait*.

2.5.1.   En fait de *portrait*, une silhouette de profil donnera une meilleure idée des traits d'un visage que ne saurait le faire le contour du même visage vu de face. Une meilleure idée, ou une impression plus nette, la force de l'empreinte étant à la mesure de sa découpe, ou de ce qu'on nomme en photographie son « détourage ». Des profils « en médaille », et de ce qu'on présente couramment, sinon comme la forme première du portrait, au moins comme l'une de ses manifestations les plus caractéristiques, jusqu'aux portraits dits à la « silhouette » en honneur à l'époque romantique, le mythe d'origine est au travail, explicitement ou non (voir le portrait, par Nadar, de Charles Philipon : le fondateur du journal précisément intitulé *La Silhouette* prenant place devant un mur sur lequel se dessine son profil en ombre portée)[14].

2.5.2.   Dans l'imagerie néoclassique, c'est l'ombre du profil de son amant qu'on voit la jeune fille tracer sur le mur, à la lumière d'une chandelle.[15] Telle n'est pourtant pas la leçon qu'a retenue Winckelmann : « Les premiers tableaux étaient des monogrammes, noms qu'Epicure donnait aux Dieux, c'est-à-dire qu'ils offraient la simple délinéation de l'ombre de la figure humaine. De ces lignes et de ces formes, il devait résulter une figure qu'on nomme ordinairement Egyptienne. Les figures faites dans ce style étaient toutes droites et sans action, les bras pendant parallèlement et adhérant aux côtés. »[16]

---

14. Cf. le catalogue de l'exposition *Nadar. Les années créatrices. 1854-1860*, musée d'Orsay, Paris, 1994, cat. 103, pl. 26.
15. Cf. Robert Rosenblum, « The Origin of Painting : A Problem in the Iconography of Romantic Classicism », *The Art Bulletin*, XXXIX (1957), p. 279-290. Dans un intéressant article « Sur Dibutade et l'origine du dessin » (*Colóquio artes*, n° 52, mars 1982, p.42-49), Eric Darragon a su poser la question de l'instrument utilisé par la fille du potier pour tracer sur le mur le contour de l'ombre de son amant : morceau de charbon ou de craie, stylet, crayon en bonne et due forme, voire une flèche. Ou encore – comme le voudra Rousseau (cf. ci-dessous, 5.6.1.) – une « baguette », ce qui reviendrait à mettre l'accent moins sur l'aspect graphique de l'opération que sur son aspect déictique, une baguette étant mieux faite pour montrer que pour tracer.
16. Johann Joachim Winckelmann, *Histoire de l'art chez les Anciens*, trad. fr., Paris, 1789, t. I, p. 10.

2.5.3.   Mais trait pour trait, qu'est-ce à dire, s'il est vrai, comme le veut toute une littérature, du *Chef-d'œuvre inconnu* de Balzac aux *Questions de style* d'Aloïs Riegl (et, comme on le verra, aux *Histoires brisées* de Valéry), qu'il n'y ait *pas de lignes dans la nature?* A strictement parler, le contour d'une ombre n'est rien qu'une limite, une «extrémité», un bord plus ou moins flou sur lequel passent ou repassent les lignes ou les traits par le détour desquels le dessinateur s'efforce d'en fixer la forme, ou pour mieux dire la *figure*.

2.5.4.   L'ombre, ici encore, comme première abstraction – d'où procède l'idée du trait. Mais là où, de l'ombre, le lettré chinois prétendait restituer d'un seul coup de pinceau et la forme et l'intensité, le trait occidental n'en retient que le seul contour. Valence (positive ou négative, c'est selon) de la *projection :* l'ombre projetée sur le mur n'est pour la métaphysique occidentale qu'un reflet trompeur de l'essence des êtres et des choses; l'esthétique lettrée y reconnaît la marque, comme sublimée, de l'idée.

2.5.5.   Du trait (ou de la ligne) en photographie. Popularisé qu'il fut par Man Ray, le procédé connu des photographes sous le nom de «solarisation» tire parti des inversions de tons qui résultent d'une forte surexposition pour produire, sans qu'il y soit nécessaire d'aucune intervention manuelle, le contour nettement marqué d'un visage ou d'un corps.

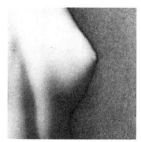

13, détail

(Mais les lignes dans la nature, la photographie dite «scientifique» les aura traquées de longue date, attentive qu'elle fut, dès l'origine, aussi bien aux monstres de toute espèce – femmes à deux têtes, hommes auxquels une troisième jambe avait poussé à la place du sexe, etc. – et qui contredisaient, dans leur apparence même, à l'idée du «beau contour», qu'à toutes les manières de tracés linéaires que peut offrir ladite nature, des nervures des feuilles vues en transparence à la figure involutée d'une coquille.)

2.6.   Du grec *tupos*, «empreinte», «marque», «caractère d'écriture», au latin *typus*, «modèle», «symbole», l'emprise (sinon l'empreinte) du modèle de l'écriture phonétique est patente, dès l'Antiquité. Si l'art était affaire seulement d'imitation, dira Quintilien, la peinture elle-même en serait encore réduite à tracer les «lignes extrêmes» de l'ombre que font les objets exposés au soleil[17], à l'instar de ces peintres qui se satisfont de reproduire les tableaux des autres (de les reproduire, ou, littéralement, de les *décrire* par le moyen de mesures et de lignes), ou des enfants qui s'appliquent à repasser le contour des lettres.[18] Mais l'invention

---

17. *Non esset picturae, nisi quae lineas modo extremas umbrae quam lineas corpora in sole fecissent circumscriberet* », Quintilien, *Institution oratoire*, X.2.7.
18. «*Ut describere tabulas mensis ac lineis* », *ibid.*, 6. Sur le rapport que peut entretenir, en Occident, le dessin avec l'écriture, dans sa version phonétique, je ne peux que citer ici, une fois encore, le passage du *Della pittura* dans lequel Alberti compare l'apprentissage de la peinture et celui du dessin avec celui de l'écriture : «Je veux que les jeunes gens qui débutent aujourd'hui dans la peinture observent ce qu'on voit faire aux maîtres en matière d'écriture. Ceux-ci commencent par enseigner séparément la forme des lettres, que les Anciens appelaient éléments; puis ils enseignent les syllabes, et

...

vient en premier, comme l'énonce encore Quintilien, en fait comme en droit (*ut invenire primum fuit atque praecipium*) : de l'avis même de Pline, le premier pas en avant, le progrès réellement décisif, et qui ouvrit le champ de l'histoire qui devait, à proprement parler, être celle de la peinture, aura consisté, une fois découverte (*repertam*) la possibilité de cerner le contour de l'ombre par une pluralité de traits, en l'invention de la ligne (*inventam liniarem*) qui s'y substitue. Si l'on veut qu'une ombre soit comme une tache dont le trait ou la ligne marquerait la limite, force sera alors d'admettre qu'au regard à tout le moins de la pratique qui peut être celle de la peinture, le dessin, lors même qu'il interviendrait en dernier lieu dans le temps et l'espace, deviendrait premier en droit du seul fait qu'il correspondrait à une terminaison en même temps qu'il ouvrirait, comme on l'a dit, le champ de l'imitation.[19]

2.6.1.   D'où, *a contrario*, l'intérêt des «exercices par l'informe» auxquels se serait livré Degas, si l'on en croit Valéry : «On prétend qu'il [Degas] a fait des études de rochers *en chambre*, en prenant pour modèles des tas de fragments de *coke* empruntés à son poêle. Il aurait renversé le seau sur une table et se serait appliqué à dessiner soigneusement le site ainsi créé par le hasard qu'avait provoqué son acte. Nul objet de référence sur le dessin ne permettait de penser que ces blocs entassés n'étaient que des morceaux de charbon gros comme le poing.»[20]

L'idée semblait à Valéry assez *vinciste*. Mais ce que Léonard conseillait de chercher dans les taches et les moisissures de toute espèce qu'on voit sur les murs, pour en faire «comme avec le son des cloches dans lequel on peut entendre ce qu'on veut», c'était, comme il le disait, des «inventions» plutôt que des modèles : des têtes d'hommes, divers animaux, mais aussi des images plus confuses, des figures moins précisément discernables, moins nettement détourables (comme parlent les photographes), ainsi que peuvent l'être des batailles, des rochers, des mers, des nuages, ou encore les veines du bois.[21]

2.6.2.   Mais pratique également assez «chinoise», dès lors qu'elle en appelait à un apprentissage du trait qui rompait avec le privilège accordé en Occident à la figure humaine. Et cependant Cennino Cennini conseillait déjà à qui voulait représenter (*ritrarre*) une montagne d'après nature, ou, pour le dire autrement, à qui cherchait «une bonne manière de montagnes, et qui paraissent naturelles», de se procurer de grandes pierres mal dégrossies, et de les reproduire (*e rittra'ne*) d'après nature, avec toutes leurs aspérités, en y mettant les lumières et les ombres, «ainsi que l'autorise la raison.»[22]

...

enfin à composer les mots. Que les nôtres suivent cette règle pour apprendre à peindre, et d'abord qu'ils apprennent à bien dessiner les contours des surfaces et qu'ils s'y exercent comme si c'était là les premiers éléments de la peinture» (Alberti, *De Pictura*, livre III, 55, *op. cit.*, p. 94. Cf. ma *Théorie du nuage...*, p. 160).

19. Cf. Jackie Pigeaud, «La rêverie de la limite dans la peinture antique», *La Part de l'œil*, nº 6 (1990), «Dossier : le dessin», p. 118.

20. Valéry, *Degas, danse, dessin, Œuvres, op. cit.*, p. 1193-1194.

21. Léonard de Vinci, *Traité de la peinture*, cod. urb. lat. 1270, 33v. Cf. P. Mac Mahon (éd.), *Treatise on Painting*, Princeton, 1956, vol. I, p. 93, et ma *Théorie du nuage...*, p. 52-54.

22. «*Se vuoi pigliare buona maniera di montagne, e che paiano naturali, togli di pietre grandi che sieno scogliose e non polite; et rittra'ne del naturale, dando i lumi e scuro, secondo che la ragione t'acconsente*», Cennini, *op. cit.*, chap. LXXXVIII.

2.6.3.   Pour autant, l'*informe* tel que l'entendait Valéry n'excluait pas le *contour* : «Il y a des choses, des taches, des masses, des *contours* [je souligne], des volumes, qui n'ont, en quelque sorte, qu'une existence de fait : elles ne sont que perçues par nous, mais non sues; nous ne pouvons les réduire à une loi unique, déduire leur tout de l'analyse d'une de leurs parties, les reconstruire par des opérations raisonnées. Nous pouvons les modifier très librement. Elles n'ont guère d'autre propriété que d'occuper une région de l'espace... Dire que ce sont des choses informes, c'est dire, non qu'elles n'ont point de *formes*, mais que leurs formes ne trouvent rien en nous qui permette de les remplacer par un acte de tracement ou de reconnaissance nets. »

2.6.4.   L'informe (jusqu'en ce qui en ferait le contour) n'«a» pas de sens, ne «fait» pas sens, en ce sens (car c'en est un, encore, de «sens») qu'il ne se laisse pas connaître, qu'il ne peut faire l'objet d'aucun savoir, et se réduit à une manière impure de présence (impure, parce que opposée à la «pure» présence). L'informe, seule forme, seul nom de la «présence»? Une présence qui se laisserait déclarer, mais non pas «reconnaître», sinon de façon floue. Une présence qui n'offrirait aucune prise réelle. Une présence que l'on ne saurait modifier (affaire, encore et toujours, de *savoir*) qu'à lui imprimer une forme, comme telle *substituable*.

2.6.5.   L'acte de tracement (sinon le trait comme acte) serait ainsi l'équivalent, en termes graphiques, d'un acte de reconnaissance qui se traduirait en termes déclaratifs. Certes, ces choses, ces taches, ces masses, ces *contours*, ne sont pas sans formes : mais ces formes-là, comme l'écrit encore Valéry, ne sont pas «réductibles»[23]. Réductibles à un tracé, mais aussi bien réductibles à un vocable, qui puisse s'y substituer comme le signe est réputé se substituer à la chose signifiée, ou comme la ligne se substitue au trait. «C'est le contour aussi bien que le dos [*i.e.* : la peau qui s'étend sur elles comme sur leur dos] qui donne leur nom aux surfaces»[24] : on reviendra sur cette formule d'Alberti, laquelle s'appliquait par priorité aux figures de la géométrie. Mais qu'en serait-il d'une description, d'une définition, d'un nom, sinon d'un contour, qui s'accorderait au flou du «modèle»?

2.6.6.   Car c'est bien là l'une des questions que posaient déjà les exercices que prônait Cennini, encore qu'à de tout autres fins, à la veille de la Renaissance, aussi bien que ceux dont rêvait Léonard. Comment des pierres en apparence informes, des taches aux contours indécis, pourraient-elles être prises pour *modèles?* Et comment pourraient-elles l'être quand elles ne prêtent à aucun acte de tracement ou de reconnaissance *nets?*

2.7.   L'ombre elle-même participe de l'informe, toujours changeante, modifiable, insaisissable qu'elle est. Une fois son contour fixé par des traits, l'empreinte pourra en servir de

---

23. «Et, en effet, les choses informes ne laissent d'autre souvenir que celui d'une possibilité... Pas plus qu'une suite de notes frappées au hasard n'est une mélodie, une flaque, un rocher, un nuage, un fragment de littoral ne sont des formes réductibles», Valéry, *op. cit.*. On sait qu'il peut en aller autrement, au moins pour ce qui est du «fragment de littoral», depuis l'invention des *fractals*.
24. «*Adunque l'orlo e dorso danno suoi nomi alle superficie*», Alberti, *op. cit.*, livre I, 5, p. 14.

guide pour le sculpteur (qui la recouvrira d'argile) ou pour le peintre (qui commencera par l'enduire d'une couleur uniforme, produisant ce qu'on nommait déjà, dans l'Antiquité, un «monochrome»[25]). Mais avant même qu'intervienne le trait, l'ombre aura déjà pris valeur d'empreinte, par le seul fait de sa projection sur le mur : le moment de la découverte correspond à celui où, par le détour de cette empreinte à distance, la forme a pu jouer comme un modèle, et qui prêtait comme tel à un acte de reconnaissance (trait pour trait, même réduit à celui d'un contour, c'était bien là pour la jeune fille un *portrait* de son amant), en même temps qu'il donnait lieu à un acte de tracement qui, si grossier qu'il fût, n'en devait pas moins conduire à la production d'une figure. L'invention proprement dite de la ligne (et non plus seulement la découverte du «contour») ayant consisté, j'y insiste, à substituer aux multiples traits par lesquels on avait d'abord tenté de cerner les formes (fût-ce celle d'une ombre) une ligne unique, et qui prît dès lors valeur de «contour idéal».

2.7.1.   «Idéal», le contour tel que le définira la tradition néoclassique ne l'était pas seulement au sens où il aurait constitué le but suprême de l'art. Il l'était également (et l'est toujours) au sens où le concept même de «contour» a pu faire l'objet d'un travail d'idéalisation portant sur la ligne qui cerne la figure d'un tracé continu, sans aucune des aspérités ni aucun des repentirs qui peuvent être ceux du trait : soit le contour souvent déclaré, un peu rapidement, et non sans équivoque, «ingresque».

2.7.2.   (Dans *F. for Fake* d'Orson Welles, un faussaire de haut vol se flatte de contrefaire le trait de Matisse sans rien des hésitations qui étaient le fait de l'artiste. Allusion à cette séquence désormais fameuse d'un documentaire sur Matisse où l'on voit le peintre tracer au pinceau une ligne d'apparence décidée, en temps réel, aussitôt suivi de la reprise du même plan au ralenti, lequel donne tout à voir des tergiversations, des atermoiements, des scrupules de la main.)

2.8.   La ligne, le contour, peut si bien enclore la figure, et la définir, que le jeune Dürer aura su, au verso d'un célèbre dessin au pinceau, daté de 1495 (l'année du voyage à Venise), et représentant une femme nue vue de dos, appuyée sur une hampe d'où pend une draperie, inscrire dans le même contour tel qu'il transparaissait à travers le papier, la figure, reprise à la plume d'un trait continu, de la femme vue de face, sans la draperie qu'elle tenait devant elle et qui prend ici figure d'étude indépendante, détachée du corps, tandis que le bras qui la retenait sur l'épaule est passé en arrière. Pour plus ouvert et schématique qu'il soit, le contour des trois gracieuses académies féminines dessinées par

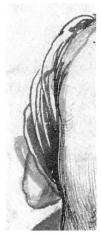 

12, détail   **12 verso, détail**

25. «*Monochromaton dictam*», Pline, *op. cit.*, 5.

Picasso, en 1923, sur papier à lettres à l'en-tête de l'Hôtel du Cap d'Antibes, répond à la même donnée d'un tracé des figures strictement linéaire, et qui revêt en l'occurrence des allures faussement néoclassiques. Idéal auquel est en revanche bien éloigné de se conformer le *Corps de dame* de Dubuffet, dans lequel le trait fait un retour en force. Car ce n'est pas tant le

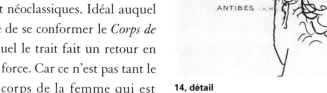

14, détail

corps de la femme qui est

15, détail

ici bafoué, que l'idée que la forme puisse s'en laisser contenir dans un strict contour sans qu'il en résulte quelques révolutions et débords internes que traduisent les griffonnages qui n'en oblitèrent cependant pas tout à fait les lignes. Des lignes dont toute convention n'est cependant pas absente, comme le révèle la comparaison (qui ne choquera que ceux qui veulent l'être) avec le nu de Dürer.

2.8.1.   Sans aller jusque-là, les contours noueux, et souvent interrompus, voire redoublés, qui sont ceux des études de figures de Tintoret témoignent déjà, comme le feront plus tard ceux, constamment redoublés, flous, et comme approximatifs, à tout le moins approchés, qui seront le fait de Cézanne, de quelque chose, déjà, comme un retour du trait sous la ligne, voire en son intérieur et jusque dans son cours, sa trajectoire – ce qu'Alberti nommait son *andare*. Retour du trait, ou retour des traits, aux dépens de la ligne qui était censée les résumer, et auxquels elle se sera substituée comme ils s'étaient eux-mêmes substitués au bord le plus extrême de l'ombre.

16, détail

2.8.2.   Au dire de Winckelmann, le «noble contour» des Grecs aurait d'abord été le produit d'une culture qui, profitant d'un climat doux et pur, et imposant à des corps libres dès la plus tendre enfance de toutes entraves un exercice physique constant, a voulu que ces corps aient ces contours «grands et virils» que les maîtres grecs ont donnés à leurs statues. A quoi concouraient une hygiène et à l'occasion une législation visant à prévenir tout empâtement ou mollesse, aussi bien que le costume, conçu qu'il était, «même chez le beau sexe», pour n'opposer aucune contrainte à l'action de la nature.[26]

2.8.3.   Les Grecs avaient donc toute raison d'imiter la nature : n'avaient-ils pas préalablement donné au corps cette beauté, sinon ces contours que nous admirons dans leurs œuvres les plus célèbres, et dont les copies romaines ne vont pas sans donner quelque idée (la même

---

26. Winckelmann, *Gedanken über die Nachahmung der Griechischen Werken in der Malerei und Bildhauerkunst* (1755); trad. fr., *Réflexions sur l'imitation des œuvres grecques en peinture et en sculpture*, Paris, 1991, p. 17 sq.

beauté que Degas trouvera aux chevaux de sang)[27] ? Mais ils ne s'en sont pas tenus là. Non contents de représenter les individus des deux sexes à leur ressemblance, tout en les embellissant (comme le prescrivait, affirme encore Winckelmann, une loi thébaine à laquelle ils se conformèrent de tout temps), ils se prirent à concevoir «certaines idées générales relatives à la beauté de certaines parties du corps aussi bien qu'à l'ensemble de ses proportions, idées destinées à s'élever au-dessus de la nature elle-même et dont l'archétype était une nature spirituelle conçue dans le seul entendement [...] La beauté sensible apporta à l'artiste la belle nature; la beauté idéale lui apporta les traits sublimes : à l'une il emprunta l'humain, à l'autre le divin.»[28] (Parmi les «traits» qui ont présidé chez les Grecs à la représentation des dieux, et qu'il tenait pour «sublimes», Winckelmann mentionne celui-ci : le front et le nez formant une ligne droite, comme on l'a vu sur l'exemple du portrait de femme attribué à Piero di Cosimo, ce qui nous renvoie à la notion de *profil*.)

2.8.4.   On conçoit, dès lors, que «même si l'imitation de la nature pouvait tout donner à l'artiste, il ne lui devrait certainement pas la justesse des contours qui ne peut s'apprendre que chez les Grecs»[29]. Le problème étant que le temps et la rage destructrice des hommes ont voulu qu'on ignore tout de la peinture comme du dessin de la Grèce ancienne, et qu'en fait de contours on en soit réduit en ce qui la concerne à la seule sculpture.

2.8.5.   Imiter les Grecs pour devenir, comme eux, inimitables. Imiter les Grecs dans ce qu'ils ont d'inimitable, parce que procédant pour partie d'un travail qui aura d'abord porté sur le modèle lui-même, et qui n'était pas davantage affaire d'imitation. Les contours que les corps grecs devaient aux exercices et à l'hygiène à laquelle ils étaient soumis, où les Grecs en auraient-ils pris le modèle, sinon sur les corps eux-mêmes, tels qu'ils se montraient, sans voiles, pour le plus grand profit des artistes, au gymnase comme au théâtre ou pendant les fêtes, dans les attitudes et positions les plus variées, les plus «authentiques», les plus «nobles»[30] ?

2.8.6.   On n'imite pas tant un contour qu'on ne le suit, le repasse ou le décrit (au sens où l'on dit d'un mobile qu'il décrit une trajectoire), tel qu'il se découvre dans le mouvement par lequel la ligne *s'invente*. Rodin conseillait à son amie Hélène Porgès de dessiner d'un trait unique et continu, «sans regarder le papier, le plus important étant de ne pas quitter des yeux le modèle»[31]. Aux yeux de Winckelmann, la sculpture était, comme la peinture, affaire de lignes : le problème pour le sculpteur revenant à déterminer le plus exactement possible le contour extérieur et celui qui indique, «parfois comme par un léger souffle», les parties inté-

27. Valéry, *Degas, danse, dessin, op. cit.*, p. 1190-1191.
28. Winckelmann, *op. cit.*, p. 22.
29. *Ibid.*, p. 28-29.
30. *Ibid.*, p. 21-22. Cf. Régis Michel, *Le Beau idéal ou l'art du concept*, Paris, musée du Louvre, 1989, p. 47.
31. Cité par Sophie Lévy, «Dessin de sculpteur», catalogue de l'exposition *Dessins de sculpteurs*, Dijon, musée Magnin, mai-septembre 1994, Paris, 1994, p. 12.

rieures du modèle, «par des lignes qui lui permettraient de dessiner sur sa pierre, avec une certitude absolue, des contours identiques». Et restant à donner à son modèle toutes les positions possibles : «Placé de profil, ce modèle révélera à l'artiste ce qui auparavant avait échappé à son regard; il lui montrera aussi le contour des parties saillantes, celui des parties intérieures et la coupe tout entière.»[32]

2.9.   Peinture ou sculpture, l'art serait affaire, essentiellement, de *profils*. Mais «profil», qu'est-ce à dire? Ou pour en poser autrement la question : dans quel contexte, ou quelles *limites* (le contexte, les limites de quel «art»?), la notion en est-elle recevable, pertinente, opératoire?

2.9.1.   Me revient ici à l'esprit le paradoxe de Roberto Longhi, à propos du *Saint Jérôme* de Piero della Francesca, et du visage du donateur agenouillé devant lui : un visage vu, présenté – comme on dit – de profil, mais dont Longhi n'hésite pas à écrire que toute la face en émane, s'imprimant comme elle le fait dans sa plénitude sur le fond tacheté, le concept même de «profil» n'ayant de sens, à l'en croire, que dans un art «linéaire»[33].

Fig. 2. Piero della Francesca, *Saint Jérôme*, Venise, Académie (détail).

2.9.2.   Il en irait à l'inverse de la tête, dessinée par Lorenzo di Credi (et qui figurait déjà dans l'exposition dite de l'an V)[34], d'un homme coiffé d'une calotte, que les catalogues qualifient de «vieillard», au vu des traits qui sont en effet ceux de l'âge, et dont sont exemptes les figures déclarées «jeunes». Des traits (les paupières, la bouche, pour ne rien dire des mèches de cheveux qui retombent sur les tempes), des «rides» (en un sens proche de celui que prend ce mot dans le langage des peintres lettrés de la Chine ancienne, mais s'appliquant ici à l'homme et non plus aux montagnes) – rides de l'âge, soulignées ou constituées de fines hachures et rehauts de blanc (le trait continu étant réservé au contour du visage), mais qui n'altèrent apparemment pas le dessin du profil, d'une

18, détail

grande pureté, qui en émane (pour retourner la phrase de Longhi), et n'affectent que la «chair», non les «os». Différence (entre la «chair» et les «os») que le trait, dans sa version occidentale, est à même de marquer, dans les figures, comme le trait de pinceau sait, en Chine, l'inscrire dans le paysage. Usure des traits, dans tous les sens de ces deux mots, et qui n'exclut pas la possibilité d'un bénéfice différé : ainsi de la trace, oxydée par le temps, laissée par la pointe d'argent sur un papier préparé (la *carta tinta*).

32. Winckelmann, *op. cit.*, p. 43 et 47-48.
33. Roberto Longhi, *Piero della Francesca*, Rome, 1927, p. 39; trad. fr., Paris, 1989, p. 44.
34. Cf. *L'An V. Dessins des grands maîtres*, musée du Louvre, Cabinet des Dessins, Paris, 1988, cat. n° 11.

2.9.3.   La précieuse petite étude, qu'on voudrait être de Raphaël, pour la tête de la *Poésie*, à la voûte de la Chambre de la Signature. Je l'introduis à ce point pour ce qu'une fois encore le profil me semble «émaner» avec insistance de cette tête présentée de trois quarts vers la droite.[35] Vers la droite, s'entend, de la figure, comme le veut la notion de «trois-quarts» : s'agirait-il d'un visage vu de profil (comme l'est celui attribué à Piero di Cosimo), on le dirait au contraire tourné vers la gauche. Sous les apparences d'une grande douceur, le graphisme ne laisse rien ignorer de la tension qu'engendre cette équivoque : le réseau serré des hachures rigoureuse-

17, détail

ment entrecroisées qui raturent toute une partie de la tête et jusqu'à l'oreille ici encore rejetée dans l'ombre s'infléchit à hauteur du cou pour laisser place au trait de contour, nettement accusé sur les composantes du «profil» que sont le nez ou le menton, mais qui se mêle sur le pourtour de la joue au tracé d'une mèche de cheveux, pour faire retour sur lui-même à la suture des lèvres, et s'élider en fin de course dans le flou de la chevelure. L'opposition, le contraste entre deux régimes du trait ne se réduisant pas à un simple trait stylistique : dans l'intervalle entre la planéarité du dispositif des hachures et la linéarité perdue du contour, la violence incisive se fait jour qui est celle non plus du stylet, mais du trait de plume.[36]

2.10.   Soit encore une prétendue «*Sorcière*» de Goya, représentée celle-là de profil, ou peu s'en faut. Appuyée sur un bâton, la tête couverte d'une mantille, une vieille femme vêtue d'une robe grossière, portant besace et bottes courtes, se penche au-dessus de son ombre projetée sur le sol. Une ombre qui s'étale là comme le fait la tache d'encre à laquelle elle s'égale ou se résume, et dont le débord est nettement marqué par rapport au tracé horizontal qui la prolonge derrière les pieds de la femme, en manière d'horizon. Mais qu'est-ce à dire, si ce tracé, qui n'a ni l'unité ni la rectitude d'une ligne, ne suffit pas à opérer le partage entre le sol et le fond sur lequel est censé s'enlever la figure ?

21, détail

22, détail

35. Voir Dominique Cordellier, «Un dessin de Raphaël au Louvre : *Le Visage de la Poésie*», *Revue du Louvre*, 1985, n° 2, p. 96-104 et D. Cordellier et Bernadette Py, *Musée du Louvre, Musée d'Orsay, Inventaire général des dessins italiens, V, Raphaël, son atelier, ses copistes*, Paris, 1992, cat. n° 85, p. 100-102.

36. Eckhart Knab reconnaît dans ce contraste entre le système de hachures contrariées et la ligne de contour un trait typiquement florentin qui aurait pris une forme particulièrement rigoureuse à la fin du séjour florentin de Raphaël, avant que celui-ci n'inclinât à délaisser la plume au bénéfice de la sanguine (Knab, «La nascita del disegno autonomo e gli esordi di Raffaello», in Knab, Erwin Mitsch et Konrad Oberhuber, *Raffaello, i disegni*, Florence, 1984, p. 20; cité par Cordellier, *art. cit.*, p. 98). Sur la place réservée au dessin et à la gravure dans l'atelier de Raphaël, je me permets de renvoyer le lecteur à mon *Jugement de Pâris*, Paris, 1992, p. 65-76.

2.10.1. Rosalind Krauss, en compagnie de qui je considère une méchante reproduction de ce dessin, me fait observer qu'une ombre ne fait pas «figure» au sens que je viens de dire. A la différence d'une figure, l'ombre d'un corps ne s'enlève pas sur un fond : elle a plutôt pour effet d'en prévenir le surgissement dans le plan, tout en conférant au support sur lequel elle s'inscrit la consistance qui peut être celle d'une surface. «L'ombre portée n'est pas uniquement ce signe qui n'est pas "détaché du présent de la perception" mais elle est, aussi bien, cette figure dont le profil rompt avec la limite ou la condition *différentielle* du contour. [...] Certes, la surface sur laquelle l'ombre est projetée se prolonge, en effet, derrière celle-ci, mais comme un support physique et non pas perceptif, l'ombre étant visée comme une interruption ou une rupture de cette surface, sans fond *visuel* qui lui appartienne, phénoménologiquement parlant. Si la différence intérieur / extérieur ou figure / fond qui caractérise le signe iconique ne joue pas à proprement parler dans le cas de l'ombre, c'est que celle-ci n'est en fait pas une icône, mais un *index*. Rompant avec la condition figurative de l'icône, la forme indicielle semble posséder un bord qui en appelle plus au toucher qu'à la vision.»[37]

2.10.2. Qu'il en aille bien ainsi, et que le toucher soit en l'occurrence plus directement sollicité que la vision, l'histoire de la fille du potier de Sicyone le signifie sans détour. Non seulement Butades aura immédiatement reconnu le parti qu'il pouvait tirer, en termes plastiques, des lignes tracées par sa fille sur le mur, mais l'ombre même de l'amant projetée sur la paroi aura dès l'abord fait naître chez la jeune fille un désir de tracement, fortifié par l'amour. Le contact, fût-ce par l'intermédiaire d'un outil, entre la main et le support sur lequel elle opère suffit à induire l'idée d'un tracé, sinon celle même de trait. S'il n'est sans doute pas de meilleure façon, comme le voulait Diderot, de donner à un aveugle quelque idée de ce que «peinture» veut dire que de promener sur son corps un pinceau chargé de couleur, il n'est peut-être pas non plus de meilleure façon de lui signifier ce qu'on entend par «trait» que d'en tirer un sur sa peau au moyen d'une pointe. La pression irait-elle jusqu'à un début d'incision, l'idée de trait prendrait une autre virulence qu'elle ne le ferait en termes seulement optiques.

2.10.3. L'ombre portée de la «sorcière» de Goya n'est pas contenue dans les limites d'un contour. Elle se donne pour ce qu'elle est : une tache d'encre aux limites indécises. Une ombre ne fait figure qu'à ne plus faire tache, le trait (je n'ai pas dit le contour) opérant dans l'entre-deux : entre la tache et la ligne. Quant au profil de la femme, il se découpe non pas sur le blanc de la feuille, mais sur le fond noir de la mantille, laquelle participe elle-même de la tache.

2.10.4. C'est au contour qui la cerne que l'ombre emprunte les apparences d'une figure. En tant qu'elle participe de la tache, l'ombre entretient avec le fond une tout autre relation que la figure. La figure *s'enlève* sur le fond ; l'ombre s'y *imprime*, lui conférant du même coup une réalité, à tout le moins une consistance que lui dénie la figure.

---

37. Rosalind Krauss, «En matière de point de vue, peut-on compter plus loin que "un"? », à paraître dans le catalogue de l'exposition *Féminin/masculin*, Centre Georges-Pompidou, Paris, 1995.

2.10.5. N'était le chapelet qu'elle tient entre ses mains jointes et dont elle approche son visage, comme partagée entre le désir de voir et celui de toucher le crucifix de ses lèvres, cette figure d'une vieille femme penchée sur son ombre correspondrait assez bien à celle du Narcisse considérant sa propre image portée sur les eaux. Un Narcisse aveugle, dirait-on, à tout le moins les yeux mi-clos, et dont le bâton qui était dans l'Antiquité l'un de ses attributs fait ici le lien entre le corps et son ombre portée, par un tour analogue à celui dont a usé Descartes dans son *Optique* pour matérialiser les rayons visuels. Comparaison que confirme la légende d'une variante de cette même figure, cette fois présentée de trois quarts, en robe noire et fichu blanc, et sans plus de tracé qui ait valeur d'horizon : *Que disparate, pensar aun en matrimonio!* («Quelle folie de penser encore au mariage!»). Mais «folie» au regard de quoi? De l'image ou, pour mieux dire, de l'*indice* d'elle-même que renvoie à cette «sorcière» son ombre portée, non pas trait pour trait, mais face à face?

2.10.6. Troisième image à mettre ici en série avec les deux qui précèdent (à la façon dont s'y essayait Goya quand il distribuait et redistribuait ses dessins pour en constituer divers livres ou albums, sur le modèle qui fut déjà celui des *Caprices*) : la figure là encore d'une femme, celle-là plus jeune, mais elle-même penchée, les mains jointes, devant une tache informe, dans laquelle Pierre Gassier voit un maquillage grossier visant à cacher – pour quelle obscure raison? – le fond originel du dessin qui aurait fourni l'explica-tion de la scène.[38] Encore cette tache n'est-elle pas sans rapport, dans ce contexte, avec la masse, elle-même indéfinissable, censée évoquer une tombe dans l'une des peintures du cycle des «pein-tures noires» de la *Quinta del Sordo*. D'où, sans doute, le titre parfois donné à ce dessin : «*La Veuve*». Bel exemple, quoi qu'il en soit, d'«exercice par l'informe» dans lequel la forme ou l'objet ne prête pas à «un acte de reconnaissance net» mais reste pour ainsi dire en deçà : en deçà de la figure, en deçà du trait, en deçà même de l'ombre qui pourrait être celle d'un corps, la tache jouant comme l'indice du manque, de la perte, de l'effacement.

23, détail

2.11. Pour en finir avec le trait de contour, régulièrement associé qu'il est à l'idée de «fi-gure», ceci encore, qui n'est pas sans lien avec les images qu'on vient de voir. Winckelmann tenait pour un trait caractéristique de l'esthétique des Grecs, au même titre que la belle na-ture et le noble contour, la science de la draperie – soit tout ce que l'art nous apprend sur l'habillage des figures. «La draperie grecque est le plus souvent travaillée d'après des vête-ments fins et humides qui par suite, comme le savent les artistes, adhèrent étroitement à la peau et au corps en laissant voir le nu», sans rien dissimuler de son contour. Le même Winckelmann ne désapprouvait pour autant pas les artistes des Temps modernes qui auront su s'écarter de cette voie «sans préjudice pour la nature et la vérité», allant jusqu'à superpo-ser plusieurs vêtements, parfois très lourds, et qui ne pouvaient retomber en plis aussi

38. Cf. Pierre Gassier, *Les Dessins de Goya. Les albums,* Fribourg, Paris, 1973, p. 494.

19, détail   **20, détail**

souples et ondoyants.[39] Mais qu'eût-il dit de telle figure de *Pleurant* due à un Maître des anciens Pays-Bas, ou encore de l'*Homme drapé, debout*, dessiné à l'encre (et non pas au crayon Conté) par Ingres ? La figure ici s'absente de l'image, sinon du dessin, pour se réduire à sa propre déploration sous le couvert d'une ample vêture dont les plis ne laissent rien entrevoir de sa défection non plus que de sa ruine.

2.11.1.   Il en irait de la figure et de son histoire, sinon de sa ruine, comme de l'art lui-même, au dire encore de Winckelmann (un dire qui renoue de façon significative, au terme de l'*Histoire de l'art chez les Anciens*, avec le mythe qui en marquait le départ) : «Quoiqu'en réfléchissant sur sa destruction [celle de l'art], j'ai ressenti le même déplaisir qu'éprouverait un homme qui, en écrivant l'histoire de son pays, se verrait obligé de tracer le tableau de sa ruine; après en avoir été le témoin, je n'ai pu me défendre de suivre le sort des ouvrages de l'Antiquité aussi loin que ma vue a pu s'étendre. Ainsi une amante éplorée reste immobile sur le rivage de la mer, et suit des yeux le vaisseau qui lui ravit son amant, sans espérance de le revoir : dans son illusion, elle croit apercevoir encore sur la voile qui s'éloigne l'image de cet objet chéri. Semblables à cette amante, nous n'avons plus, pour ainsi dire, que l'ombre de l'objet de nos vœux; mais sa perte accroît nos désirs.»[40]

2.11.2.   La fille de Corinthe se sera montrée plus avisée : elle n'aura pas attendu que s'éloignât le bateau qui emportait son amant pour imaginer de voir l'image de celui-ci se dessiner sur un écran. Dans l'imminence du départ, elle sut, par un trait qui méritait en effet de prendre force de mythe, en fixer l'ombre telle qu'elle la projeta sur le mur à l'aide d'une chandelle. Sans doute, une fois le bateau disparu à l'horizon, ne lui resta-t-il plus rien que le contour d'un corps auquel son père réussit à donner un semblant de consistance ou de poids en le coulant dans l'argile. Mais ce dessin, comme l'écrira Rousseau, dont «l'amour – dit-on – fut l'inventeur»[41], n'était que trop bien fait pour réveiller son désir en lui rappelant, si grossièrement que ce fût, l'objet perdu de ses vœux. Le motif du départ de l'amant, comme celui de la saisie de l'ombre, la distance qu'implique l'idée de projection suffisent à dire que l'art, dans le moment même de ce qui est présenté comme son «origine», est lié à l'absence, à la perte, au manque. Comme l'est, sans qu'il y soit besoin du mythe pour l'énoncer, le trait qui fait le partage entre la figure et le fond. Le trait saisi, en dehors de toute considération de figure, dans sa différence, son départ d'avec la surface. Mais le trait, aussi bien, qui s'abolit dans la ligne, laquelle en apparaît comme l'espèce sublimée.

39. Winckelmann, *Réflexions...*, *op. cit.*, p. 33.
40. *Id.*, *Histoire...*, *op. cit.*, t. III, p. 262-263.
41. Rousseau, *Essai sur l'origine des langues*, chap. I.

3.

Aspect

3.   «Ne pourrait-on tenir pour un cas de démence celui où un homme, reconnaissant dans un dessin le portrait de N. N., s'écrierait : "C'est monsieur N. N.!" – "Il doit être fou", dirait-on de lui, "il voit un morceau de papier avec des traits noirs dessus (*ein Stück Papier mit schwarzen Strichen darauf*), et il prend cela pour un homme!"»[1]

3.1.   En quoi consisterait précisément la démence (*das Wahnsinn*) que dit ici Wittgenstein, et sur quoi se fonderait son diagnostic («Il doit être fou», *er muss verrückt sein*)? Et surtout : où passera la ligne de partage entre ce qu'on serait alors en droit de tenir pour sensé et ce qui peut paraître *insensé*?

3.1.1.   A l'entendre à la lettre, l'exclamation peut en effet laisser croire à une hallucination, à l'illusion d'une présence réelle («C'est monsieur N. N.!»), alors qu'elle ne ferait que traduire, s'agissant d'un *portrait*, le sentiment d'une ressemblance à laquelle il serait difficile, sinon impossible, de se soustraire («C'est tout à fait lui!», «Oui, ce sont bien là ses traits, son expression!»). Affaire de contexte, la démence (ou son apparence) résidant dans les mots, le raccourci d'un énoncé qui ne marque pas la différence entre «être» et «représenter», entre la présence «en chair et en os» et la présence «en image». La ressemblance (l'impression de ressemblance) n'étant jamais que l'un des noms – ou l'une des modalités – de la présence (du sentiment de présence), et vice versa.

3.1.2.   Mais «présence», qu'est-ce à dire? Sartre ne reconnaissait-il pas dans l'objet en image un «irréel», présent et cependant hors d'atteinte? Ou – formule plus frappante encore – un *manque défini* : «*il se dessine en creux*» (je souligne)?[2]
Un manque, s'agissant encore une fois d'un portrait, dessiné (en creux) par son contour, et défini par les traits qui le composent. Et d'autant plus sensible, ce manque, que le portrait sera jugé plus ressemblant et mieux fait, à ce titre, pour éveiller en qui le contemple le sentiment tout à la fois de présence et d'irréalité qui serait le corrélat de l'image.

3.1.3.   N'y ayant rien là de «présent» que des traits sur une feuille de papier, tandis que le fond lui-même ne saurait prétendre à une autre manière d'être ou de présence que celle que lui confère la figure qui, sur lui, précisément *s'enlève*. Et s'y enlève éventuellement en négatif, avec toutes les apparences qui peuvent être celles du manque, ainsi qu'il en va d'une figure *en réserve* ou d'un tirage photographique lui-même *en négatif*.

1. Ludwig Wittgenstein, *Remarques sur la philosophie de la psychologie*, trad. fr. (texte all. en regard), t. I, Paris, 1989, p. 200.
2. Jean-Paul Sartre, *L'Imaginaire*, Paris, 1940, p. 163.

3.1.4. «C'est monsieur N. N.!» La même exclamation pourrait faire écho à un appel télé-phonique. La présence qui est alors celle de la voix, «au bout du fil», suffit-elle à lever en l'es-pèce tout soupçon de démence? Parfois l'identification ne sera pas immédiate («Je n'ai pas reconnu sa voix tout de suite»).

3.2. Si l'on considère non plus l'énoncé lui-même, mais le commentaire qui s'y applique, la «démence» supposée consisterait à prendre pour un homme en chair et en os un morceau de papier couvert de traits noirs. Ce qui appellerait cette glose, ou ce correctif : «Ceci n'est pas un homme, mais un dessin.»

3.2.1. La question que pose Wittgenstein n'en ouvre pas moins sur une dérive calculée : comme si le fait de prêter un sens à un ensemble de traits tracés sur un morceau de papier, et d'abord d'y voir une figure, de le traiter comme une image, voire d'y reconnaître un portrait, n'allait pas nécessairement de soi. Comme s'il pouvait entrer une part de folie dans le fait (mais s'agit-il là seulement d'un fait?) que ces traits soient à même d'évoquer un homme, voire une personne nommément désignée, qu'ils lui *ressemblent*, au point qu'il soit impossible de s'y refuser, de le méconnaître?

3.2.2. Mais ne pourrait-on pas tenir pour une autre forme encore de non-sens, celui-là déli-béré, l'opération qui consisterait, à l'inverse, à prétendre considérer un dessin pour ce qu'il est, et à quoi il se réduirait en termes de visibilité pure, à n'y voir rien d'autre qu'une combi-naison plus ou moins fournie de traits, de hachures, de taches, sans prêter attention à ce que cette constellation peut évoquer, à quoi elle peut ressembler, qu'elle peut «représenter», qu'elle peut *signifier*? Un peu comme celui qui, à l'écoute d'une langue étrangère, ne perçoit d'abord qu'un mélange confus de sons. Mais non sans que quelques traits récurrents, voire un semblant d'articulation, ne se laissent peu à peu repérer dans ce magma. La question étant alors de savoir jusqu'à quel point on saurait pousser l'analyse formelle sans que joue ce que les linguistes nomment «la condition du sens».

3.2.3. Une «démence» analogue pouvant être le fait de l'art lui-même, quand loin de se vouloir transparent, de s'effacer derrière le «message» qu'il est censé transmettre, il choisit la voie du non-sens, de l'opacité, ne donne rien à voir que des traits ou des taches apparemment dépourvues de toute signification.

3.2.4. Le trait visé, considéré, regardé pour lui-même, dans ce qui ferait non seulement sa matière, sa substance, mais ses qualités, son allure, ses inflexions, son mouvement, son organi-sation, son activité proprement graphiques. Façon, comme on va le voir, de renouer à nou-veaux frais avec la question de la cécité qui serait au principe du dessin, à son *départ*, confor-mément au «parti pris» qui fut, en ce même lieu, celui de Jacques Derrida, dans ses *Mémoires d'aveugle*. Et d'en appeler, du même coup, à une réflexion suivie, continuée, sur ce qu'il peut en être du dessin en tant que tel, et sur les diverses approches auxquelles il prête, aussi bien que sur les concepts qui en articuleraient une description interne et systématique. Ingres (qu'aimait à citer Degas) : «Le dessin n'est pas en dehors du trait, il est en dedans...»[3]

3.2.5.   Ainsi du projet d'un «connaisseur» qui, sans porter immédiatement attention au contenu d'un dessin ni même à ce qu'il peut «représenter», feindrait de ne vouloir en retenir que les seuls «traits» qui lui paraîtraient caractéristiques, distinctifs, et pour lui signifiants. Caractéristiques d'un temps, d'un style, d'une école. Distinctifs d'un artiste, nommément désigné ou non. Signifiants, comme peut l'être l'écriture considérée du seul point de vue de sa graphie, en tant qu'elle porterait la marque d'un individu ou celle d'une époque.

3.3.   «Distinctif», un trait peut l'être dans une acception plus strictement sémiotique, dans sa différence ou son opposition à d'autres traits. Comme le sont les «traits» de l'écriture chinoise, lesquels ne font sens qu'à s'enchaîner dans un ordre déterminé (les entorses à cette règle n'échappant pas, comme on l'a dit, à un œil exercé), et sous la condition que soient strictement respectés les principes concernant la direction des tracés, dont ils empruntent une valeur discriminante. Avec, ici comme là, la dimension inaliénable de la technique aussi bien que du style, pour ne rien dire des transformations que l'une et l'autre (la technique et le style) ont pu connaître au cours de l'histoire.

3.3.1.   A ceci près que «faire sens» n'a pas la même connotation, ni les mêmes implications, s'agissant d'un dessin ou d'une page d'écriture, ainsi que tendrait à le faire croire la métaphore qui voudrait qu'on «lise» l'un comme on peut le faire de l'autre. Métaphore plus que suspecte dans le contexte occidental, mais que l'étroite parenté marquée en Chine entre la calligraphie et la peinture semble justifier. N'était qu'elle conduit à mettre l'accent moins sur la lisibilité de la peinture que sur la visibilité de l'écriture, en même temps que sur la gestualité, voire la gesticulation, qui peut faire le fond de l'une et l'autre de ces pratiques dans ce qu'elles ont, l'une et l'autre, de *signifiant*.

3.3.2.   Le *trait*, exemple d'un concept dont le geste, la gestualité, sinon la gesticulation, serait partie intégrante. Pour ne rien dire de ce qu'il (le concept) peut avoir d'*élastique*.

3.3.3.   Et ceci encore : le trait a valeur «discriminante». A ceci près qu'en Occident comme en Chine un simple trait, tracé sur un support quelconque, peut faire sens, dans sa seule différence, son seul départ d'avec la surface (ce qui correspond bien à quelque chose, encore, comme un geste).

3.4.   «Faire sens», pour le trait, est-ce là affaire de *mimesis*, ou de *semiosis*, ou de l'un et de l'autre, indissociablement ? S'agit-il là de quelque chose comme un fait, ou un effet? Ou faut-il y voir le produit d'un acte, au sens où Sartre reconnaissait dans l'image le produit d'un

---

3. Valéry, *Degas, danse, dessin*, op. cit., p. 1185.

acte proprement magique? Mais de cet acte, quel sera alors l'agent? Celui qui trace quelques traits sur un morceau de papier, qu'ils répondent ou non à une intention précise? Ou celui qui reconnaîtra une image dans ces traits, se réduiraient-ils à un simple griffonnage tracé là au hasard, hors de toute visée communicative (à la façon dont Léonard de Vinci s'exerçait à voir des visages dans les taches de moisissure qui couvraient les vieux murs)?

3.4.1.   Wittgenstein : «Le schéma de câblage d'un poste de radio apparaîtra à tous ceux qui ne sont pas versés dans ce genre de choses comme un fouillis de traits qui n'ont aucun sens. Mais, pour peu qu'ils aient appris à connaître son appareil et sa fonction, le schéma sera pour eux une image qui a un sens.»[4]

3.4.2.   Un ensemble de traits, une figure schématique, voire un simple contour, n'auraient de sens qu'à faire image, et réciproquement. Ou, pour le dire autrement, c'est l'image, et l'image seule, qui aurait un sens, qui ferait sens, non le trait ou l'ensemble de traits, dont la signification, voire l'agencement, ne saurait apparaître que sous la condition pour ce trait (ou cet ensemble de traits) de faire image. Faire sens, pour le trait (au singulier comme au pluriel), ce serait d'abord faire image, et réciproquement.

3.4.3.   Pour que le schéma de câblage d'un poste de radio fasse image, et une image qui ait un sens, il faut avoir appris à en connaître l'appareil et la fonction. L'appareil et la fonction du poste de radio, mais aussi bien ceux du schéma qui s'y rapporte?
A quelle compétence minimale le trait en appelle-t-il, et qui varierait selon les époques ou les cultures, et peut-être le type même de dessin? Pour qu'un dessin fasse sens à nos yeux, nous suffit-il d'avoir saisi le principe et le système des conventions qui règlent son fonctionnement «imageant» : et par exemple, s'agissant du *disegno* tel que le concevaient les contemporains de Vasari, cette modalité très singulière d'inscription qu'est la projection dans le plan?

3.5.   De l'œuvre d'art, Sartre soutenait qu'en tant que corrélat de l'acte intentionnel d'une conscience imageante, elle est un *irréel*. Soit l'exemple auquel, curieusement, il fait constamment retour dans *L'Imaginaire* : le portrait de Charles VIII au musée des Offices (lequel ne va, en la matière, pas plus loin que Charles Quint...). S'il s'agit là d'un objet qu'on devrait dire esthétique, poursuivait-il, ce n'est pas le même objet que le tableau, la toile, les couches réelles de peinture : «Tant que nous considérerons la toile et le cadre pour eux-mêmes, l'objet esthétique «Charles VIII» n'apparaîtra pas. Ce n'est pas qu'il soit caché par le tableau, c'est qu'il ne peut pas se donner à une conscience réalisante. Il apparaîtra au moment où la conscience opérant une conversion radicale qui suppose la néantisation du monde se constituera elle-même comme imageante.» Il ne faut pas se lasser de l'affirmer, écrivait-il encore, «ce qui est réel [...], ce sont les résultats des coups de pinceau, l'empâtement de la toile, son grain, le vernis qu'on a passé sur les couleurs. Mais précisément cela ne fait point l'objet d'ap-

---

4. Wittgenstein, *Zettel*, Oxford, 1967 ; trad. fr., *Fiches*, Paris, 1970, p. 58.

préciations esthétiques. Ce qui est "beau", au contraire, c'est un être qui ne saurait se donner à la perception et qui, dans sa nature même, est isolé de l'univers. »[5]

3.5.1.   Les mêmes remarques vaudraient pour un dessin au trait. Ce serait une chose de prêter attention à la direction et à l'épaisseur relative du trait, à la disposition des hachures, à la façon dont le grain du papier peut concourir à la qualité graphique de l'ensemble. Et c'en serait une autre de considérer la façon dont celui-ci prend, dans l'irréel, ce que Sartre nomme «son sens véritable»[6]. Notion elle aussi suspecte, mais qui a le mérite d'imposer de distinguer entre le registre qui peut être celui du signe et celui de l'image, tout en marquant le lien qui les unit.

3.5.2.   Sans doute le plaisir qui peut naître de la prise en compte des composantes matérielles d'un dessin n'est-il pas de niveau avec le plaisir des sens que procurerait la vue de certaines couleurs étalées sur une toile. Mais quand bien même elle revêtirait des allures plus éthérées, mieux sublimées, cette jouissance n'aura, dans les termes qui sont ceux de Sartre, rien d'esthétique : un trait, à l'instar d'une couleur, ne saurait être tenu pour «beau» qu'à le saisir comme faisant partie d'un «ensemble synthétique irréel».

3.5.3.   Sartre a si bien vu le problème que posait l'objet esthétique au regard de la thèse qui serait celle de la conscience d'image qu'il a jugé nécessaire de lui consacrer le dernier chapitre de *L'Imaginaire*. L'opposition marquée entre conscience perceptive et conscience imageante («La *chair* de l'objet n'est pas la même dans l'image et dans la perception»[7]) ne l'aura en effet pas empêché de noter que les images de l'art sont comme engluées dans l'en-soi de l'*analogon* matériel, tableau ou dessin, à travers lequel elles trouvent à s'objectiver : un tableau (un dessin) devant, à l'en croire, être conçu comme «une chose matérielle *visitée* de temps à autre (chaque fois que le spectateur prend l'attitude imageante) par un irréel qui est précisément *l'objet peint* [ou *dessiné*]»[8]. Mais surtout, il aura été le premier à tenter de comprendre, en termes d'intentionnalité[9], comment le regard porté sur les œuvres de l'art a pour envers, sinon pour condition, une manière d'aveuglement radical, constitutif de l'expérience esthétique elle-même, à l'endroit de ce qui fait leur substance concrète.

3.5.4.   Dès sa dédicace, «En hommage à *L'Imaginaire* de Sartre», et par un tour inédit dans la littérature, *La Chambre claire* en apporte la preuve : ce livre a marqué, informé, travaillé toute une génération. Et comment en aurait-il été autrement, dès lors qu'il prétendait dénouer ce qui correspond à l'un des «nœuds» qui, dans le champ qui est celui de l'art, ne cessent d'occuper la critique?

5. Sartre, *op. cit.*, Paris, 1940, p. 239-240.
6. *Ibid.*, p. 241.
7. *Ibid.*, p. 28.
8. *Ibid.*, p. 240.
9. «Le mot d'image ne saurait désigner que le rapport de la conscience à l'objet; autrement dit, c'est une certaine façon qu'a l'objet de paraître à la conscience, ou, si l'on préfère, une certaine façon qu'a la conscience de se donner un objet», *ibid.*, p. 17.

3.6.   Ce que Sartre nous donnait à penser, sur quoi il nous incitait à réfléchir, en un temps où nous ignorions encore tout de Wittgenstein, rejoignait la question que la psychologie dite de la forme (la *Gestalttheorie*) avait mise à l'ordre du jour sous le titre, déjà, du «changement d'aspect» : «Il en est ici comme de ces cubes qu'on peut voir à son gré cinq ou six. Il ne conviendrait pas de dire que lorsqu'on les voit cinq, on se *masque* l'aspect du dessin où ils paraîtraient six. Mais plutôt on ne peut pas les voir *à la fois* cinq et six. L'acte intentionnel qui les appréhende comme étant cinq se suffit à lui-même, il est complet et *exclusif* de l'acte qui les saisissait comme six.»[10]

3.6.1.   Dans les termes qui étaient ceux de Sartre, on ne saurait, simultanément, *voir* le dessin comme tel, dans sa réalité matérielle, et *viser* l'irréel (l'objet en image) qui éventuellement le «visite». Mais de penser le passage de l'attitude perceptive à l'attitude imageante en termes de «changement d'aspect» ne va pas sans déplacer le problème. Sans doute ne puis-je voir *à la fois* les cubes comme cinq et six. Sans doute ce que Sartre nomme l'acte intentionnel qui les appréhende comme cinq est-il exclusif de celui qui les saisirait comme six. Mais ces deux «aspects» que peut revêtir un même dessin n'en correspondent pas moins à des objets intentionnels de même niveau, à une manière analogue pour la conscience de se donner un objet, de se rapporter à lui. Certes, c'est une facilité de langage qui fait dire à Sartre que l'on ne peut *voir* les cubes à la fois comme cinq et comme six. Mais ce tour n'en est pas moins révélateur. Si l'on devait en effet s'en tenir à la définition de l'image qui est la sienne, force serait, en toute rigueur, de convenir que dans un cas de figure comme dans l'autre l'objet visé par la conscience est un irréel, et qui ne saurait, en tant que tel, s'offrir à la perception, être donné à *voir*. Or, donnée à voir, l'image peut l'être, quand bien même elle dépendrait, dans son apparition, d'un changement radical dans l'intention qui, de perceptive, deviendrait imagée : je ne puis compter les colonnes du Panthéon dans l'image qui s'en présente à mon esprit; je le puis sur un dessin ou une photographie. Et, de même, ne saurais-je me contenter de considérer par l'imagination une figure ambiguë pour déterminer de quoi il retourne : il me faut l'avoir sous les yeux, être en mesure de compter les cubes.

3.6.2.   Alors même qu'il accordait la plus large place, dans sa réflexion, à l'idée autant qu'à la pratique de la description, Wittgenstein ne montrait guère d'indulgence pour la phénoménologie, considérée en tant que philosophie constituée. Mais c'est que la description telle qu'il l'entendait procédait d'un questionnement qui s'accommodait mal de tout esprit de système, de toute conceptualisation *a priori*, de toute discipline autre que de stricte pensée, de toute règle du jeu autre que de langage.

3.7.   «Que vois-tu?» (jeu de langage) – «Que vois-tu *vraiment*?» La tâche que s'assignait explicitement Wittgenstein consistait en l'espèce à «se représenter le voir dans toute son énigme, sans s'encombrer d'explications physiologiques».[11] Soit un problème de *description* :

10. *Ibid.*, p. 230.
11. Wittgenstein, *op. cit.*, 962, p. 200.

« J'apprends à décrire ce que je vois ; et j'apprends là *tous* les jeux de langage. »[12] Mais, *voir*, qu'est-ce à dire ? et *décrire ?* et *apprendre ?* Apprend-on à décrire comme on apprend à voir ?

3.7.1.   C'est là, à ce point, cette articulation dans le texte des *Remarques sur la philosophie de la psychologie* tel qu'il nous est aujourd'hui donné à lire, qu'intervient le propos qu'on a dit sur l'apparence de démence qui peut s'attacher au fait de prendre pour un homme un morceau de papier couvert de traits (mais plutôt qu'un fait, je le répète, n'y a-t-il pas là quelque chose comme un acte : un acte – comme le disait Sartre – proprement magique ?). Preuve que la dérive était justifiée, qui nous fait en appeler à *L'Imaginaire* : Wittgenstein lui-même n'aura-t-il pas tenu à souligner la *ressemblance* entre le *So-Sehen*, le « voir ainsi », et l'imagination ?[13]

3.7.2.   La description supposant l'apprentissage, non pas tant d'un langage, que des façons d'en user aux fins qui sont les siennes (celles de la description). Ainsi que l'observe encore Wittgenstein, à la question : « Que vois-tu ? » – « Que vois-tu *vraiment* ? » répondent les descriptions les plus disparates. « Si l'une affirme "Je vois pourtant bien l'aspect, l'organisation, au même titre que les formes et les couleurs", que veut-elle dire ? Que l'on impute tout cela au "voir" ? »

3.7.3.   Que voyons-nous quand nous prétendons considérer un dessin pour lui-même, abstraction faite (si la chose est possible) de ce qu'il peut représenter ? Que voyons-nous, *vraiment ?* La question a quelque chose de délibérément provocant (du latin *provocare*, « appeler dehors »), faite qu'elle est en effet pour déranger la pensée, la faire sortir de ses gonds, la mettre hors d'elle-même. Comme l'est, provocante, la réponse sans détour qu'y apporte Sartre : ce qui est donné à voir – au sens strict du mot *voir* – se réduit à la composante réelle, matérielle, du dessin : quelques traits tracés au crayon, à la plume ou au pinceau, sur une feuille de papier blanc ou teintée, et d'un grain plus ou moins prononcé. Des traits dans lesquels on ne saurait reconnaître un visage, ou toute autre image qu'on voudra, qu'au prix d'une conversion radicale, laquelle suppose l'effacement, ou, pour reprendre le mot de Sartre, la « néantisation » de ce que lui-même concevait comme un *aspect* de l'œuvre d'art (la comparaison avec « les cubes qu'on peut voir cinq ou six » en apporte la preuve) : son « aspect » proprement matériel, sa part de réalité.

3.7.4.   Si Sartre en appelait en l'occurrence à la notion d'« aspect », ce n'est pas seulement pour ce qu'il distinguait, en matière d'art, l'« irréel » qu'est l'objet peint ou dessiné d'avec la chose matérielle que l'on peut avoir sous les yeux (une feuille de papier d'une qualité donnée couverte de traits eux-mêmes d'une certaine facture). Encore fallait-il que le passage, le saut, le *shift* d'un aspect à l'autre, et du « réel » à l'« irréel », fût justifié, et si possible motivé : « Chaque touche de pinceau n'a point été donnée *pour elle-même* ni même pour constituer un ensemble *réel* cohérent (au sens où l'on pourrait dire que tel levier dans une machine a été

---

12. *Ibid.*, 980, p. 202.
13. *Ibid.*, 992, p. 204.

conçu pour l'ensemble et non pour lui-même). Elle a été donnée en liaison avec un ensemble synthétique irréel et le but de l'artiste était de constituer un ensemble de tons *réels* qui permissent à cet irréel de se manifester. »[14]

3.7.5.   Sartre lui-même fournit un bon exemple de ce qu'il peut en être d'une chaîne de motivations qui auraient elles-mêmes rapport, comme il se doit, avec l'idée de *ressemblance*. Un dessin schématique (ainsi que peut l'être un croquis représentant un homme au moyen de quelques traits noirs sans épaisseur) est constitué d'éléments (un point noir pour la tête, un trait noir pour le buste, deux pour les bras, deux autres pour les jambes) qui ont ceci de particulier qu'ils sont intermédiaires entre l'image et le signe : ils n'ont pas de véritable ressemblance avec l'objet qu'ils représentent, mais en appellent à une interprétation. Et cependant l'ensemble constitué par ces éléments n'en a pas moins sa physionomie propre, avant même de faire image : «Considérons par exemple le schème d'un visage. Je puis y voir de simples traits : trois segments qui se rejoignent en un point O; un second point en dessous de O, un peu à droite, puis une ligne sans signification. Dans ce cas je laisse s'organiser les traits suivant les lois de forme qu'ont étudiées Köhler et Wertheimer. La feuille blanche sert de fond homogène, les trois segments s'organisent en fourche. »

3.7.6.   «A présent – poursuit Sartre – je lis la figure tout différemment : j'y vois un visage. » Mais du *lire* au *voir*, le passage ne va pas de soi, non plus que l'usage qui est ici fait de ces mots, leur pertinence relative. A commencer par le mot «voir», lequel peut prêter à discussion, s'agissant d'un être qui ne saurait se donner à la perception, si l'on en croit la thèse qui est celle de Sartre. Mais il en va de même pour la métaphore de la lecture, s'appliquant non plus à une figure schématique, mais à un dessin ou un tableau, voire à une photographie. Les traits tracés sur le papier, les coups de pinceau sur la toile, le dégradé de gris dont émergent les formes peuvent bien en appeler à une visée qui leur prêtera un sens : cela suffit-il à faire que l'interprétation doive nécessairement en passer par une manière ou une autre de déchiffrement, ainsi qu'il peut en aller des éléments d'un schéma?

3.7.7.   Des glissements de sens, ou de mots, on en repérera d'autres dans la citation qui suit – de l'*être* au *représenter*, en passant par le *figurer* et l'*interpréter* (les italiques sont miennes) : «Des trois segments, celui qui monte obliquement est *interprété* comme le contour du front, le segment de droite *est* un sourcil; le segment descendant *est* la ligne du nez. Le point isolé *représente* l'œil, la ligne sinueuse *figure* la bouche et le menton. Que s'est-il produit? Il y a eu, tout d'abord, un changement radical dans l'intention [qui] de perceptive devient imagée. Mais cela ne suffirait pas : il faut que la figure se laisse *interpréter*. Il faut enfin et surtout que mon corps adopte une certaine attitude, joue une certaine pantomime pour animer cet ensemble de traits. »[15]

14. Sartre, *op. cit.*, p. 240.
15. *Ibid.*, p. 46-47.

3.8.   Un dessin n'est pas un schéma. Mais cette description n'en a pas moins sa pertinence au regard des portraits de profil de Lippi ou de Léonard. Là encore tel trait *est* un sourcil, telle ligne *figure* la bouche, tel point *représente* l'œil, ces termes étant interchangeables, dans certaines limites. Le flou conceptuel qu'entretient cette multiplicité de vocables (auxquels pourraient s'en ajouter d'autres : la ligne, par exemple, qui *décrit* le contour du visage) avait chez Sartre sa justification : il s'agissait pour lui d'attirer l'attention, par ce tour purement rhétorique, sur les conditions du «changement d'aspect». Et, tout à la fois, de faire en sorte que trouve un écho dans les mots l'activité dont il s'accompagne, ou dont il est le corrélat, laquelle activité ne se laisse pas aisément décrire par les moyens du langage, aussi longtemps qu'on s'en tient au partage reçu entre sujet et objet, production et réception. Il n'est pas jusqu'à l'idée d'une «pantomime» que devrait jouer le corps du spectateur pour animer cet ensemble de traits qui ne prête à discussion, quelle que puisse en être, là encore, la pertinence. Car il n'y a pas que les corps, ou les visages en image, qui soient frappés d'«irréalité». Le spectateur qui se laisse prendre au jeu qui est celui du dessin s'absente de lui-même : quand bien même son corps serait de la partie, ce jeu ne se joue pas dans sa tête, mais sous ses yeux, là, sur le papier, en termes graphiques. La chose n'apparaissant jamais plus clairement que lorsque tend à s'inverser le rapport entre la figure et le fond, au point qu'en vienne à se produire *comme* figure ce qui se présentait d'abord *comme* fond, et inversement. Avec, en prime, la surprise, toujours possible, d'un trait d'esprit qui tirerait parti de l'équivoque : telle, déjà signalée, émergeant du fond, et comme une signature dans la marge du portrait léonardesque d'un beau jeune homme, la méchante caricature d'un vieillard libidineux.

3.8.1.   « "Voir la figure *comme*..." (*Das Sehen der Figur als...*), cela a quelque chose d'occulte, d'insaisissable (*etwas Okkultes, etwas Unbegreifliches*). On est porté à dire : "Quelque chose s'est modifié, et rien ne s'est modifié." – Mais n'essaie pas de l'expliquer ! Considère plutôt tous les aspects du voir (*das übrige Sehen* : ce qui reste du voir) comme également occultes. »[16]

3.8.2.   Du *Cahier brun*, dicté à ses élèves en 1934-1935, au chapitre XI de la deuxième partie des *Rercherches philosophiques*, en passant par les études préparatoires à ces mêmes recherches, postérieures à la Seconde Guerre mondiale, et dont une partie a été publiée sous le titre de *Remarques sur la philosophie de la psychologie*, Wittgenstein n'aura pas cessé de faire retour sur les problèmes que posaient les différents usages du mot «voir». C'est une chose de dire qu'on voit quelque chose, et d'être à même de la décrire, d'en faire un dessin, de la reproduire. Et c'en est une autre de dire qu'on voit une ressemblance entre deux visages. L'«objet» du voir relève ici et là de deux catégories différentes. «Je contemple un visage, et remarque soudain sa ressemblance avec un autre. Je *vois* qu'il n'a pas changé, et cependant je le vois différemment. J'appelle cette expérience "remarquer un aspect". Ses *causes* ont un in-

---

16. Wittgenstein, *op. cit.*, 966, p. 200. Sur les implications esthétiques de la théorie de l'«aspect» chez Wittgenstein, je ne peux que renvoyer à la belle étude de Fernando Gil, « Entre l'aspect et l'éternel : Wittgenstein et l'esthétique », *La Part de l'œil,* VIII (1992), p. 35-47.

térêt pour les psychologues. Ce qui nous intéresse, c'est le concept, et sa place parmi les concepts de l'expérience. »[17]

3.8.3.   Quand Wittgenstein parle ici de « visage », il a bien évidemment en vue un visage en image, un « visage-image »[18]. Mais reconnaître un visage dans un dessin, n'est-ce pas, déjà, le viser sous un certain aspect ? Là où ce qui m'est donné à voir se réduit, matériellement parlant, à quelques traits sur une feuille de papier, une image surgit, plus ou moins spontanément, avec plus ou moins de force, et qui peut revêtir différents aspects, depuis celui d'une représentation schématique jusqu'à celui d'un portrait qui me frappera par ce qu'on nommera sa ressemblance. Mais la ressemblance n'est pas quelque chose qui viendrait s'ajouter à une image déjà constituée, et comme un trait supplémentaire. Si un schéma élémentaire (un cercle pour la tête, deux traits horizontaux pour les yeux, un trait vertical pour le nez, un trait horizontal pour la bouche) en convoque immédiatement l'idée dans l'esprit – et plus que cela : en impose l'image –, le fait de voir un visage dans un assemblage de traits n'implique pas, comme Wittgenstein le notait déjà dans le *Cahier brun*, qu'on le compare à un visage réel, non plus qu'avec une quelconque représentation intérieure.[19] Et cependant la relation que ce schéma entretient avec ce qu'on entend par un visage « réel » n'est pas totalement arbitraire, ni affaire seulement de convention (une convention dont il faudrait être averti pour que la configuration graphique en question prenne un sens). Le schéma « ressemble » à un visage au sens où dans un dessin ou un tableau un visage peut s'imposer avec la force qui est celle d'un portrait, alors même qu'on ne dispose d'aucun modèle, ni d'aucun élément de comparaison, pour juger de la ressemblance qui est cependant là au travail, d'obscure façon.

3.8.4.   Voir un visage dans un assemblage de traits, et y reconnaître un portrait, c'est le saisir sous deux aspects différents. Le concept même de « visage » ne joue pas, ici et là, de la même façon. Mais (c'est Wittgenstein qui en pose la question) comment un concept pourrait-il en venir à faire partie de ce que l'on voit ? Le concept n'étant au travail nulle part ailleurs que dans le dessin lui-même, sur le papier ou la toile, ainsi qu'il peut en aller, dans un autre registre, du concept même de « trait ».

3.8.5.   Dira-t-on, comme le suggère la comparaison introduite par Sartre entre le surgissement de l'image et les cubes qui apparaissent tantôt cinq et tantôt six, que la conscience d'image correspond à un changement d'aspect, au sens où l'entend Wittgenstein ? Au lieu et place d'un assemblage de traits sur une feuille de papier, quelque chose a surgi qui interdit qu'on vise plus longtemps le dessin dans sa réalité matérielle. Mais le cas des figures ambiguës auxquelles s'est tant intéressé Wittgenstein (à commencer par le trop fameux « canard-

17. Wittgenstein, *Philosophical Investigations*, 2ᵉ partie, chap. XI. Trad. fr., *Tractatus logico-philosophicus*, suivi de *Investigations philosophiques*, Paris, 1961, p. 325.
18. *Ibid.*
19. Id., *Le Cahier bleu et le cahier brun*, trad. fr., Paris, 1965, p. 295-296.

lapin » de Jastrow) n'a en l'affaire qu'une pertinence limitée : sans doute est-il difficile de décrire autrement qu'en termes de perception la transformation qui intervient quand on passe d'une « interprétation » à l'autre, et de la figure du canard à celle du lapin. Mais les deux figures – le « canard » et le « lapin » – n'en sont pas moins de même niveau, perceptivement autant que conceptuellement parlant. Or il en va tout autrement du « changement d'aspect » censé correspondre au passage de ce qui ferait la matière offerte à la perception, à l'image qui, à travers cet *analogon*, trouvera à se constituer, à se manifester. La différence se ramenant, selon la thèse qui est, encore une fois, celle de Sartre, au saut du réel à l'imaginaire.

3.9.   La question que pose une approche du dessin « pour lui-même », dans les termes qui seraient les siens, est bien là : nous est-il loisible de traiter de la composante formelle du dessin comme d'un « aspect », au sens où l'a entendu Wittgenstein ? Comme d'un *aspect*, et non comme d'une *chose*, ainsi que le voulait Sartre quand il écrivait que « la photo, prise en elle-même, est une *chose* : je peux essayer de déterminer, d'après sa couleur, son temps d'exposition, le produit qui l'a virée et fixée, etc.; la caricature est une *chose*, je peux me complaire à l'étude des lignes et des couleurs, sans penser que ces lignes et ces couleurs ont fonction de représenter quelque chose »[20]. Un aspect est tout le contraire d'une chose, pris qu'il est dans un réseau de déterminations dans lequel il est impossible de distinguer entre ce qui serait de l'ordre du « voir » et de celui de l'imagination, du « voir » et de l'interprétation, du « voir » et du savoir, du « voir » et du concept. Si le trait doit prêter à une manière ou une autre de description, ce ne sera pas en tant que chose, abstraction faite de ce qu'il peut avoir pour fonction de figurer, de représenter, ou de signifier. D'en traiter sous le titre de l'aspect imposera d'opérer à la charnière des deux registres de la forme et du sens, du graphique et du linguistique.

3.9.1.   A la charnière des deux registres, mais non dans les deux registres simultanément, ce dont le concept même d'*aspect* exclut jusqu'à l'éventualité. Pour autant, il n'est pas interdit de « se préoccuper », pour reprendre le mot de Wittgenstein, de l'aspect (*mit dem Aspekt sich beschäftigen*) dans ce que celui-ci peut avoir, *structurellement*, de changeant, de transitoire : « L'expression de l'aspect est l'expression d'une saisie (je veux dire d'une façon de traiter d'une technique); mais qu'on emploie comme la description d'un état. »[21] Or un aspect n'est pas un *état* : il n'y a d'aspect que parce qu'il peut changer et que, de ce changement, résultera un nouvel examen. Le changement manifeste l'aspect, et là où il n'y a pas de changement, il n'y a pas lieu de parler d'aspect : « Si une telle constellation est pour moi toujours, constamment, un visage, alors je n'ai désigné là aucun aspect. Car *cela* voudrait dire que je l'*aborde* toujours en tant que visage, que je le traite toujours en tant que visage; tandis que le propre de l'aspect est que je vois quelque chose *dans* une image. »[22]

20. Sartre, *op. cit.*, p. 31.
21. Wittgenstein, *Philosophie de la psychologie*, 1025, p. 210.
22. *Ibid.*, 1028, p. 211.

3.9.2.   Si tel est le « propre » de l'aspect, c'est bien que les descriptions auxquelles il prête ne sauraient s'en tenir à ce qui, en lui, est comme l'écho inarticulé d'une pensée[23], mais qu'elles devraient porter, aussi bien, sur le phénomène même de l'écho, sur ce qui, *dans* l'image, est susceptible de faire écho à la pensée. « Regarde une photographie ; demande-toi si tu vois seulement une répartition de taches plus sombres et plus claires, ou si tu vois aussi l'expression du visage ! Demande-toi ce que tu vois : quel serait le moyen le plus aisé de l'exposer : par une description de cette répartition, ou par la description d'une tête humaine ? »[24]

3.9.3.   Retour à la case départ, et au soupçon de démence qu'évoquait Wittgenstein ? « On pourrait dire que je vois quelque chose qui n'est aucunement là, quelque chose qui ne se trouve pas dans la figure, de telle façon que cela me surprend d'être capable de l'y voir (du moins, lorsque j'y réfléchis après coup). »[25]

3.9.4.   L'aspect est l'indice d'une activité jusque dans ce qui fait, je le répète, sa condition structurale. N'y ayant d'aspect qu'en référence à d'autres, en nombre nécessairement fini, qui lui soient substituables, ou qui puissent s'y articuler, lui faire écho. Mais s'il en va ainsi, et si la structure ne trouve à se manifester qu'en termes d'aspects, le travail d'*aspectualisation* que j'évoquais en commençant assume alors un sens précis : « Pris en son sens chronique, l'aspect est seulement le mode et la manière dont nous ne cessons de traiter la figure. »[26]

3.9.5.   Comment un concept pourrait-il en venir à faire partie de ce que l'on voit ? Et qu'en est-il, à cet égard, du concept de « trait », et des usages auxquels il prête ? Le concept n'aurait-il en l'espèce d'autre fonction que d'induire un mode, une manière de *traiter la figure* (puisque aussi bien le dessin, en Occident, a rapport, par priorité, avec l'ordre des figures) qui se situerait à la charnière ou sur la jointure entre les divers registres dans lesquels il peut se révéler opératoire. En ce sens, loin d'en appeler à une « essence » du dessin qui serait affaire de substance, de technique ou de forme, *traiter du trait* reviendrait à mettre l'accent, par le détour du concept et de la saisie descriptive qu'il autorise, sur une activité simultanément ou alternativement graphique, géométrique, sémiotique et/ou expressive, l'élasticité du concept suffisant à couper court au fantasme d'une description exhaustive de ce qui peut être donné à voir.[27] Et ce au risque – ou au prix – de la disparition de ce qui serait censé faire l'objet même de ce traité, « trait » n'étant peut-être rien d'autre que le nom d'une absence, d'un manque, mais « défini » (comme le voulait Sartre), et toujours efficace.

---

23. « *Ja, es ist, als wäre der Aspekt ein unartikulierter Fortklang eines Gedankens* », *ibid.*, 1036, p. 212.
24. *Ibid.*, 1072, p. 221.
25. *Ibid.*, 1028, p. 211.
26. « *Im chronische Sinne ist er nur die Art und Weise, wie wir die Figur wieder und wieder behandeln* », *ibid.*, 1022, p. 209.
27. « Le concept fourvoyant est celui-ci : la description *complète* de ce que l'on voit », *ibid.*, 984, p. 203.

4.

Géométrie

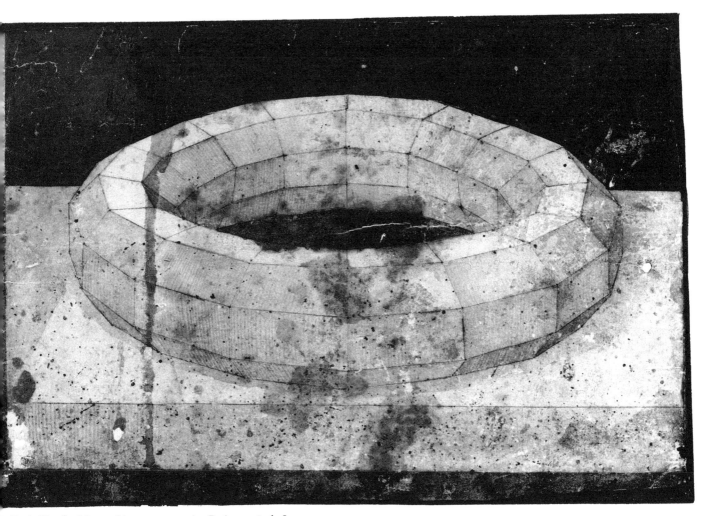

4 Paolo Uccello, *Mazzocchio vu en perspective,* Paris, musée du Louvre.

25 Paolo Uccello, *Sphère à pointes de diamant,* Paris, musée du Louvre.

26 (verso?) Fra Angelico, *Etude de perspective bifocale,* Paris, musée du Louvre.

26 (recto?) Fra Angelico, *La Vocation de saint Pierre et de saint André,* Paris, musée du Louvre.

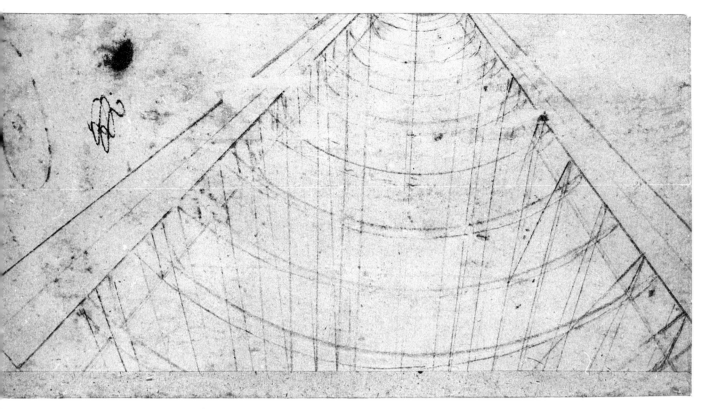

Michel-Ange, *Etude de voûte,* Paris, musée du Louvre.

28 Annibal Carrache, *Hercule assis,* Paris, musée du Louvre.

29 Annibal Carrache, *Etude de perspective,* Paris, musée du Louvre.

30 Jacques-Louis David, *Le Vieil Horace défendant son fils*, Paris, musée du Louvre.

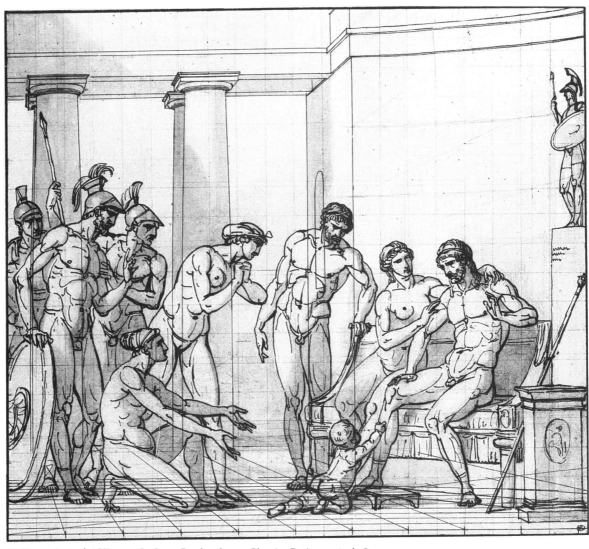

31 François-André Vincent, *Le Jeune Pyrrhus devant Glaucias,* Paris, musée du Louvre.

32 Eustache Le Sueur, *Alexandre le Grand buvant la potion que lui tend son médecin,* Paris, musée du Louvre.

33 Eustache Le Sueur, *Darius faisant ouvrir le tombeau de Nitôkris,* Paris, musée du Louvre.

34 Eustache Le Sueur, *Décollation de saint Protais,* Paris, musée du Louvre.

4.	L'activité qu'on devrait dire géométrique associée à l'idée ou au concept de «trait» se traduit dès l'abord, comme il se doit, en termes de *contour*. Le contour, ainsi que l'énonce Alberti, qui donne leur nom aux figures, au moins celles de la géométrie plane. Plusieurs lignes conjointes comme le sont les fils d'une même toile engendrent ce que l'auteur du *Della pittura* nomme une «surface» (*fanno superficie*).[1] Trois traits définissent un triangle, quatre un carré. Pour le cercle, il y suffit d'une seule ligne, mais «entière» (*una linea intera*), c'est-à-dire tracée d'un seul trait refermé sur lui-même, sans commencement ni fin assignable.

4.1.	*Trait*. Ce n'est pas seulement le mot qui est graphique autant que linguistique. La géométrie a directement rapport à la double activité générative qui peut être le fait du tracé, et qui se manifeste tout ensemble dans l'ordre graphique et dans l'ordre sémantique : le contour nomme la figure en même temps qu'il la produit (autre manière de dire qu'il la *définit*).

4.1.1.	Si Alberti se réfère ici à la «surface», et non à la «figure», c'est qu'il a en vue – parlant comme il le fait en peintre, ou «comme un peintre» – «cette partie extrême du corps qu'on ne connaît que par sa largeur et sa longueur, abstraction faite de toute profondeur, en même temps que par d'autres qualités» : les unes permanentes, et qui correspondent à ce qui fait l'être même de la surface; les autres transitoires, et dont les modifications n'en altèrent que l'apparence (ainsi qu'il peut en aller de la texture ou des jeux de la lumière et de l'ombre).

4.1.2.	Les qualités permanentes, celles-là qui définissent la «surface» en tant que telle, sont au nombre de deux : la première est connue (*si conosce*), comme il se doit, par le contour extrême, lui-même constitué d'une ou plusieurs lignes, qui la cerne, l'enserre ou la contient (*l'ultimo orlo*, latin *extremum illum ambitum* : se retrouvant ici la notion, le terme classique d'«extrémité»)[2]. Le tracé du contour (*l'andare dell'orlo*, «l'aller du contour», latin *tractus fimbriae*, son tracé, son «tiré», comme on le dirait d'un trait) serait-il modifié, la surface changera, et d'aspect, et de nom[3] : en lieu et place de ce qu'on nomme un triangle, on aura un rectangle, ou un polygone.

---

1. «*Più linee, Quasi come nella tela più fili accostati, fanno superficie*», Alberti, *op. cit.*, livre I, 2, p. 10-12.
2. «*Le qualità perpetue sono due. L'una si conosce per questo ultimo orlo quale chiude la superficie, e sarà questo orlo chiuso d'una o di più linee*», *ibid.*, 2. La définition fait directement écho à la définition de la figure (*skèma*) qu'introduit Euclide au livre IV de ses *Eléments* : «ce qui est contenu par quelque ou quelques frontières».
3. «*Qui vedi che mutato l'andare dell'orlo la superficie muta e faccia e nome*», *ibid.*, 3.

4.1.3. Mais « figure » n'est pas « surface ». Le contour ne suffit pas à définir la surface comme telle : il ne fait que la cerner, la délimiter. Sans doute peut-on ignorer, s'agissant des figures de la géométrie plane, cette autre qualité des surfaces qui s'étend – toujours au dire d'Alberti (dire de peintre) – sur leur « dos », comme une écorce.[4] La surface d'un triangle, si bien plane qu'elle soit, ne se distinguera de celle d'un autre triangle par aucun autre trait que celui du contour qui la circonscrit et en détermine l'étendue. Mais il n'en va pas de même des corps ou des volumes, et en général des figures à trois dimensions dont connaît la géométrie dite « dans l'espace ». C'est par leur « dos », leur « écorce » telle que le peintre saura l'imiter ou la feindre par les moyens – graphiques ou picturaux, hachures ou « modelé » – qui sont les siens, que l'on fera la différence, en peinture, entre une sphère ou un cylindre représentés en projection sur le plan, et un cercle ou un rectangle. Affaire de relief ou de volume, c'est-à-dire encore d'aspect.

4.1.4. C'est une chose de voir une figure *comme...* (un lapin, un canard); c'en est une autre de la voir *comme une figure*, dans l'acception qui est celle de la géométrie. Et une autre, encore, de la voir sous l'aspect d'une « surface », comme la nommait Alberti. Le concept (« figure », « surface », « triangle », etc.) n'en est pas moins, ici et là, au travail, jusque dans le registre qui est celui du voir, mais à un autre niveau, et sous des espèces différentes. L'espèce géométrique emportant des effets démonstratifs qui procèdent d'opérations et en appellent à un ordre de conséquence et d'évidence qui n'a plus rien d'iconique. Un triangle ne fonctionne pas sur le mode de l'image ou du signe, mais en tant que figure ou que « surface ». Il n'a en définitive pas d'autre être ni d'autre sens que celui que lui confèrent les propriétés qui sont les siennes, les démonstrations auxquelles il prête, les propositions qu'on peut en déduire.

4.1.5. « Le contour (*orlo*) et le dos (*dorso*) donnent leur nom aux surfaces. »[5] Curieux langage que celui-là, on en conviendra. Mais Alberti, comme on l'a dit, n'aura pas manqué d'en avertir d'entrée de jeu son lecteur : c'est en peintre (ou *comme* un peintre), et non en mathématicien (ou *comme* un mathématicien), qu'il a choisi, dans ses commentaires sur la peinture, et en particulier dans ce premier livre qu'il dit être *« tutto matematico »*, de parler ou d'écrire des choses de la géométrie qui correspondent aux premiers principes de cet art. *Parlo comme pittore* – l'auteur du *Della pittura* en serait tombé d'accord avec Poincaré : on ne fait pas de la géométrie avec de la craie, non plus qu'avec un crayon, ni même un stylet. Mais on en fait avec des figures. Le problème – qui n'est pas seulement d'ordre rhétorique – étant que là où les géomètres sont à même de considérer la forme des choses à part de toute matière, par le seul entendement, force sera à celui qui prétendra s'en tenir à un langage que les peintres puissent comprendre de recourir – comme le voulait une métaphore empruntée à Cicéron, et dont usera encore Kepler – à « une plus grasse Minerve ». Affaire, une fois de plus, d'*aspect*. Le peintre, s'il a besoin que les choses lui soient données à voir (quand bien même le seraient-

---

4. *« Abbiamo a dire dell'altra qualità quale sta quasi come buccia sopra tutto il dorso della superficie »*, *ibid.*, 4.
5. *« Adunque l'orlo e dorso danno suoi nomi alle superficie »*, *ibid.*, 5.

elles, comme c'est en l'occurrence le cas, par les seuls moyens du discours), c'est qu'il n'a lui-même pas d'autre objet d'étude que le visible, qu'il lui appartient d'imiter, ou de feindre (*fingere* se substituant, dans la version en langue vulgaire, par un glissement sémantique qu'on peut tenir pour significatif, au latin *imitari*).

4.1.6.   Des choses que l'on ne saurait voir, nulle n'appartient au peintre. Pas même celles de la géométrie, lesquelles n'auront pour lui de sens et d'utilité que sous la condition de pouvoir être elles-mêmes données à voir. Avec toutes les conséquences qui sont susceptibles d'en résulter et qui vont parfois jusqu'au paradoxe. A commencer par celui, d'ordre strictement graphique, qui voudra qu'un point, quand bien même il serait par définition insécable, ait, dès lors que visible, et dans son départ d'avec la surface, une étendue minimale, conformément à la définition du «signe» qu'introduit Alberti : «J'entends ici par signe toute chose qui tient à la surface de telle façon qu'on puisse la voir.» Et de même encore pour la ligne, constitué que serait cette autre manière de «signe» de points accolés les uns aux autres et qui se succéderaient en bon ordre : si une ligne peut se diviser en segments de diverses longueurs, en revanche elle devra être d'une épaisseur si infime qu'elle ne prêtera pas à refente.[6] Mais non pas telle qu'elle échappe tout à fait au regard.

4.1.7.   Enoncées en termes strictement discursifs, en l'absence de toute figure qui puisse en faciliter la compréhension, ainsi qu'il en va dans le *Della pittura*, les choses de la géométrie ne sauraient être présentées au peintre que par le détour d'une rhétorique qui mobilisera tout un attirail de métaphores matérielles (comme peut l'être celle de l'écorce qui recouvre le dos de la surface) et d'images empruntées à la pratique (la surface plane définie comme celle dont toutes les parties toucheront la règle qu'on déplacera sur elle)[7] ou encore à l'optique dans ce que celle-ci peut avoir de *physique* (la pyramide visuelle, constituée qu'elle est de rayons qui, traversant l'air, s'imprègnent plus ou moins de la «graisse» humide dont il est chargé, et vont s'affaiblissant progressivement, raison pour laquelle les surfaces vues à distance paraissent floues)[8] : toutes images ou métaphores qui en appellent à la «plus grasse Minerve» – ainsi que le fait explicitement Alberti, au moins dans le texte latin, à propos de ladite «pyramide visuelle»[9] – pour conférer aux notions dont le géomètre dispose par le seul entendement un semblant de substance ou d'épaisseur. Mais la rhétorique n'est pas tout : et elle est en fin de compte de peu de poids au regard de la maîtrise gestuelle du trait de géométrie qui peut être

6. «*Dico in principio dobbiamo sapere il punto essere segno quale non si possa dividere in parte. Segno qui appello qualunque cosa stia alla superficie per modo che l'occhio possa vederla. Delle cose quali non possiamo vedere, niuno nega nulla apatenersene al pittore. Solo studia il pittore fingere quello si vede. E i punti, si in ordine costati l'uno all'altro s'agiungono, crescono una linea. E apresso di noi sarà linea segno la cui longitudine si può dividere, ma di larghezza tanto sarà sottile che non si potrà fendere*», ibid.
7. «*La superficie piana sarà quella quale, sopra trattoli uno regolo diritto, ad ogni parte se l'achosterà*», ibid., 4.
8. «*Credi ne sia ragione che, carichi di lume e di colore, trapassano l'aere quale, umido di certa grassezza, stracca i carichi razzi*», ibid., 7.
9. «*Eam nos nostra Minerva describamus, Pyramis est figura corporis ab cuius basi omnes lineae rectae sursum protactae ad unicam cuspidem conterminent*», ibid., 7.

le fait du peintre, au point que celui-ci en vienne à user de son corps comme d'un instrument pour le tracé des figures. Témoin l'«O» de Giotto, si l'on en croit l'anecdote, très tôt passée en proverbe («*più tondo che l'O di Giotto*»), que rapporte Vasari : un émissaire du pape lui ayant demandé un dessin pour l'envoyer au Saint-Père comme preuve de son talent, «Giotto, avec la grande politesse qui était la sienne, prit une feuille de papier sur laquelle il traça, à l'aide d'un pinceau teinté de rouge, en tenant le bras sur son flanc pour s'en servir comme d'un compas, et faisant tourner sa main, un cercle d'une courbe et d'un contour si égal que c'était une merveille de le voir»[10]. Au courtisan qui s'inquiétait de ne pas recevoir d'autre dessin de sa main, le peintre répondit qu'il n'avait qu'à l'envoyer avec ceux de ses concurrents et que le pontife saurait faire la différence. Ce qui ne manqua pas d'arriver.

4.2.1. C'est d'une maîtrise d'une autre espèce, mais qui avait elle-même rapport avec l'activité géométrique du trait et le tracé des surfaces tel que l'entendait Alberti, que témoignent les deux dessins du Louvre qui ont appartenu à Filippo Baldinucci, et que celui-ci attribuait à Paolo Uccello : l'un qui représente un *mazzocchio*, et l'autre une sphère hérissée de pointes acérées, vus l'un et l'autre en perspective frontale (si l'on peut ainsi parler d'une sphère, voire d'une couronne).

24, détail   **25, détail**

4.2.2. Le paradoxe veut que ces dessins semblent corroborer à la lettre le propos théorique qui est celui du *Della pittura*. Ne démontrent-ils pas comment un corps peut se ramener, en projection sur le plan, et par des moyens strictement graphiques, à un assemblage de surfaces elles-mêmes planes, mais qui reçoivent différemment les lumières ? Le tout correspondant aux trois parties de la peinture que distingue Alberti, au livre II de son traité. La première, la *circonscrizione*, qui consiste pour le peintre à décrire, par le tracé linéaire d'un contour, l'espace qu'occupe la chose qu'il entend représenter. La seconde, la *compositio*, par laquelle il assigne leur lieu propre à chacune des multiples surfaces qui se combinent entre elles pour constituer le corps tel qu'il est donné à voir. Et la troisième, la *recezione di lumi*, dont sont censées procéder toutes les différences qui tiennent à la couleur et à la qualité des surfaces.[11]

---

10. «*Giotto che garbatissimo era, prese un foglio, ed in quello con un penello tinto di rosso, fermato il braccio al fianco per farne compasso, e girato la mano, fece un tondo si pari di sesto e di profilo, che fu a vederlo una marviglia*», Vasari, «Vita di Giotto», *Vite*, éd. Milanesi, t. I, p. 383.

11. «*Dividesi la pittura in tre parti, qual divisione abbiamo presa dalla natura. E dove la pittura studia ripresentare cose vedute, notiamo in che modo le cose si veggano. Principio, vedendo qual cosa, diciamo questo esser cosa quale occupa uno logo. Qui il pittore, descrivendo questo spazio, dirà questo suo guidare uno orlo con linea essere conscrizione. Apresso rimandolo conosciamo come più superficie del veduto corpo insieme convengano; e qui l'artifice, segnandole in suoi luoghi, dirà fare composizione. Ultimo, più distinto discerniamo colori e qualità delle superficie, quali ripresentandoli, ché ogni differenza nasce de'lumi, proprio possiamo chiamarlo recezione di lumi*», ibid., livre II, 30.

4.2.3. S'agissant de cet objet fétiche récurrent dans l'œuvre peint et dessiné d'Uccello – au point d'y prendre valeur de signature – qu'est le *mazzocchio*, le dessin du Louvre en propose une image à la fois voisine et très différente des deux feuilles d'étude conservées au musée des Offices. Dans les dessins de Florence, l'objet se présente comme un polyèdre, ou mieux encore comme une structure réticulaire en forme de couronne (ainsi que le voulait la fonction dévolue à cet accessoire vestimentaire, en vogue au quattrocento, et qui ser-

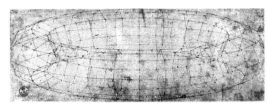

Fig. 3 . Paolo Uccello, *Etudes de mazzocchio*, Florence, Offices.

vait de support, fait de bois ou d'osier, à diverses variétés de couvre-chefs drapés d'étoffes), de section octogonale et comportant seize anneaux : la transparence du volume, réduit au tracé de ses arêtes, ne laissant rien ignorer de la complexité de la construction perspective. Pour tout aussi rigoureusement construit qu'il soit, et sous un angle de vue analogue, le *mazzocchio* de Paris a quant à lui figure de corps opaque, posé sur une table ou une dalle horizontale, et dont la teinte claire (celle-là même du papier) contraste avec le fond obscur sur lequel il s'enlève (ce qui correspond peut-être à un ajout ultérieur), de telle façon que l'on n'aperçoit ou n'entrevoit qu'un peu moins de la moitié des 8 x 16 = 128 faces qu'il comporte. Ainsi en va-t-il encore du corps déclaré sphérique (en fait un polyèdre à 12 x 12 = 144 faces, hérissées de pointes acérées en forme de pyramides à quatre pans). A la différence près que ce dernier est comme suspendu dans un espace abstrait qui correspond au blanc de la page (quelles que soient les taches qui la salissent) : l'effet perspectif, d'une agressivité singulière, procédant en l'espèce du seul volume de l'objet, et de son relief particulièrement épineux. Mais il n'est pas jusqu'à la « réception des lumières » (*il ricevere de'lumi*, comme le nomme ailleurs Alberti) qui ne soit, ici et là, de la partie, sous l'espèce, pour le *mazzocchio*, le fond étant passé au lavis, d'une trame plus ou moins appuyée de fines hachures parallèles, et, pour la sphère à pointes de diamant, d'un jeu d'ombres et de lumières, comme il se doit, tout en facettes.

4.2.4. Qu'ils soient ou non de la main d'Uccello, les deux dessins du Louvre répondent à un propos très différent de ceux de Florence. Mais ce serait par trop le restreindre, ce propos, que de voir dans ces dessins des copies dues peut-être à un spécialiste de la marqueterie.[12] Comme c'est par trop restreindre la portée théorique des études de perspective auxquelles se serait plu Uccello que d'y reconnaître de simples exercices d'ajointement des surfaces dans le plan, en accord implicite avec le reproche qu'au dire de Vasari Donatello aurait fait à son ami, quand celui-ci lui montrait des *mazzocchi* tracés en perspective sous divers points de vue,

12. Cf. Bernhard Degenhardt et Annegrit Schmitt, *Corpus der italienischen Zeichnungen, 1300-1450*, 1re partie, *Süd- und Mittelitalien*, vol. II, *Katalog 168-635*, p. 402-404.

ou des *palle* à soixante-douze faces à pointes de diamant, de perdre son temps à des choses tout juste bonnes pour les faiseurs de *tarsie*.[13] Le propos de Vasari qui visait à réduire la perspective à une simple technique était singulièrement pervers : ces dessins, aussi bien que le *Della pittura* d'Alberti, attestent au contraire la rupture qui aura été le fait de la première Renaissance avec une pratique encore artisanale de la peinture. Au point qu'ils n'aillent pas sans éveiller un écho du côté de la Chine et de la tradition lettrée. Et quel meilleur exemple que celui-là pourrait-on trouver, en effet, en Occident, d'un art – comme le voulait Shitao – qui émanerait de l'intellect et répondrait aux exigences qui sont celles de l'esprit ?

4.2.5.   Sans doute le peintre chinois ne prétendait-il pas seulement restituer l'apparence formelle des choses et des êtres (leur « ressemblance »), mais, d'un même geste, d'un même trait de pinceau, en saisir l'élan, le rythme intérieur. Libre qu'il était, au dire encore de Shitao, de les peindre d'après nature ou d'en sonder la signification, d'en exprimer le caractère ou d'en reproduire l'atmosphère, de les révéler dans leur totalité ou de les suggérer de manière elliptique : façon pour le « Moine Citrouille Amère », comme le note Pierre Ryckmans, de souligner, par cette énumération qui ne laisse rien échapper des diverses manières de peinture, « le caractère universel de la règle de l'Unique Trait de Pinceau, qui ne concerne pas seulement les formes les plus hautes de la peinture (le paysage), mais aussi bien ses catégories inférieures (les personnages, les animaux et les architectures) »[14]. A l'inverse, le trait occidental ne retiendrait des choses et des êtres que leur apparence visible, et d'abord le contour qui les cerne, comme il peut le faire d'une ombre, d'une figure, ou d'une surface. Ce qui n'implique aucunement que peintres ou dessinateurs en aient été réduits à travailler d'après nature, leur art se bornant à reproduire ce qu'ils avaient ou pouvaient avoir sous les yeux par des moyens et des procédés empiriques qui fussent pour l'essentiel le fruit de la pratique, ou le legs de la tradition. L'introduction, au quattrocento, sous le titre de la *perspectiva artificialis*, d'un modèle d'intelligence du visible directement conçu dans les termes qui devaient être ceux de la représentation, dans l'acception classique du terme, correspond dans l'histoire de l'art occidental à un moment analogue à celui qui a vu la peinture, dans la Chine des Song du Nord, cesser d'être considérée comme une activité artisanale et prétendre s'égaler, sous l'égide des « lettrés », à la calligraphie, premier de tous les arts. Le peintre ne connaît que de ce qui est donné à voir, ou qui peut l'être, que ce soit dans la réalité ou par les moyens de la peinture : mais le visible est lieu d'intelligibilité dans la mesure où il fournit matière à une représentation fondée en raison, et elle-même accordée, comme on l'a dit, au modèle de l'écriture, en l'espèce phonétique.

4.3.   Vaine tentative, disait Valéry, que celle du peintre « qui prête aux choses et aux visages des traits, cependant que la nature les ignore, n'est ni faite de lignes ni de surfaces »[15].

---

13. « *Eh! Paulo, questa tua prospettiva ti fa lasciare il certo per l'incerto; queste sono cose che non servono se non a questi che fanno le tarsie* », Vasari, « Vita di Paolo Uccello », éd. Milanesi, t. II, p. 205-206. Le rapprochement s'impose, de toute évidence, entre les « *palle a settantadue facce a punte di diamanti* » et la « sphère » du Louvre à 144 facettes et pointes de diamant dont seules la moitié sont visibles, ou peu s'en faut.

14. Shitao, *op. cit.*, chap. I, p. 12, et le commentaire de Ryckmans, p. 21, n. 10.

15. Valéry, *Histoires brisées*, in *Œuvres*, *op. cit.*, p. 453.

La nature, mais non l'industrie humaine : si l'artefact qu'était le *mazzocchio*, tel au moins que l'art en a imposé l'image, a constitué pour les théoriciens et les praticiens de la perspective une manière d'objet fétiche, c'est en premier lieu pour ce qu'en termes de visibilité autant que de représentation il se ramenait à un assemblage linéaire de surfaces en nombre fini, d'apparence analogue, et dont la combinaison obéissait à une loi simple et uniforme, mais soumises, ces surfaces, sous l'effet de la perspective, à un ensemble de déformations réglées. Soit un objet, quelle que fût la méthode de construction mise en œuvre, dont le peintre pouvait se flatter d'avoir saisi, sinon l'élan, le rythme intérieur, au moins le principe générateur. Quitte, pour lui, à devoir user à cette fin d'une «plus grasse Minerve» que ne l'eût fait un géomètre.

4.3.1. Dans le *mazzocchio* du Louvre, le partage est nettement marqué entre le travail du trait et celui du lavis (que celui-ci soit ou non d'origine). Trait de contour et trait de hachures, à la plume, pour les figures (le *mazzocchio*, mais aussi la dalle ou la table sur laquelle il repose), lesquelles empruntent de lui l'essentiel de leur relief, rehaussé encore par le lavis d'encre uniforme qui recouvre le fond et l'espace compris à l'intérieur de la couronne, et dont l'intensité contraste avec la finesse du trait (la sphère hérissée de pointes jouant sur un effet inverse). Mais si l'on doit ici parler de contour, on voit aussitôt que les deux opérations que dit Alberti, la circonscription et la composition, sont en l'espèce confondues. Celui que nous continuerons de désigner, par convention et commodité de langage, comme «le peintre» n'a pas commencé, dans les termes qui sont ceux d'Alberti, par «conduire un contour avec une ligne» (*il suo guidare un orlo con linea*), et par décrire, ce faisant, l'espace (*descrivando questo spazio*) qu'occupait la chose en projection sur le plan – opération en laquelle consistait, à la lettre, la *circonscrizione* –, pour ensuite s'attacher à restituer l'apparence extérieure du corps tel qu'il pouvait être donné à voir, d'un point de vue et sous un angle donnés, sous l'espèce d'une combinaison réglée de surfaces – ce qu'Alberti nommera *composition*. La première étape du travail semble avoir consisté en une opération, non pas de tracement, mais de pointage : comme si la perspective impliquait une manière de *mise au point*, lors même qu'elle ne procéderait pas directement de l'imposition d'un point dit de fuite. En dépit du brouillage visuel qu'engendre le semis de petites taches noires qui salissent désormais le papier, le réseau des points correspondant aux sommets des diverses facettes dont est constitué le *mazzocchio*, et à leur articulation projective, est nettement marqué : le tracé du contour de l'objet se confondant dès lors avec celui des surfaces dont la combinaison dans le plan suffit à générer l'image de cet objet vu en perspective. Mais quant au trait lui-même, et à ce qu'Alberti, pour mieux souligner l'activité qui peut être son fait, en nomme l'*andare* ou le *guidare*, il se réduit au réseau des lignes, d'une grande finesse, qui joignent, deux à deux, les points préalablement disposés sur le papier.

4.3.2. D'où le tracé dont procède le *mazzocchio* emprunte-t-il sa vertu, sa puissance démonstrative, sinon de cette procession même, et de l'évidence qui en résulte pour la figure ? Il n'est guère de schéma ou d'image qui s'impose avec plus de force comme la solution graphique d'un problème d'ordre *descriptif*[16] dont le seul énoncé, en termes eux-mêmes graphiques, suffit à brouiller tout partage entre ce qui correspondrait au registre matériel du dessin et celui qu'on devrait dire figuratif, ou à tout le moins figurant. Certes, la figure n'est pas là, comme il peut advenir dans un traité de géométrie, pour aider à la compréhension des données du problème ou pour accompagner le parcours énonciatif de la démonstration et des constructions que celle-ci implique. Rien dans le tracé du polyèdre ne rappelle la suite des opérations qui ont conduit à l'engendrement de la figure, ou qui en ont fait la condition. Rien, sinon le marquage du réseau des points qui correspondent aux sommets de ses multiples facettes, et qui prête lui-même à diverses hypothèses touchant la méthode de construction mise en œuvre. Telle qu'elle est donnée à voir, l'image du *mazzocchio* n'en capitalise pas moins, tout ensemble, les données d'un problème, les éléments d'une méthode, pour une part hypothétique, et l'évidence sans pareille d'une solution acquise – je le répète – par des moyens graphiques, ce qui n'est pas à dire empiriques.[17]

4.3.3.   Le paradoxe veut que là où le premier livre du *Della pittura* s'achève sur ce que l'on peut considérer comme l'exposé *princeps* non pas tant de la *costruzione* dite *legittima* que de celle (la construction) du pavement en échiquier qui fera le sol de la scène perspective, les dessins qui nous occupent semblent répondre à un tout autre propos, beaucoup plus proche en fait de celui, *tutto matematico*, et tourné vers la projection et la représentation dans le plan des corps à trois dimensions, qui aura d'abord été le fait d'Alberti dans ce même livre. Certes, il n'y a guère de sens à vouloir opposer deux pratiques de la perspective, l'une qui se résumerait à la production de la scène sur laquelle pourra prendre place l'*istoria* (laquelle représentait pour Alberti le but suprême de la peinture), et l'autre qui obéirait à une visée plus strictement descriptive, au sens qui sera celui de la géométrie du même nom, et qui porterait par priorité sur les objets ou les corps. Sous cette forme tranchée, l'opposition n'est pas tenable. Il n'en reste pas moins que la construction du *mazzocchio* (ou, comme le nomme Piero, du *torculo*) obéit à un tout autre principe que le tracé de la scène perspective à partir d'un triple jeu de coordonnées.[18] Et cela quand bien même un lien secret existerait entre l'une et l'autre.

4.3.4.   On notera, en effet, que les occurrences du *mazzocchio* dans l'œuvre peint d'Uccello vont régulièrement de pair avec la défection du sol de la scène perspective. Que ce soit dans le *Déluge*

Fig. 4. Paolo Uccello, *La Bataille de San Romano*, Paris, Louvre (détail).

16. Littré définissait la géométrie descriptive comme «l'ensemble de méthodes pour résoudre graphiquement les problèmes à trois dimensions».

17. J'emprunte l'idée de «capitalisation», ainsi que nombre des observations qui précèdent, à un remarquable rapport de recherche de Jean Dhombres intitulé *La Figure dans le discours géométrique : les façonnages d'un style*, université de Nantes, 1992.

18. Voir à ce sujet l'étude classique (mais jamais traduite en français) de G. J. Kern, «Der Mazzocchio des Paolo Uccello», *Jahrbuch der Preussischen Kunstsammlungen*, XXXVI, 1915, p. 3-38. J'ai dit ailleurs (dans la préface au volume

...

Fig. 5. Paolo Uccello, *Le Déluge,*
Florence, Santa Maria Novella (détail).

ou dans le cycle des *Batailles de San Romano*, le *mazzocchio* que tel personnage arbore en guise de couvre-chef ou qu'il porte autour du cou comme une bouée de sauvetage semble assumer, par une manière de torsion, sinon d'involution commutative, les fonctions dévolues dans le système à l'échiquier de base dans les cases duquel l'histoire est normalement appelée à inscrire ses figures (ainsi qu'il en va, par exemple, au départ de la prédelle de la *Profanation de l'Hostie*).

Fig. 6. Paolo Uccello,
Profanation de l'Hostie,
Urbino, Galerie Nationale des Marches
(détail).

Il n'est pas jusqu'à l'alternance bicolore de ses facettes qui ne fasse écho à celle des cases de l'échiquier, partie des prestiges du fétiche venant dès lors de ce que l'objet se présente, dans la catastrophe universelle du Déluge ou le désordre meurtrier de la bataille, comme le condensé – ou faut-il dire le réceptacle, sinon la matrice ? – des pouvoirs tout ensemble géométriques et constructifs qui font d'ordinaire l'assise de la représentation.

4.4.   Le tracé dont procède le *mazzocchio* se distingue cependant de celui de la scène perspective en cela que la ligne semble y avoir supplanté le trait. Chaque trait, tiré d'un point à un autre, correspond à un segment de droite, dans lequel rien, sinon, paradoxalement, la finesse même du tracé, ne porte la marque de l'acte dont il est la trace en même temps que le produit : les problèmes que pouvait poser ce tracé, et qui touchaient à la forme et à la disposition des diverses faces du *mazzocchio*, ou, ce qui revient au même, à la position, à la longueur et à l'orientation desdits segments, ayant en fait trouvé leur solution graphique dès l'établissement du réseau des points qui correspondent aux sommets du polyèdre. Quoi qu'il puisse en être de la méthode qui a présidé à cette construction, et que celle-ci ait elle-même procédé ou non d'un tracé préalable, le papier n'en offre nulle trace. D'où l'effet sans pareil que produit la figure, effet tout de surface, mais si bien involutée, cette surface, et si bien calculé cet effet,

...

des *Classiques de l'art* consacré au même Paolo Uccello) comment la construction du *mazzocchio*, autrement dit le *torculo*, sert de prélude, au livre III du *De Prospectiva pingendi*, à celle de la colonne et, après celle-ci, de la figure humaine, Piero della Francesca traitant dans ce livre de la projection des corps complexes suivant une méthode différente de celle qui vaut pour les surfaces planes ou les corps cubiques, encore, dit-il, que l'effet soit le même (*ma nell'effecto sia una cosa medesima*), et qui impose la notion d'une structure feuilletée de l'espace perspectif : le polyèdre s'engendrant de l'étagement autour d'un même axe vertical de plusieurs polygones semblables mais de diamètres différents, chacun étant tracé en perspective dans son plan, et les plans se recoupant à leur tour en éventail sur un horizon commun (voir Piero della Francesca, *De Prospectiva pingendi*, II, IV, et la fig. LI).

qu'il paraît impossible d'y reconnaître une application du schéma de base, à savoir l'échiquier vu en perspective, lequel donnerait au contraire tout à voir, dans son apparence même, des opérations dont il est le produit.

4.4.1.   Y a-t-il place, en géométrie, pour quelque chose comme le trait, et pour l'activité qui le caractérise en tant que tel? Le trait qui ne se laisse peut-être décrire que dans sa différence d'avec la ligne. Le trait qui, dans sa définition et son opération même, emporte l'idée d'une différence, n'y ayant de trait, dès le principe, que distinctif.
(Husserl veut que la géométrie ait commencé par s'instruire sur des volumes plus ou moins réguliers, des surfaces plus ou moins polies, dont les arêtes, elles-mêmes plus ou moins grossières, plus ou moins lisses, représentaient, dans l'ordre plastique, l'équivalent du trait, en même temps qu'une première approche de la ligne dans les deux dimensions du plan.)

4.4.2.   Peu importe au géomètre que la figure sur laquelle il raisonne ait été dessinée au crayon, à la plume, ou au pinceau, voire à la craie, et qu'elle l'ait été ou non à l'aide d'une règle ou d'un compas. Comme il lui est indifférent qu'elle le soit dans le sable, sur un mur, ou sur une feuille de papier. Et cependant le fait même du tracé n'en a pas moins son importance, pour ce qu'il révèle de l'activité, sinon du mouvement qui peut être le fait de la géométrie : le tracé d'une ou plusieurs lignes supplémentaires sur la figure, ou à son entour, correspond à la progression de la démonstration, et peut y aider visuellement. Quand il ne prétend pas s'y substituer, au risque de l'obscurcir.

4.4.3.   Si la *perspectiva artificialis* a préparé le terrain à la géométrie moderne, et d'abord à la géométrie si bien dite «descriptive», ce n'est pas seulement pour ce qu'elle fournissait les peintres de nouveaux moyens graphiques, descriptifs autant que projectifs. Renouant comme elle a su le faire avec la puissance de tracement qui est au départ de la géométrie, elle aura contribué du même coup à déplacer la question même de la «description». «Décrire» une ligne, dans l'acception géométrique du mot, revient à la suivre, voire à la produire, comme on peut le faire d'un contour : ainsi parlera-t-on de la ligne que «décrit» un point en mouvement, de la trajectoire que «décrit» un projectile, ou de l'orbite que «décrit» une planète autour du soleil.

4.4.4.   «Décrire une ligne.» Une ligne, mais courbe, précise le *Petit Robert*. Comme si une ligne droite ne se laissait pas «décrire», en ce sens-là du mot. Comme si la description devait aller de pair avec une manière ou une autre de *flexion*, d'*aspectualisation*.

4.5.   Prêter aux choses et aux visages des traits serait faire violence à la nature, qui les ignore, et n'est faite ni de lignes ni de surfaces. La description ne va jamais sans quelque violence, qui atteint à son comble avec les dessins de mannequins ou d'écorchés : les uns dans lesquels les corps revêtent les apparences de pantins articulés; et les autres qui fouillent sous la peau des êtres et l'enveloppe des machines.

4.5.1.   Pour opérer comme elle le faisait en surface, la perspective qui était le fait des peintres, la *Prospettiva pingendi*, impliquait elle-même une forme spécifique de violence – une violence en effet formelle, ou à tout le moins graphique, sinon géométrique. C'était faire violence à l'accessoire vestimentaire connu sous ce nom, que de le réduire au schéma perspectif du *mazzocchio*. Et c'en était une autre, et de plus de conséquence, que de prétendre assujettir la représentation à la production préalable de la scène sur laquelle toute chose, et jusqu'à l'«histoire» elle-même, devait trouver sa place.[19]

4.5.2.   Un dessin qu'on devrait dire biface, généralement attribué à Fra Angelico, ou à son atelier, en offre une bonne illustration. Au recto est représentée, quel qu'en soit le sujet exact, une scène de vocation[20] (mais, *recto/verso*, qu'est-ce qui nous permet d'en décider? Et comment justifier, en général, cette autre espèce encore de violence qui nous fait accorder la préséance au côté de la feuille désigné – en vertu de quels critères, matériels, techniques ou, plus vraisemblablement, iconographiques? – comme son avers sur ce qui en serait le re-

26 recto, détail

vers?). Le verso, ou prétendu tel, étant occupé par deux études de perspective dite «bifocale», mais qui paraissent tronquées : l'une, en haut de la feuille, et qui semble avoir été coupée sur la droite, de nature strictement géométrique; et l'autre, elle aussi interrompue sur la droite et amputée de ce qui ferait la ligne de base de la construction, qui correspond à la mise en place d'un dispositif scénique où l'on veut reconnaître l'aile d'un cloître : le dispositif étant comme marginalisé par cette coupure, avec pour effet que la paroi verticale, présentée en fort raccourci et percée non pas d'arcades mais d'étroites et hautes ouvertures, s'impose au détriment du sol en échiquier cependant nettement visible, et dont le tracé s'ordonne à un point de fuite

26 verso, détail

différent mais nettement marqué, comme il se doit, sur un même horizon que le point vers lequel convergent les lignes de fuite de la paroi, rejeté qu'est ce dernier en dehors de la feuille, comme l'est encore le sommet droit du schéma qui en occupe la partie supérieure.

4.5.3.   Deux faces d'une même feuille, donc, d'un caractère très différent. L'une sur laquelle le dessin se réduit au tracé à la plume des figures passées au lavis rehaussé de blanc, et dont la

19. Sur la façon de *repetitio rerum*, par laquelle le peintre commence par construire l'espace où l'histoire trouvera, dans un second temps, à se déployer, et qui en «étaye» – suivant le mot des *Hymnes védiques* que cite Georges Dumézil – la scène, je ne peux que renvoyer le lecteur à ma *Théorie du nuage. Pour une histoire de la peinture*, Paris, 1972, p. 155-158.
20. Cette scène est généralement connue sous le titre de la *Vocation de saint Pierre et de saint Paul*. Degenhart (*op. cit.*, p. 44, cat. n° 372) y reconnaît avec raison une illustration du passage de l'Evangile selon saint Marc (VI, 8) qui voit le Christ convoquer les apôtres, deux par deux, pour leur enjoindre de répandre sa parole. Berenson refusait, pour sa part, d'attribuer ce dessin à Fra Angelico pour l'assigner à Domenico di Michelino (*The Drawings of Florentine Painters*, t. II, Londres, 1938, p. 245).

seule disposition sur le papier, lui-même lavé de sanguine, suffit à suggérer, en l'absence de tout accessoire comme de tout tracé ou indice scénique d'aucune sorte, l'idée d'un lieu cohérent et unitaire. Et l'autre, marquée par un débord graphique d'autant plus sensible que les lignes (ou les traits ?) qui la traversent de part en part et se prolongent au-delà de ses limites l'ont été – tracé(e)s ou tiré(e)s – à la règle.

4.5.4.   Suffit-il, pour qu'on soit en droit de distinguer en l'occurrence entre le recto et le verso de la feuille, que la face ordinairement désignée comme le recto se présente sous les dehors, éminemment picturaux, d'une scène réduite aux seules figures des protagonistes de l'histoire, à l'exclusion de toute indication de lieu, là où les deux schémas tracés sur l'autre face portent au contraire sur ce qui, de la scène qui est celle de la représentation, et partant de l'«histoire» elle-même, ferait l'assise, ou le *dessous*? (Avec ce trait supplémentaire que la découpe éventuelle de la feuille ait pu répondre au souci de mieux cadrer la scène, en l'amputant sur la gauche d'une marge trop large, sans égards pour les figures tracées au dos.)

4.5.5.   Que la distinction entre recto et verso exige, en chaque cas, d'être modulée à nouveaux frais, voilà sans doute qui en réduit la pertinence, mais non peut-être la portée. A preuve le fait qu'elle ait ici à voir avec deux variétés du trait qui correspondent à deux usages ou à deux pratiques dont la complémentarité est comme exacerbée par l'absence de tout lien entre l'une et l'autre. Une variété, un usage, une pratique du trait qui ne tendrait qu'à un effet plastique en même temps que dramatique, d'entrée de jeu parfaitement maîtrisé. Et une variété, un usage, une pratique du trait autrement hypothétique, au sens qui peut être celui de la géométrie : le tracé à la règle de ces lignes qui ont toute la force du trait, par endroits redoublé ou appuyé, visant, par une suite d'approches visibles dans la figure qui occupe le haut de la feuille (pour ne rien dire des tracés préparatoires à sec, au stylet, dont le papier a conservé la trace, mais qui en appellent ceux-là à un autre type, une autre modalité d'attention), à la solution graphique des problèmes que pose le tracé de la scène perspective à partir de deux points de fuite différents. Le tracé de la scène : car pour ce qui est de sa construction, comme je l'ai dit ailleurs, la «perspective cornue», comme la nommait Jean Pélerin Viator, n'impliquait, en dépit des apparences, aucune déviation, ni dans la théorie, ni dans la pratique, par rapport à la perspective à point de fuite unique – l'important étant que les divers points de fuite s'alignent, dans leur déplacement, leurs variations, leur multiplication réglée, sur un même horizon.[21]

4.6.   La violence qui peut être le fait du trait, comme elle peut l'être de la ligne. La ligne qui circonscrit la figure, qui la ferme, en marque la clôture. Mais la ligne, aussi bien, qui coupe la figure, ou qui en recoupe le contour, comme le fait du cercle son diamètre.[22]

21. Je ne peux, là encore, que renvoyer le lecteur à *L'Origine de la perspective*, Paris, 1987, nouv. éd., 1993, 2ᵉ partie, chap. VIII.
22. «*Quella linea, la quale coprirà il punto [centrico] e taglierà in due luoghi il circolo, si disse appresso de' matematici diamitro*», Alberti, *op. cit.*, livre I, 2, p. 12.

4.6.1.   Autre exemple d'activité graphique, mais aussi bien constructive, démonstrative, voire expérimentale, du trait, et qui en manifeste le caractère opératoire, sinon l'aspect proprement décisoire : un dessin assurément autographe, de Michel-Ange, comme s'en est avisé Charles de Tolnay, lequel l'aura le premier mis en rapport avec les travaux pour Saint-Pierre de Rome.[23] Ainsi que l'ont depuis lors établi Henry Millon et Craig Smyth, l'intérêt très

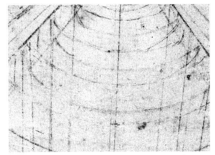

27, détail

grand de ce dessin – dessin, comme l'on dit, d'architecture – réside dans le fait qu'il est le seul à montrer Michel-Ange aux prises avec un problème moins architectural que technique. Un problème de stéréotomie, et bien fait à ce titre pour en appeler à notre attention, dès lors qu'il relèverait lui-même d'un art du *trait* en un autre sens encore, celui-là normatif, du mot. Le dessin en question doit en effet être rapproché de deux autres, plus développés, mais d'apparence moins technique, qu'on trouve dans les deux lettres adressées par Michel-Ange, en 1557, à Vasari, et que ce dernier cite dans leur intégralité dans sa « Vie de Michel-Ange ». Ces lettres font état de l'erreur commise lors de l'érection de la voûte de l'abside de la chapelle du transept sud de la basilique (celle dite « du Roi de France »), le responsable des travaux n'ayant pas pris garde que l'appareillage d'une voûte à double révolution et qui allait se rétrécissant vers le haut ne pouvait se faire en usant de pierres taillées selon une règle uniforme. Comme Michel-Ange l'écrivit alors à Vasari, le problème consistait à jointoyer un grand nombre de pièces dont la courbure et les angles devaient aller diminuant ou s'accroissant de proche en proche, et de façon si complexe, en rapport à un si grand nombre de points, qu'il était difficile d'en fournir le tracé à des maçons qui n'avaient aucune expérience en la matière, l'ensemble de la voûte étant construit en travertin, chose jusque-là jamais vue à Rome (*cosa non usata a Roma*).[24]

4.6.2.   Le dessin du Louvre correspondrait ainsi à la recherche d'une solution purement graphique au problème que posait l'appareillage de la voûte, dont l'épaisseur est clairement indiquée, comme l'est celle des nervures. Ainsi que l'observent Henry Millon et Craig Smyth, Michel-Ange ne semble pas avoir travaillé de façon déductive, à partir de données géométriques, mais, si l'on peut ainsi parler, par induction, en usant du dessin pour mettre la compréhension intuitive qu'il pouvait avoir de la structure des voûtes à double révolution à l'épreuve d'une représentation graphique qui prêtait elle-même à un ensemble de variations dont témoignent les divers points, situés en dehors du cadre de la feuille, vers lesquels convergent les lignes de force de la construction. Et cela, que ce dessin lui ait servi à mieux

23. Charles de Tolnay, *Michelangelo. The Final Period*, Princeton, 1971, cat. n° 248.

24. « *E bisognó governarle con numero infinito di centine, e tanto fanno mutazione, e per tanti versi di punto in punto, che non ci si puó tener regola ferma, e i tondi e' quadri, che vengono nel mezzo de' lor fondi, hanno a diminuire e crescere per tanti versi, e andare a tanti punti, che è difficil cosa a trovare il modo vero* », cité par Vasari dans sa « Vita di Michelagnolo Buonarroti », éd. Milanesi, VII, p. 247-248.

poser le problème, ou à communiquer au *capo maestro* le tracé des opérations nécessaires au bon appareillage de la voûte, autrement dit le *trait*.[25]

4.6.3.   Mais que faut-il entendre ici par intuition ? Et en quoi ce qui se jouait là, sur le papier, en termes graphiques, pouvait-il s'égaler à une expérience ? Je pense à ce que me disait Jean Prouvé de la pratique qui était celle d'un grand spécialiste du béton comme Pier Luigi Nervi : il lui suffisait de tracer la courbe d'un pont, ou d'une voûte, pour la donner ensuite à calculer à ses ingénieurs, lesquels n'y apportaient en général que des retouches mineures. Mais déjà Diderot, à propos précisément de Michel-Ange, et de Saint-Pierre de Rome : « Michel-Ange donne au dôme de Saint-Pierre de Rome la plus belle forme possible. Le géomètre La Hyre, frappé de cette forme, en trace l'épure, et trouve que cette épure est la courbe de plus grande résistance. Qui est-ce qui inspira cette courbe à Michel-Ange, entre une infinité d'autres qu'il pouvait choisir ? »[26]

4.6.4.   Diderot n'en posait la question que parce qu'il croyait connaître la réponse, au demeurant fonctionnelle, sinon fonctionnaliste : « L'expérience de la vie. C'est elle qui suggère au maître charpentier, aussi sûrement qu'au sublime Euler, l'angle de l'étai qui menace ruine [...] C'est elle qui souvent fait entrer, dans son calcul subtil, des éléments que la géométrie de l'Académie ne saurait saisir. » Mais là où l'expérience faisait défaut chez le maître maçon, l'architecte lui-même en étant réduit à travailler au registre qui était celui de la représentation ? Sans compter qu'au siècle de Michel-Ange, la géométrie n'était pas encore en mesure de fournir les spécialistes de la construction des moyens descriptifs du trait d'épure.

4.6.5.   Diderot, encore : « Je vous conseille de vous méfier du talent d'un architecte qui n'est pas un grand dessinateur. »[27] Doit-on comprendre qu'on ne donne pas impunément le trait à un architecte ?

4.6.6.   L'expérience de la vie, mais aussi, comme le dit un peu plus haut Diderot, l'éducation, la formation de l'œil. Ce qui ne nous avance guère. Et cependant c'était deux choses différentes, pour l'architecte, de travailler à main levée ou en s'aidant d'une règle.

4.6.7.   Interférence entre deux jeux de langage : la « plus belle forme possible » se trouve coïncider avec la courbe de plus grande résistance. L'erreur du *capo maestro* n'était pas d'ordre esthétique, non plus que les instructions que dut alors lui donner Michel-Ange. Et cependant, ce n'est pas seulement la solidité de la voûte qui était en cause, mais aussi son *aspect*.

25. Henry A. Millon et Craig H. Smyth, « Michelangelo and St. Peter's : observations on the interior of the apses, a model of the apse vault and related drawings », *Römisches Jahrbuch für Kunstgeschichte*, Bd 16 (1976), p. 192-194.
26. Denis Diderot, *Essais sur la peinture*, chap. VII.
27. *Ibid.*, chap. VI.

4.6.8.   Le problème auquel Michel-Ange eut alors à faire face, et qui l'obligea à jeter bas la partie de la voûte déjà érigée pour la reconstruire à nouveaux frais, pouvait bien être d'ordre essentiellement technique, constructif. Il n'en prêtait pas moins à un traitement graphique analogue à celui du *mazzocchio*. Ici comme là, il s'agissait de déterminer, par des moyens graphiques, les déformations – apparentes dans un cas, réelles dans l'autre – des surfaces vues en projection sur le plan. Ces choses-là n'étaient donc pas bonnes seulement pour les faiseurs de *tarsie*. Et c'est précisément de ces choses-là, la coupe des pierres ou la construction d'un objet en perspective sans user d'aucun point extérieur au champ de l'ouvrage, qu'a pris son départ, avec Desargues, la géométrie moderne, jusque dans ce que celle-ci pouvait avoir, comme s'en inquiétera Descartes, de « métaphysique » dès lors qu'elle touchait à d'aussi graves questions que celle de l'infini.[28]

4.7.   Recto/verso. Sur l'autre face de cette même feuille d'étude, un *Christ en croix*, lequel fait bien sûr l'objet d'un traitement différent, encore que les arêtes de la croix aient elles-mêmes été repassées à la règle. La distinction entre le recto et le verso pourrait ici trouver sa justification chronologique : soit que Michel-Ange ait utilisé, pour son étude de stéréotomie, le revers laissé vierge d'un dessin d'une tout autre nature ; soit qu'il ait au contraire recoupé la feuille, l'étude une fois terminée, pour l'utiliser à d'autres fins. Mais les catalogues ne l'entendent pas ainsi : un dessin, au sens « artistique » du mot, sera naturellement associé au recto de la feuille, toute figure ou tout tracé de nature géométrique étant dès l'abord rejetés au verso.

Fig. 7. Michel-Ange,
Christ en croix,
Paris, musée du Louvre.

4.7.1.   La situation se complique quand coexistent, sur le même côté de la feuille, et dans ce qu'on devrait nommer un même « dessin », des études qui répondent de toute évidence à un propos (un dessein) différent, ainsi qu'il en va de cette autre feuille, celle-là d'Annibal Carrache. Si, comme l'a établi Roseline Bacou, la figure de l'homme nu assis, le bras droit tendu, est en rapport direct avec une petite composition en grisaille sur le thème de la *Mort d'Hercule* décorant l'encadrement de l'une des fenêtres du Camerino du palais Farnèse, et si l'esquisse qui occupe la partie gauche de la feuille peut dès lors fournir des éléments de datation pour ce qui est des paysages d'Annibal, on en est réduit à

Fig. 8. Annibal Carrache,
La Mort d'Hercule,
Rome, palais Farnèse (détail).

28. Sur ce point, cf. ma contribution au colloque *Desargues en son temps,* sous la direction de J. Dhombres et J. Sakarovitch, Paris, 1994, « Desargues et la "métaphysique" de la perspective », p. 11-22.

28, détail

des conjectures quant aux tracés liés à la vue en perspective, au centre de la feuille, du parvis et de la façade d'une église à coupole (pour ne rien dire des intéressantes sauterelles, décrites au repos, et aux yeux bien marqués, non plus que d'une petite étude de rochers, disséminées dans l'angle supérieur droit, et du grossier schéma géométrique qui figure au bas de la feuille). Quoi qu'il en soit de la multiplicité des angles de visée auxquels prête la vue en oblique de l'église, le trait qui retiendra en premier lieu notre attention sera, ici encore, d'ordre distinctif : là où la figure d'Hercule est traitée, comme l'est le paysage, en traits de contour et hachures plus ou moins appuyés, et, pour ce qui est du corps souffrant, d'une nervosité allant par endroits jusqu'à la tache, il n'en va pas de même du trait perspectif, lui aussi à la plume, mais d'une grande finesse (comme l'est celui de la petite étude de rochers qu'on a dit). Seul point ou lieu de rencontre entre les deux dessins (ou les deux desseins) : la main droite levée de l'Hercule, comme happée par le tracé perspectif avec lequel elle interfère. Pareille interférence suffisant à couper court à la question qu'on peut être tenté de poser touchant l'ordre dans lequel ces différentes études auront trouvé à s'inscrire sur une même feuille : question voisine de celle portant sur l'opposition entre recto et verso, et qui la recoupe, dès lors que la différence de traitement est nettement marquée entre ces différentes études, le trait de figure étant d'un tout autre caractère, d'une tout autre épaisseur, d'un tout autre *tracé*, que le trait de géométrie.

4.7.2. Les mêmes remarques s'appliquent à une autre feuille du même Annibal Carrache, et qui combine elle aussi diverses études de motifs décoratifs, de détails architecturaux, et de vues perspectives d'une même corniche : les unes de profil, aboutissant à ce qui correspond à une section perpendiculaire, et tracées à la manière qui est celle du dessin perspectif, ou de géométrie; et l'autre, en vue longitudinale, les fins tracés géométriques étant redoublés sur une part du dessin par un tracé à la plume autrement appuyé et des-

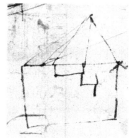

29, détail

criptif, sinon pittoresque. Le tout donnant quelque idée du travail d'une extrême complexité que supposait le système décoratif mis en œuvre par Annibal Carrache au plafond de la galerie Farnèse : un décor dont toute la feinte revenait à combiner des éléments empruntés aux trois règnes de la peinture, de la sculpture et de l'architecture en les ramenant, en projection dans le plan, à une même et unique règle, une seule et unique substance, celle du *disegno*.

4.8. La différence, marquée sur le papier, entre trait de figure et trait de géométrie fait écho à celle qu'Alberti a tenu à marquer entre le discours auquel était censé s'en tenir le géomètre et celui qui devait être, par force autant que par destination, le fait du peintre. Si figure de géométrie il y a, et qui peut être donnée à voir, ainsi qu'il en va en matière de perspective, les traits n'en devront pas moins être le plus fin possible, et s'approcher au plus près de la définition mathématique de la ligne. Mais pour ce qui est, en peinture, de la *circonscription*, Alberti en avertit le peintre, son lecteur : il faut veiller à ce qu'elle soit elle-même faite de lignes très fines (*sottilissime*), et telles qu'elles échappent presque à la vue. La circonscription se réduisant à la notation des contours, le peintre doit s'y exercer assidûment : car s'il usait pour ce faire de lignes trop apparentes, ce qu'il donnerait à voir serait non pas le bord ou l'extrémité des surfaces, mais des sortes de fentes ou de fissures[29] comme peuvent en présenter la pierre ou le bois. Et Alberti d'en appeler ici au récit canonique de Pline. Sitôt débarqué à Rhodes où l'avait attiré la renommée de Protogène, Apelle se rendit dans l'atelier de son rival. A la gardienne qui, en l'absence de son maître, lui demanda qui elle devait annoncer, il fit cette réponse : «*Ad hoc*» (à ceci) et, s'emparant d'un pinceau, traça par le travers d'un panneau de grandes dimensions qui se trouvait là, disposé sur un chevalet, une ligne de couleur d'une finesse extrême (*adreptoque penicillo lineam ex colore duxit summae tenuitatis per tabulam*). A son retour Protogène n'aura pas le moindre doute sur l'identité de son visiteur : seul Apelle était capable d'un pareil travail, aussi «absolu» (*tam absolutum opus*). Il traça alors à son tour, en usant d'une autre couleur, une ligne encore plus fine sur la première (*ipsumque alio colore tenuiorem lineam in ipsa illa duxiisse*), et s'en retourna à ses affaires, mais non sans prescrire à la femme de montrer cette ligne à son visiteur, quand celui-ci ferait retour, en lui disant que c'était là l'homme qu'il cherchait. Les choses cependant ne se passèrent pas tout à fait comme il le prévoyait : Apelle étant en effet revenu, et rougissant de se voir surpassé, il refendit les lignes avec une troisième couleur, ne laissant plus nulle place pour un trait plus fin (*tertio colore lineas secuit nullum relinquens amplius subtilitati locum*). Protogène dut alors s'avouer vaincu. Et Pline d'ajouter ceci, qui n'est pas moins étonnant pour ce qu'il confère à l'histoire une tonalité de réalité : «Il fut décidé de garder ce tableau pour la postérité comme un objet d'admiration, universel certes, mais tout particulièrement pour les artistes (*posteris omnium quidem, sed artificum praecipuo miraculo*). J'apprends [c'est toujours Pline qui parle] qu'il a brûlé lors du premier incendie du palais de César sur le Palatin; nous avions pu le contempler auparavant : sur une grande surface il ne contenait que des lignes échappant presque à la vue (*spatiose nihil aliud continentem quam lineas visum effugientes*), et semblant vide au milieu des chefs-d'œuvre de nombreux artistes, il attirait par là même l'attention et était plus réputé que les autres ouvrages.» Formule que les commentateurs qu'on dit «modernes» retiennent comme une preuve parmi beaucoup d'autres de ce qu'ils disent être «la médiocrité des jugements artistiques de Pline»[30].

4.8.1.   Voire. Car on peut être aussi bien tenté d'y reconnaître, sinon un jugement, au moins un propos lui-même singulièrement *moderne*. Sans compter que ce que Pline a produit là, sous l'espèce d'un original comme il se doit perdu, mais qu'il prétend avoir vu, de ses yeux,

---

29. «*Io cosi dicon questa circonscrizione molto doversi osservare ch'ella sia di linee sottilissime fatta, quasi tali che fuggano essere vedute [...] peró che la circonscrizione è non altro che disegnamento dell'orlo, quale ove sia fatto con linea troppo apparente, non dimostrerà ivi essere margine di superficie ma fessura, e io desidererei nulla proseguirsi circonscrivendo che solo l'andare dell'orlo; in quale cosa cosí affermo debbano molto essercitarsi*», Alberti, *op. cit.*, livre II, 31.

30. Pline, *Histoire naturelle*, XXXV, 81-3; trad. J.-M. Croisille, coll. Budé, Paris, 1985, p. 199.

ainsi que le biographe de Brunelleschi dira avoir vu, de ses yeux, les deux panneaux qui avaient servi à celui-ci pour ses démonstrations de perspective[31], n'est rien de moins que l'un des grands mythes de maîtrise de l'art d'Occident. On pense ici à ces concours légendaires de tir à l'arc dont le cinéma nous gratifie régulièrement, et où l'on voit Robin des Bois rivaliser avec ses équivalents chinois ou japonais, en refendant de ses flèches celles déjà plantées au centre de la cible par ses concurrents. Comme on pense, au lu de ce trait, à l'« O » de Giotto : à ce cercle, d'un contour si parfait, encore que tracé à main levée (mais le bras servant de compas), que le pape ne pouvait manquer d'en reconnaître l'auteur, pas plus que Protogène n'aura manqué de reconnaître la main d'Apelle au vu du premier trait que celui-ci avait tiré par le travers du panneau.

4.8.2. Le défi lancé par Apelle à Protogène prend tout son sens au regard de ce qu'il devait en être du contour dans la peinture antique, si l'on en croit la tradition classique. On a dit plus haut comment, à l'instar de Quintilien[32], Pline reconnaissait dans le tracé de ce qu'il nommait, à le prendre à la lettre, les « lignes extrêmes » (*lineae extremae*, ou, pris absolument, *extremae* ; grec *périgraphais*) le comble de la subtilité en peinture (*picturae summa subtilitas*). Passe encore de peindre des corps (*corpora pingere*) et l'intérieur des objets (*media rerum*) ; mais en tracer le contour (*extrema corporum facere*), le faire, le produire, ce contour, en tant que limite de la chose peinte (ou de la *figura*, si l'on accepte la correction retenue par Bandinelli) dans ce que celle-ci peut avoir de fuyant, d'évanescent (*et desinentis picturae modum includere*), on n'y réussit que rarement (*rarum in successu artis invenitur*). Le bord, serait-on tenté de traduire, au-delà duquel, ou mieux encore, dans lequel la chose peinte se renonce en tant que figure d'un corps qui ne se laisse quant à lui contenir dans aucune limite. Le contour (l'*extremitas*) devant s'envelopper, se circonvenir lui-même, et faire son propre tour, jusqu'à paraître s'effacer (*ambire enim se ipsa debet extremitas et sic desinere*), de façon à promettre autre chose au-delà de lui-même et à montrer cela même qu'il cache (*ut promittat alia post se ostendatque etiam quae occultat*)[33].

4.8.3. Jackie Pigeaud a bien vu comment ce texte, loin d'en appeler à une quelconque illusion de profondeur, pose en fait une question théorique qui porte sur le sens qu'il convient de donner au *contour* dans les deux dimensions du plan dans lequel opère la peinture.[34] Mais quoi qu'il ait pu en être, historiquement parlant, du statut du dessin au regard de la peinture, on retiendra comme un symptôme le fait que les deux récits de maîtrise dont on a fait ici état, l'« O » de Giotto et la ligne d'Apelle, aient, l'un et l'autre, rapport à la géométrie. Maîtrise du cercle, dans ce que le contour en a d'« entier ». Mais maîtrise aussi bien de la ligne, dans ce que celle-ci peut avoir de plus ténu, la peinture étant comme hantée, suivant le mot de

31. Cf. *L'Origine de la perspective*, 2ᵉ partie, chap. VIII.
32. Quintilien, *Institution oratoire*, XII, 4.
33. Pline, *op. cit.*, 67-8.
34. Jackie Pigeaud, « La rêverie de la limite dans la peinture antique », *La Part de l'œil*, n° 6 (1986), « Dossier : le dessin », p. 115-124.

Jackie Pigeaud, par une «rêverie de la limite» dont témoigne le débat séculaire qui s'est noué autour du texte de Pline. Sans doute le peintre a-t-il besoin d'une «plus grasse Minerve» que le géomètre : mais si Apelle avait pour habitude, passée elle aussi en proverbe, de ne pas laisser passer une journée, si occupé qu'il fût, sans tracer quelque ligne[35], et si Alberti demandait à son lecteur de s'exercer assidûment à la délinéation des surfaces, si Ingres lui-même disait à Degas : «Faites des lignes... Beaucoup de lignes»[36], ces injonctions procédaient d'un même idéal de maîtrise, en même temps que de sublimation : comme si la ligne, dans ce qui doit faire sa *tenuitas*, tendait elle-même à l'idéalité en prétendant s'égaler à sa définition géométrique.

4.8.4.   En fait d'idéalité, le moyen le plus sûr, pour la ligne, d'y atteindre était de se vouloir invisible. Si l'emploi du stylet autorisait un marquage du support qui ne se laisse repérer qu'en lumière rasante (les pointes d'argent ou de plomb étant les seules à laisser une trace sur le papier), les tracés à sec qu'on rencontre fréquemment dans l'art italien de la Renaissance étaient, en règle générale, associés au travail de décalque ou de mise au carreau. Mais ils étaient également couramment utilisés pour tout ce qui touchait à la construction du tableau, au dispositif perspectif, voire aux éléments architecturaux, ainsi que le donnent à voir, de plus ou moins nette façon, quantité de tableaux ou de fresques, mais aussi bien de dessins. Raphaël étant le seul, ou peu s'en faut, comme l'a montré Catherine Goguel, à avoir usé de cette technique à d'autres fins que géométriques, ou de simple report, et à y recourir régulièrement pour la mise en place des figures.[37]

4.9.   Si j'ai choisi d'introduire à ce point la célèbre esquisse de David montrant le vieil Horace défendant son fils, ce n'est certes pas pour faire retour, après tant d'autres, sur la genèse du *Serment des Horaces*. Je rappellerai seulement que Sedaine aurait jugé trop rhétorique le sujet d'abord retenu par David pour sa première commande royale : «L'action est presque nulle, toute en paroles.»[38] De ce dessin, il nous est dit que si David l'avait terminé, il eût présenté les mêmes qualités «stylistiques» qu'un autre dessin, celui-là considéré comme achevé, conservé à l'Albertina, et qui illustre le moment précédent du drame cornélien, *Le Retour d'Horace vainqueur des Curiaces et meurtrier de sa sœur*[39]. Mais ce qui m'intéresse ici, ce sont précisément les différences d'*états* dans l'«achèvement» de ce dessin, telles qu'elles se traduisent ou se manifestent, au registre qui est celui du trait, et le contraste entre la foule en contrebas, animée de mouvements divers, mais fantomatiques, traitée qu'elle est à la pierre noire à peine appuyée, et le groupe de figures sur lesquelles se concentre le mouvement du récit, et reprises au contraire, ces figures, à l'encre et au lavis, tout en étant mises en évidence

35. *«Ut non lineam ducendo exerceret artem»*, Pline, *loc. cit.* Cf. *Recueil Milliet*, p. 328 sq.
36. Valéry, *Degas, danse, dessin, op. cit.*, p. 1187.
37. Catherine Monbeig Goguel, «Le tracé invisible des dessins de Raphaël. Pour une problématique des techniques graphiques à la Renaissance», in *Studi su Raffaello* (M. S. Hamoud et M. L. Strocchi éd.), Urbino, 1987, vol. I, p. 377-389.
38. Cf. Thomas Crow, *Painters and Public Life in Eighteenth-Century Paris*, Newhaven et Londres, 1985, p. 213.
39. Arlette Sérullaz, *Inventaire général des dessins. Ecole française. Dessins de Jacques-Louis David*, Paris, 1991, n° 191, p. 150-151.

30, détail

par la position qu'elles occupent : le corps de Camille, cheveux défaits, pleurée par une suivante, étendu au bas des quelques marches au sommet desquelles se tiennent Horace et son père. Le geste par lequel le père, tout en semblant les ignorer, s'interpose en fait, en s'adressant au peuple, entre son fils et les licteurs qui s'avancent pour s'en saisir, est en effet éloquent. Mais l'action n'est pas nulle pour autant, ni tout en paroles : à preuve la main du vieillard, tendue comme l'était celle de l'*Hercule* de Carrache, et qui, comme celle-là, se situe au point d'interférence entre ce que je nommerai les trois régimes du trait : son état considéré comme « achevé », réservé aux personnages clés de l'histoire, en ce moment du récit, l'estompage de la foule, matière amorphe et malléable, et le tracé linéaire du cadre architectural de la scène, auquel appartiennent les figures qui y sont établies et qui assistent à la scène, sans y participer. Trois régimes, trois états, trois aspects du trait, qui se trouvent correspondre à trois types d'acteurs en même temps qu'à trois modalités d'implication des sujets dans ce qu'on appelle l'histoire. Ce que montre ici le dessin, dans son « inachèvement » même, nulle peinture à l'époque ne pouvait le représenter. Il faudra pour cela attendre Goya.

Fig. 9. Francois Vincent, *Molé et les factieux,*
Paris, Assemblée nationale.

Fig. 10. Joseph-Benoît Suvée,
La Mort de Coligny,
Dijon, musée des Beaux-Arts.

4.9.1.   On n'en est certes pas là avec *Le Jeune Pyrrhus à la cour de Glaucias* de François-André Vincent. Si, comme le veut Thomas Crow, la première idée de David pour les Horaces, sa première impulsion, s'inscrivait plutôt dans la ligne du *Molé* de Vincent ou du *Coligny* de Suvée, celle d'un contraste marqué entre une attitude d'un patriotisme extrême et la masse divisée des citoyens[40], le dessin préparatoire pour ce tableau, peint au lendemain de la

40. Crow, *op. cit.*, p. 213.

124

Révolution, a valeur de symptôme dans ce qu'il laisse transparaître, à travers les figures (à moins que ce ne soit l'inverse), de la construction de la scène perspective où l'histoire devait trouver à s'inscrire. Etude d'ensemble pour ce qui fut, nous dit-on, le tableau d'histoire le plus commenté du Salon de 1791, traitée sur un mode exemplaire : mise au carreau, figures nues, dessin au trait. Pour ce qui est de la *nudité*, Régis Michel rappelle qu'il ne s'agissait pas là d'un procédé nouveau : elle seule permettait d'étudier avec rigueur la position des figures dans l'espace et le jeu des muscles sous le costume. Mais l'usage du *trait* relève d'une technique moins courante : «Il est clair que Vincent se souvient

31, détail

de la gravure classique et des vases grecs. Le tracé continu de la plume produit un contour linéaire qui fait du corps une forme pure. Et le modelé se réduit à quelques traits elliptiques, de forme incurvée, résumant la musculature, qui font du corps une forme abstraite. Le rendu des faciès est éloquent. Trait droit du nez, ligne ovale de la joue, double barre de l'œil et du sourcil, le tout agrémenté de quelques boucles pour la barbe ou la chevelure : pure géométrie, qui prohibe toute expression, ennemie des lignes.»[41]

4.9.2.   On reviendra sur cette idée de «l'expression, ennemie des lignes». Mais si je tiens à souligner la pertinence ici de la description, c'est qu'en mettant ainsi l'accent sur la géométrie au registre qui est celui du trait de figure, elle n'en rend que plus sensible l'intrication, le tressage des trois dispositifs, perspectif, figuratif et reproductif. Une *tresse*, en effet, qui trouve à se nouer à travers la mise au carreau, mais dont il est impossible de dire quel fil vient en dessus et quel autre en dessous. La crispation qui peut être celle de l'*istoria*, au sens où l'entendait Alberti, atteint ici à son comble. Crispation sur la géométrie, autant que sur l'antique, bien dans la note d'un temps où une autre idée de l'histoire commençait de se faire jour, qui imposait à ceux qui s'en voulaient les acteurs, pour se montrer à la hauteur de leur tâche, de revêtir, suivant la remarque célèbre de Marx, les masques des anciens Romains.[42]

4.9.3.   La vérité oblige à dire que la tresse dont j'ai fait état n'était pas non plus tout à fait une nouveauté. En témoignent trois dessins d'Eustache Le Sueur : *Alexandre et le médecin Philippe* (étude pour un tableau disparu, remontant aux années 1545-1550); *Darius faisant ouvrir le tombeau de Nitôkris* (étude pour un tableau peint en 1649); et le *Martyre de saint Protais*, en fait un projet de vitrail. Les trois dessins ont eux-mêmes été mis au carreau, le *Darius* présentant en outre, par rapport à ce qui vient d'être dit de la nudité, ce trait particulier qu'il fait voir, sur deux des figures nues tracées à la plume, les draperies dessinées en surimpression au crayon. Mais c'est bien sûr le retour du trait (au sens où l'on parle d'un retour du refoulé) qui

41. Michel, *Le Beau idéal ou l'art du concept*, op. cit., p. 89-91.
42. « Si peu héroïque que soit la société bourgeoise, l'héroïsme, l'abnégation, la terreur, la guerre civile et les guerres extérieures n'en avaient pas moins été nécessaires pour la mettre au monde. Et ses gladiateurs trouvèrent dans les traditions strictement classiques de la république romaine les idéaux et les formes d'art, les illusions dont ils avaient besoin pour se dissimuler à eux-mêmes le contenu étroitement bourgeois de leurs luttes et pour maintenir leur enthousiasme au niveau de la grande tragédie historique », Karl Marx, *Le Dix-huit Brumaire de Louis Bonaparte, O. C.*, Paris, 1948, p. 174.

33, détail   **34, détail**

retient d'abord l'attention, sous l'espèce du tracé, quasiment obsessionnel, de la trame des lignes parallèles à la ligne de base du tableau : trame étrangement resserrée, au point qu'on se prend à douter de sa validité, cependant évidente, à tout le moins dans le *Darius* et l'*Alexandre*. Avec, dans le *Darius*, nombre d'indications de mesures à la plume, et, dans la marge de l'*Alexandre*, cette note : «le point de distance à six pieds neuf pouces du poinct de vüe»[43].

4.9.4.   Retour du trait de géométrie, mais sous des espèces telles qu'oblitérant partie des figures, il semble assumer ici toute la charge de l'expression. Ce qui était censé faire le dessous de la représentation, son armature cachée, vient ici en dessus, en même temps que s'inversent les règles du tracé. Dans l'*Alexandre*, partie des figures esquissées au crayon ont été repassées à l'encre (avec, sur le dos du personnage retourné, à droite, la biffure singulière de l'ombre), tandis qu'un sol en damier, en perspective oblique, grossièrement tracé à la plume, se superpose à la graduation horizontale, à l'instar du volume simplement indiqué du mobilier. Le tout recadré en forme de *tondo*, dont on ne saurait décider s'il a lui-même été tracé au compas. Si certaines des lignes droites l'ont été à la règle, d'autres, curieusement gauches, l'ont été à main levée. Mais plus étonnant encore, ce détail : le pied du lit, aigu comme un poinçon pointé là, ainsi qu'un traçoir, ou l'aiguille

32, détail

d'un sismographe, et dont semble procéder, mécaniquement, le réseau des lignes qui sont en voie d'envahir la surface, de l'étreindre dans son entier, ainsi qu'il peut en aller de la trace laissée sur le sol, dans sa giration continue, par le pendule de Foucault.

43. Cf. Alain Mérot, *Eustache Le Sueur (1616-1655)*, Paris, 1987, cat. n° 79 p. 231, n° 82 p. 235, et n°ˢ 148-149, p. 284-285.

5.

Expression

35 Pier Francesco Mola, *Caricatures,* Paris, musée du Louvre.

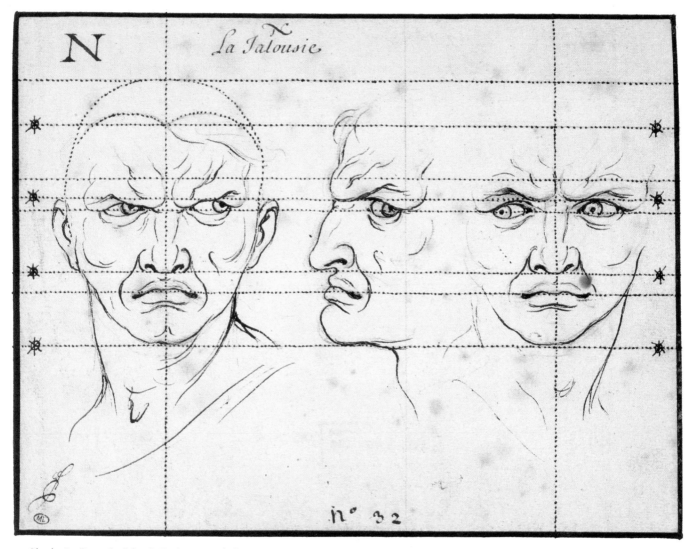

36 Charles Le Brun, *La Jalousie*, Paris, musée du Louvre.

Jacob de Gheyn III, *Têtes de Noir*, Paris, musée du Louvre.

38 Théodore Géricault, *Etudes de félins,* Paris, musée du Louvre.

Ingres, *Etude pour « Romulus vainqueur d'Acron »,* Paris, musée du Louvre.

40 Théodore Géricault, *L'Enlèvement de Fualdès,* Paris, musée du Louvre.

Théodore Géricault, *Homme nu terrassant un taureau*, Paris, musée du Louvre.

42 Girodet, *La Mort de Phèdre,* Paris, musée du Louvre.

43 Honoré Daumier, *Esquisses de danseuse,* Paris, musée du Louvre.

44 Rembrandt, *Le Christ et la femme adultère*, Paris, musée du Louvre.

Rembrandt, *La Parabole du créancier impitoyable*, Paris, musée du Louvre.

46 Eugène Delacroix, *Etude pour « La Mort de Sardanapale »*, Paris, musée du Louvre.

Eugène Delacroix, *Etude pour « La Mort de Sardanapale »*, Paris, musée du Louvre.

48 Eugène Delacroix, *Maison, cheval marin, triton,* Paris, musée du Louvre.

5.   Le mot « trait » désignerait ainsi moins un objet, ou un élément en tant que tel mal identifié, difficilement repérable, et en définitive peut-être introuvable, qu'il ne serait l'index d'une activité protéiforme, mais qui se manifesterait par priorité sous l'espèce graphique. J'entends par là que le concept de « trait » pourrait être utilisé à des fins non seulement de description mais de détection, ainsi qu'on s'y sera essayé plus haut sous la rubrique du contour ou celle de la géométrie : description de l'*andare* de la ligne ou du tracé des surfaces; mais détection, aussi bien, de ce qu'il peut en être de l'activité elle-même *descriptive*, sinon générative, du trait. En sorte que ce ne seraient pas tant les usages multiples du mot qui importeraient ici que l'aptitude qui peut être celle du concept à rejoindre ce qui ferait, sous des formes diverses, et éventuellement incompatibles, l'opération même du dessin.

5.1.   En matière de contour autant que de géométrie, « trait » serait le nom d'une activité avant de l'être d'une absence, ou de ce que Sartre nommait, pour en désigner l'effet d'image ou de figure, un « manque défini ». Le travail d'idéalisation dont procède la géométrie se signalant, dans l'ordre graphique, par la substitution de la ligne au trait. Indice ou symptôme de la relation privilégiée que la peinture européenne a de tout temps entretenue avec la géométrie, la ligne qui est comme l'espèce sublimée du trait n'aura pas cessé de hanter l'art d'Occident à la manière d'un rêve impossible. Mais non sans que la pulsion qui est au départ du trait ne fasse retour, sous la ligne, à travers elle, voire au-delà, de façon souvent indiscrète.

5.1.1.   En ce sens, il ne suffisait pas de « casser les lignes et les contours » dessinés au crayon en les gommant par endroits à la mie de pain – ainsi que le signifiait, dans l'usage qui était celui des peintres et dont fait état Baldinucci, le terme *cancellare*[1] – pour, sous la trace ainsi interrompue, renouer avec la puissance de tracement dont elle procédait et restituer à la ligne les apparences du trait. La différence entre la ligne et le trait n'est pas affaire de continuité ou de discontinuité, non plus que d'épaisseur : comme le signifie la langue, elle est avant tout de nature indicielle. On ne peut dire d'une ligne, comme on le fait d'un trait, qu'elle est « de crayon », « de plume » ou de pinceau : force est d'en passer, pour ce faire, par la médiation du tracé (« une ligne tracée à la plume, ou au crayon »). En revanche, on hésitera, en Occident, à qualifier de « trait » un tracé au fusain, voire au pinceau : comme si le trait y participait d'une même « rêverie de la limite » que la ligne. Comme s'il devait se faire transparent et s'effacer toujours plus ou moins derrière la figure ou le signe qu'il convoque en l'esprit.

1. « *CANCELLARE. Cassar la scrittura fregendola.* Lat. Delere, Cancellare. *Cancellare dicono i pittori per cassere il linee e contorni fatti con matita, fregando sopra di esti con midolla di pane* », Filippo Baldinucci, *Vocabolario toscano dell'arte del disegno*, Florence, 1681.

5.2.   Mais il est d'autres formes d'activité du trait ainsi entendu, et qui ne se laissent pas contenir sous la rubrique de la figure non plus que de la géométrie. A commencer par celles qui sont du registre de l'expression.

5.2.1.   La chose semble aller de soi si l'on considère le champ sémantique qu'ouvre le mot « trait ». Qu'il s'agisse de transmettre un mouvement ou d'induire un effet, de marquer un contour ou de fournir le modèle d'une opération, de véhiculer du sens ou de révéler un caractère, le trait est censé fonctionner comme un vecteur tantôt mécanique et tantôt pulsionnel, tantôt graphique et tantôt linguistique, tantôt sémiotique et tantôt physionomique. Vecteur de communication, mais vecteur d'abord d'expression, ainsi qu'il peut en aller des traits d'un visage.

5.2.2.   Wittgenstein : voir un visage dans un assemblage de traits, et y reconnaître un portrait, c'est le saisir sous deux aspects différents. Mais y voir, y reconnaître une *caricature* ? Comment le concept de « caricature » peut-il en venir à faire partie de ce qu'on l'on voit ? Comment peut-il être au travail sur le papier, dans le dessin, comme si le trait lui-même en imposait l'idée ?

5.2.3.   La feuille réunissant *treize caricatures* de la main de Pier Francisco Mola (la quatorzième ayant apparemment dû au trait qui la rature d'échapper au décompte ?) semble effectivement répondre à la définition qu'a tenu à donner Baldinucci de cette pratique ou de ce genre alors nouveau, et dont l'apparition n'aura pas manqué de surprendre les contemporains quand s'y adonnaient des artistes aussi respectables que pouvait l'être le président de l'Académie de Saint-Luc : la caricature consisterait en une manière de portrait dans laquelle la recherche de la plus grande ressemblance avec le tout de la personne irait de pair, par jeu, et

35, détail

parfois par raillerie, avec l'exagération et l'amplification des défauts du modèle, « en sorte que dans l'ensemble les traits paraissent être les siens, tandis qu'ils sont modifiés dans le détail »[2]. En fait, partie des visages (de face ou de profil) ici agglomérés, voire superposés, présentent des traits à peine déviants (à commencer par le profil du juge (?) qui occupe le centre de la feuille), tandis que d'autres ont des apparences moins caricaturales que clownesques, ou proches de l'animalité. Pour le reste (si l'on met à part la figure d'un homme à collerette, moustache et perruque ébouriffée qui pourrait être de Picasso), la « charge » – le *caricare* – joue à plein.

5.2.4.   Et cependant, pas plus que le fait de voir un visage dans un assemblage de traits n'implique qu'on le compare avec un visage réel, le fait d'y reconnaître une caricature ne sup-

2. « *CARICARE. Mettere il carico, aggravare di peso che che sia. Lat.* onerare. *E caricare dicesi anche da' Pittori o Scultori, un modo tenuto da essi in far ritratti, quanto si può somiglianti al tutto della persona ritratta; ma per gioco, e talora per ischerno, aggravando o crescendo i difetti delle parti imitate sproporzionatamente, talmente che nel tutto appariscono essere essi, e nelle parti sieno variati* », Baldinucci, *op. cit.*

pose qu'on la confronte, au moins mentalement, avec le modèle qui en serait la cible. La caricature correspond à un changement d'aspect non pas tant du visage que du trait lui-même : ce sont les mêmes traits, dirait-on, mais accentués, amplifiés, poussés jusqu'à la charge. C'est le même contour, mais altéré, déformé, *détourné*.

5.2.5.   L'idéal géométrique de la ligne sans épaisseur. A l'inverse, le trait que l'on peut charger, accuser, forcer. Ce qu'il en est de l'opération du trait dans la caricature, aussi bien que de la caricature en tant que *description*. La ressemblance étant acquise, comme le voudra la définition de Félibien, en quelques traits.[3]

5.2.6.   Que *fait* la caricature, affaire qu'elle serait, non de lignes, mais de traits, au sens graphique autant que physionomique du mot ? Je peux dire d'un trait, en me fondant sur sa seule apparence graphique, qu'il est plus ou moins vif, ou appuyé. Mais le considérer *comme* caricatural, pareille «aspectualisation» est-elle le fait de la vision ou de la pensée (de la conceptualisation) ? Dans le même sens, que me donnent à *voir* les traits d'un visage que je dis «mous», ou «durs», «avenants» ou «repoussants» ? Et que me donnent à *voir* les traits, tracés sur le papier, d'un visage que je déclare «triste» ou «gai» ? Au registre à tout le moins du dessin, la tristesse ou la gaieté sont-elles choses qui puissent être données à *voir*, et par l'entremise de quels traits ?

5.3.   *La Jalousie* de Le Brun (que je retiens ici pour ce que le mot «jalousie» désigne également un treillis de bois ou de métal à travers les lames duquel on peut voir sans être vu, comme le fait le jaloux[4]). On pourrait être tenté d'y reconnaître une caricature si l'on ne savait qu'il s'agit là de l'une des images destinées à illustrer la conférence du premier peintre du roi et fondateur de l'Académie sur l'expression des passions. Le propos de Le Brun visant moins à donner à voir les passions qu'à les *signifier* par un ensemble de traits discriminants qui conjuguaient l'aspect sémiotique et l'aspect physionomique. Dans ce que j'ai nommé ailleurs l'alphabet des masques de la passion (au nombre de vingt-trois ou vingt-quatre, chacun étant identifié par son nom et indexé par la lettre de l'alphabet qui correspond à la place qu'il occupe dans la série) tel que le décline Le Brun, l'état de *tranquillité* vient en premier et sert de base à la construction du dispositif graphique dont les lignes parallèles porteront ensuite, à l'instar d'une partition musicale, les notations

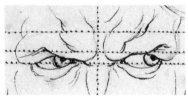

36, détail

3. «CHARGE. Les Peintres appellent un portrait chargé, lorsqu'on représente un visage avec des traits marqués avec excès, et de telle manière qu'avec trois ou quatre coups de crayon ou autrement on connaît une personne, quoique ce ne soit pas un véritable portrait, mais plutôt des défauts marqués. Aussi quand une figure est trop marquée on dit qu'elle est chargée», André Félibien, *Des Principes de l'architecture, de la sculpture, de la peinture, et des autres arts qui en dépendent. Avec un dictionnaire des termes propres à chacun de ces arts*, Paris, 1676, p. 372; cité par Ernst Kris et Ernst Gombrich, «The Principles of Caricature» (1937), repris *in* Kris, *Psychoanalytic Explorations in Art*, New York, 1952, p. 191.
4. «... ou, si vous préférez, une jalousie (*blind*) de traits cisaillant l'horizon et à travers lesquels, *entre* lesquels vous observez sans être vu», Derrida, *Mémoires d'aveugle*, p. 59.

qu'appelle l'expression des diverses passions : au degré zéro de la passion, les sourcils, les yeux, la base du nez, les commissures des lèvres s'alignent respectivement sur cinq lignes droites horizontales tracées en pointillé, l'arête du nez fournissant l'indispensable coordonnée verticale.[5] Chacune des figures, chacun des masques de la passion se marquera ensuite (pour reprendre le mot de Le Brun) par un certain nombre d'inflexions ou d'écarts par rapport à cet état initial, lui-même soustrait en tant que tel au décompte alphabétique : tantôt on aura affaire à des mouvements simples, à l'instar de la passion qu'ils expriment (tel le ris, dans lequel «toutes les parties se suivent»); et tantôt à des mouvements (ou des passions) «composés» : la *Jalousie* fait les sourcils s'abaisser du côté du nez et s'élever au contraire vers les tempes, tandis que la bouche se tord et que la prunelle de l'œil regarde l'objet qui cause la passion «de travers et d'un côté contraire à la situation du visage»[6].

5.3.1.   Roger de Piles tenait les démonstrations de Le Brun pour très savantes et très belles, mais aussi pour trop générales : «quoiqu'elles puissent être utiles à la plupart des Peintres, on peut néanmoins sur ce sujet faire de belles expressions tout à fait différentes...»[7] Dans ses *Etudes de chats*, contemporaines, si l'on en croit Clément, d'autres études d'animaux faites au Jardin des Plantes en compagnie parfois de Barye et du jeune Delacroix, dans l'intervalle entre le retour de Rome et les débuts de la *Méduse*, Géricault en tenait-il pour le général, ou pour le particulier ? Pour l'espèce, dirait-on, ou à tout le moins pour la famille, au sens de la

38, détail

zoologie : la présence, au centre de la feuille d'une tête féline vue de profil, mais dont les oreilles raccourcies et arrondies, à la différence de la pointe nettement marquée dans l'esquisse sous-jacente, donnent à l'animal l'aspect d'un fauve, confère à l'ensemble l'allure d'un dispositif qui joue sur une série de variations sans atteindre pour autant à un niveau d'articulation sémiotique. En fait d'expression, le trait se refuse à toute dérive anthropomorphique et ne marque rien d'autre que l'écart ou la gradation qui caractérise la félinité entre une agressivité de caractère ludique et la férocité qui peut être le fait du félin, grand ou petit (le fauve étant pour sa part représenté au repos, et la gueule seulement entrouverte). Ou doit-on penser que le peintre ait choisi, pour se mesurer à l'animalité, de travailler à une échelle de sauvagerie réduite, ainsi que Cennino Cennini conseillait de le faire, dans le registre minéral, à ceux qui voulaient représenter des montagnes ?[8]

5. «L'alphabet des masques», *Nouvelle Revue française de psychanalyse*, n° XXI (printemps 1980), p. 123-131. J'ai profité de l'occasion qui m'en était alors offerte pour reproduire à la suite, pour la première fois, la conférence de Le Brun et la série complète des figures destinées à l'illustrer.
6. *Conférence tenue en l'Académie royale de peinture et de sculpture par Charles Le Brun sur l'expression générale et particulière*, publiée par Testelin en 1696, *op. cit.*, p. 104.
7. Roger de Piles, *Cours de peinture par principes* (1708), nouv. éd., Paris, 1989, préface de Jacques Thuiller, p. 93-94.
8. Cf. ci-dessus, 2.6.2.

5.3.2.   Un animal n'a pas d'autres traits que ceux que lui prête la dérive physiognomonique qui voudrait que le caractère d'un homme se révélât à travers le mammifère ou l'oiseau, voire le poisson, le reptile ou l'insecte auquel il ressemble le plus. Une telle dérive, à laquelle se sera plu Le Brun lui-même, en marge de ses études sur l'expression, n'aura pas été sans incidence sur les développements de la caricature[9], ainsi qu'on l'a vu par l'exemple de Mola. Mais non moins significatif est le refus d'un pareil dérapage dont témoignent les *Etudes de chats* de Géricault, aussi bien, à leur façon, que les deux *Etudes de têtes de nègres*, étiquetées «dans la manière de Jacob de Gheyn». Quand bien même, au dire des catalogues, l'artiste aurait pris pour modèle un moulage en plâtre, ce qui frappe d'emblée dans ces têtes *coupées* (mais qui n'ont rien des têtes de suppliciés qui occuperont Géricault), autant que la vue – et, partant, la vie – prêtée à l'une et l'autre, là où la sculpture, sauf à recourir à la couleur, est généralement tenue pour privée de regard (ce qui, dans bien des cas, reste à *voir*), est l'angle de visée en contre-plongée adopté par le dessinateur. Un angle propre à faire ressortir, hors de toute intention caricaturale, ce que cet exemple d'humanité pouvait avoir de déviant par rapport à l'idéal classique : et cela dans les traits autant que par la couleur, précisément, de la peau, les uns et l'autre (les traits et la *noirceur*, laquelle s'accorde mal avec l'idée du « plâtre ») étant simultanément rendus par un même réseau de hachures qui tendent à se brouiller dans la figure de gauche, en proie qu'est celle-ci à un véritable dévergondage du trait.

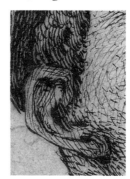

37, détail

5.4.   Hogarth avait quelques bonnes raisons de craindre que la vogue que la caricature politique connaissait alors en Angleterre n'en vînt à nuire dans l'estime du public à ses propres «caractères» comiques. D'où la différence qu'il aura tenu à marquer entre la déli-

48, détail

néation d'un «type général» par les moyens qu'il regardait comme ceux de l'art et «l'absence de dessin» qui lui semblait être le propre de la *caricatura*, à l'instar des «premiers gribouillages d'enfants»[10]. La caricature impliquait-elle le renoncement, délibéré ou non, à toute maîtrise académique, comme le prétendait l'auteur du *Rake's Progress*? Les caricatures que l'on trouve, ici et là, dans les carnets de Delacroix ont souvent le trait du dessin d'enfant. Mais il est une feuille qui présente un intérêt particulier du fait qu'elle conjugue deux aspects très différents du dessin : d'une part deux petits «bonshommes», l'un portant chapeau et les bras écartés, et l'autre (un bambin?) casqué et brandissant une épée, aux côtés d'une petite maison et d'une tour à l'assaut de laquelle semblent grimper deux figures elles-mêmes

9. Cf. Kris et Gombrich, *op. cit.*, p. 195.
10. « Je me souviens d'une caricature célèbre d'un chanteur italien qui consistait en une seule ligne verticale surmontée d'un point», William Hogarth, *The Bench* (1758), cité par Kris et Gombrich, *op. cit.*, p. 192.

gribouillées, le tout traité de façon moins caricaturale qu'enfantine, à la manière qui sera celle des dessins animés d'Emile Cohl; et de l'autre, les deux figures, autrement classiques, d'un triton et d'un cheval marin. La rencontre assumant d'autant plus de relief que les petits personnages qui occupent le haut de la feuille s'inscrivent sur le fond de dispositifs quadrillés, tracés ou non en perspective. Allusion sur le mode de la dérision à l'assise qui était censée être celle de l'«histoire», au sens d'Alberti, quand bien même la scène qui occupe le bas de la page prend place quant à elle dans l'élément liquide?

Fig. 11. Girodet, *La Mort de Phèdre*,
Rouen, musée des Beaux-Arts.

5.4.1.   Dans *La Mort de Phèdre*, Girodet a éliminé toute référence au cadre architectural. Une autre version, conservée à Rouen, semble correspondre à une première pensée, en fait plus développée, de cette même illustration destinée à l'édition Didot des *Œuvres complètes* de Racine supervisée par David : les figures s'y présentent, drapées, sur une scène tracée en perspective frontale et fermée par un mur où s'ouvre, derrière Phèdre agonisante, une porte par laquelle on entrevoit le transport du corps d'Hippolyte. De ce décor et de ses accessoires (à commencer par la statue de Neptune qui présidait à la scène), le dessin du Louvre n'a rien conservé, sinon la chaise aux lignes incurvées et le bloc rectangulaire sur lequel reposent les pieds de l'héroïne (sans compter l'ombre des figures portée sur le sol). La tragédie a dépouillé tout appareil à la façon dont les personnages ont dépouillé tout

42, détail

vêtement, la nudité n'étant plus en l'espèce de l'ordre seulement de la méthode. Ainsi que l'indique le «poussé» du dessin, l'artiste a entendu rivaliser ici avec le texte dans la mise à nu des ressorts moins narratifs que pulsionnels de la tragédie. Au point qu'en fait d'illustration, c'est cette image que retiendrait une édition moderne de *Phèdre* plutôt que celle gravée par Massard pour l'édition Didot, laquelle ne laisse plus rien deviner, sous les draperies, de la contenance des corps. Régis Michel a noté le procédé, en effet saisissant, qui a fait l'artiste signifier la duplicité de la reine et épouse habitée par une passion incestueuse, en reprenant dans la marge le visage de Phèdre, pour, sans les déformer, en accuser les traits, arquant la bouche et les sourcils, creusant le menton, inclinant davantage la tête, tandis qu'à l'inverse la chevelure se disciplinait. Dans la version finale, c'est la première tête qui a prévalu : comme si Girodet avait voulu que Phèdre mourût, ainsi que l'entendait Winckelmann, d'une mort *grecque*, acceptée, et en définitive sereine (n'étaient les cheveux défaits), les effets d'une passion non maîtrisée se reportant sur la figure de Thésée, replié sur lui-même et marchant à l'aveugle, en proie à l'horreur, tandis que Théramène se détourne avec effroi.[11]

5.4.2.   Il est sûr que la position *assise* qui est celle de la Phèdre de Girodet pouvait seule permettre d'en traduire l'agonie en termes *plastiques* : «Debout, elle eût été théâtrale, et couchée, prosaïque.»[12] Comme il est sûr que pour ce qui est de l'*expression*, elle joue ici sur le contraste entre le corps immobile et la face renversée, à la façon dont elle joue, au registre de la composition d'ensemble, de l'opposition entre les deux couples de figures, féminines et masculines. Mais si *pose* il y a, elle s'accommode d'une manière de mouvement, à tout le moins d'affalement, du corps mourant soutenu par la suivante qui, la bouche entrouverte et les yeux tournés vers le dehors, sans espoir de secours, concentre sur elle une part de l'expression, ainsi qu'il en va encore de celle de Théramène qui lui fait pendant. Le contraste entre les figures n'est pour autant pas affaire seulement d'attitudes : la carnation plus foncée, traitée en hachures plus fortes et serrées, des deux hommes va de pair avec le geste d'une violence certaine qui fait Thésée dissimuler son visage derrière ses bras croisés, là où Phèdre s'abandonne sans réserve, les bras écartés, tandis que Théramène s'écarte par une manière de pas de danse en symétrie inverse de celui de la suivante qui s'affaire au contraire auprès de sa maîtresse.

5.4.3.   Dans *La Mort de Phèdre* de Girodet, l'expression est sous-tendue par une dynamique de groupe qui atteint à son comble au moment de se défaire, contenue qu'elle est cependant dans les limites du code autant que de la scène classique qui fonctionne ici comme un «manque défini», à la façon dont les corps nus le sont (contenus) dans le contour ininterrompu qui les enserre. Tout autre est la dynamique de *L'Enlèvement de Fualdès* de Géricault, quand bien même on peut feindre d'y retrouver un écho du couple constitué par Phèdre et sa suivante : renversé lui-même en arrière, les bras écartés, le magistrat tente désespérément de résister aux ravisseurs qui l'entraînent dans la maison de passe où l'attend une mort horrible, et dont l'un, un pied déjà sur le seuil de la porte, et dans une posture voisine de celle de la suivante de Phèdre, l'empoigne quant à lui sans ménagement. Nulle expression ne se peint sur les visages, à commencer par celui, apparemment bâillonné, de la victime. Mais c'est que le tout de l'expression repose ici sur la composition des forces dont la scène emprunte son mouvement : forces contrastées, comme l'est la direc-

40, détail

tion des regards; les corps eux-mêmes passant, pour autant qu'on puisse en juger au vu des plis qui les affectent, de la nudité la plus totale à la tenue du lutteur, torse nu et pantalon collant, à l'exception de la femme, celle-là vêtue d'une longue robe, qui accueille les ravisseurs,

11. Michel, *Le Beau idéal*, *op. cit.*, p. 93-95.
12. *Ibid.*, p. 94.

et de Fualdès lui-même, dont les bras et les jambes semblent nus tandis que le torse qu'agrippe le comparse déjà cité est parcouru de plis qui font penser à un gilet.

5.4.4.   L'effet lié au dehors indécidable des corps dans *L'Enlèvement de Fualdès*, cet effet n'a rien de commun avec celui qui naît, dans *La Mort de Phèdre*, de la nudité des protagonistes. Et pourtant, s'appliquant à la matière non plus de la tragédie mais du fait divers, pareille ambiguïté était bien dans la note de l'art d'un Géricault, lequel ne pouvait que s'éprendre d'un sujet moderne aux relents pamphlétaires (l'ancien jacobin Fualdès passait pour un adversaire de la monarchie) pour lui donner une tonalité héroïque, sur le mode antique[13] : l'art ayant

41, détail

désormais moins pour fonction d'aider les acteurs de l'histoire à se montrer à la hauteur de leur tâche que de restituer à l'histoire contemporaine un peu de l'éclat qu'elle avait perdu avec la restauration de l'Ancien Régime. A la façon dont, sous le crayon du même Géricault, un gardien de troupeau de la campagne romaine descendu de cheval pour terrasser un taureau pouvait prendre des allures d'Hercule domptant le lion de Crète, ainsi que le donne à voir la suite des croquis réunis sur une même feuille d'études datant du séjour en Italie.

5.5.   La passion, le mouvement. De l'avis de Watelet, auquel on doit l'article du même nom de l'*Encyclopédie*, «le mot *expression* s'applique aux actions et aux passions, comme le mot *imitation* s'adapte aux formes et aux couleurs : l'un est l'art de rendre des qualités incorporelles, telles que le mouvement et les affections de l'âme; l'autre est l'art d'imiter les formes qui distinguent à nos yeux les corps les uns des autres, et les couleurs que produit l'arrangement des couleurs qui composent leur surface.» Mais il est plus aisé, ajoute Watelet, de donner le sens du mot que de réduire en préceptes la partie de l'art de peindre qu'il signifie : «Représenter avec des traits les formes des corps, imiter leurs couleurs avec des teintes nuancées et combinées entre elles, c'est une adresse dont l'effet soumis à nos sens paraît vraisemblable à l'esprit; mais exprimer dans une image matérielle et immobile le mouvement, cette qualité abstraite des corps; faire naître par des figures muettes et inanimées l'idée des passions de l'âme, ces agitations internes et cachées, c'est ce qui en paraissant au-dessus des moyens de l'art, doit sembler incompréhensible.»[14]

5.5.1.   La passion, le mouvement : soit deux manières de motion ou de transport. L'une interne et cachée, mais dont on peut suivre les effets dans les mouvements du corps qui en partage l'impression; et l'autre, quand bien même on devrait y reconnaître une «qualité abstraite

13. Cf. Michel, «Résurrection d'un Géricault : *L'Enlèvement de Fualdès*», *Revue du Louvre*, 1993, n° 4, p. 5-6.
14. Watelet, art. EXPRESSION, *in* Diderot et D'Alembert, *Encyclopédie, ou dictionnaire raisonné des sciences, des arts et des métiers*, t. XIII, p. 151.

des corps », qui n'en est pas moins donnée à voir. A charge pour l'artiste, non de l'imiter, mais de l'exprimer. Affaire, dans un cas comme dans l'autre, de *traduction*. Etant admis que de la passion aussi bien que du mouvement « l'artiste ne peut représenter qu'un moment » (thème que reprendra Diderot, avant qu'il ne trouve chez Lessing son plein développement).

5.5.2.   De la passion, l'artiste ne saurait montrer que la marque qu'elle imprime dans les corps, les traits du masque qui est le sien. Indice d'une union intime de l'âme et du corps qui veut qu'il y ait dans tous leurs mouvements « une double progression dépendante l'une de l'autre » : « L'artiste observateur attaché à examiner ces différents rapports, pourra, dans les mouvements du corps, suivre les impressions de l'âme. C'est là l'étude que doit faire le peintre qui aspire à la partie de l'*expression* [...] s'il veut que la vérité fasse le mérite de son imitation. »[15]

5.5.3.   En fait, les masques dont Le Brun a dressé le répertoire donnent moins à voir les passions qu'ils ne les *signifient* par le détour des marques qu'elles sont censées imprimer sur les visages. Le trait d'expression n'est pas affaire seulement d'imitation (celle-là des traits qui seraient ceux du visage en proie à la passion) : il n'a à la limite de sens qu'à faire système en termes, là encore, d'*aspects*. Chacune des passions de l'âme se signale par un ensemble de traits différentiels, et qui trouvent leur traduction, comme le font les transports qui lui correspondent, en termes de mouvement : étant admis que le mouvement se ramène, dans la définition abstraite qu'en propose le *Petit Robert*, à « un changement de position dans l'espace en fonction du temps, par rapport à un système de référence ». Dans le discours de Le Brun (discours d'images autant que de mots), le système de référence correspond au dispositif mis en place à partir de ce qui est présenté comme le « degré zéro » de la passion, dans lequel les traits du visage s'alignent sur les portées de la partition pour ensuite aller s'infléchissant, se modifiant, s'altérant, et donner naissance à la procession des masques.

5.5.4.   Le répertoire des figures des passions de l'âme revêt dès lors les allures d'un diagramme dans lequel la dimension temporelle trouve à s'inscrire sous l'espèce d'une partition développée dans l'espace, ainsi qu'il peut en aller de l'enregistrement ou de la traduction graphique d'un ensemble de phénomènes et de leur évolution (courbe des prix et des salaires, électrocardiogramme, trace laissée au sol par la giration du pendule de Foucault, etc.). Mais, aussi bien, des *moments* successifs qui peuvent être ceux du mouvement, saisis dans ce qui fait leur différence : sans attendre la chronophotographie, et ses prolongements futuristes, les artistes auront su jouer de la simultanéité de ses figures, comme l'a fait Ingres dans une feuille d'étude pour les personnages qui font partie du cortège de *Romulus, vainqueur d'Acron*. Etude, principalement, de jambes saisies de profil, dont la procession s'inscrit sur la page à la

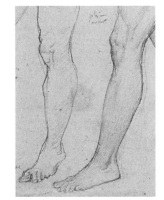

39, détail

15. *Ibid.*

151

manière d'une frise, l'effet ambulatoire procédant de la répétition des figures autant que des variations d'un art consommé qu'elle autorise.

5.6.   Exprimer la passion, le mouvement, en donner une traduction plastique, voilà, disait Watelet, qui peut sembler au-dessus des moyens de l'art. « Et cependant cet effet de l'art existe »[16] : à preuve *La Mort de Phèdre* de Girodet ou *L'Enlèvement de Fualdès* de Géricault, mais aussi bien la feuille d'étude d'Ingres pour le *Romulus*. Si pareille habileté, contredisant comme elle le fait à ce qui semble être l'« essence » du dessin autant que sa limite, peut paraître invraisemblable à l'esprit, comment comprendre, ainsi que le prétendra Diderot dans le *Salon de 1767*, qu'on puisse avoir « de l'expression longtemps avant d'avoir de l'exécution et du dessin » ? Doit-on entendre, dans les termes qui étaient ceux du temps, que l'expression correspondrait à une étape ou un stade généalogiquement antérieur à celui de l'imitation ?

5.6.1.   Le moment est clairement marqué, dans le texte de Pline, avant l'institution de la ligne, où la fille du potier, sans pour autant « avoir du dessin », s'essaie à fixer par une multiplicité de lignes ou de traits (*lineis*, le latin n'ayant en toute rigueur qu'un mot pour désigner les unes et les autres) le contour de l'ombre. Que l'amour, comme le répétera Rousseau, passe pour l'inventeur du dessin, dit assez que si l'on peut *avoir* de l'expression avant d'*avoir* de l'exécution, on ne saurait *avoir* du trait comme on *a* du dessin. Le trait n'est pas chose qu'on puisse posséder, ou dont on puisse faire étalage comme on le ferait d'un talent ou d'une compétence. Il serait plutôt l'indice d'un geste inaugural ou d'une tâche instauratrice. « Avoir le trait », dans le langage qui est celui du jeu d'échecs, c'est, comme on l'a dit, être en position d'ouvrir la partie, à la façon dont il appartenait au peintre chinois d'ouvrir, d'un seul trait de pinceau, le champ où devait s'inscrire le paysage.[17] La maîtrise commence là, à ce geste dont le trait porte la marque, intériorisée, plus qu'il n'en conserve la trace. (Rousseau : « Que celle qui traçait avec tant de plaisir l'ombre de son amant lui disait de choses ! Quels sons eût-elle employés pour rendre ce mouvement de baguette ? »[18]) Mais cette maîtrise-là n'a rien à voir, au sens strict du mot, avec celle qui trouve à s'affirmer au registre qui peut être celui de l'exécution ou du dessin ; pas plus que la maîtrise du trait n'a à voir, au sens strict des mots, avec celle de la ligne.

5.6.2.   Que cherchaient les contemporains de Baldinucci, en usant de la gomme pour casser les contours, sinon à retrouver, sous la ligne, ou à travers elle, quelque chose du geste qu'elle forclôt, et, du même coup, de la temporalité qui serait, jusqu'à l'effacement, celle du trait (et qui suffisait à justifier l'analogie marquée par Rousseau entre la mélodie en musique et le dessin en peinture, quand bien même chacun de ces arts aurait son champ propre : le temps

16. *Ibid.*
17. Sur l'opération par laquelle, avant de commencer à peindre un paysage, le peintre devait commencer par *réserver* la place du Ciel et celle de la Terre, je me permets de renvoyer le lecteur, une fois encore, à ma *Théorie du nuage*, p. 292-293.
18. Rousseau, *op. cit.*, chap. I. Sur les implications déictiques de cette « baguette », cf. ci-dessus, 2.5.2., note 15.

pour la musique, l'espace pour la peinture[19])? Si le trait suggère quelque chose, s'il ne le donne à voir, c'est d'abord cela : la vibration du temps qui est celui de l'inscription, le diagramme de sa propre procession, de son engendrement. Diagramme le plus souvent hypothétique, sinon improbable, et qui fait croire à une expressivité inhérente au trait lui-même (jusqu'à prétendre y voir l'indice de l'état d'âme où se trouvait celui qui le traçait), mais qui ne saurait en aucun cas atteindre à la rigueur qui est, comme on l'a dit, celle de l'ordre des traits, strictement codifié, auquel obéit l'écriture chinoise. Mais diagramme, cependant, qui témoigne, jusque dans l'activité qui est la sienne, d'une puissance de tracement guettée par l'effacement : lequel, faute de réussir à la surprendre, ne sait que la surveiller et s'employer, usant de la menace qui est celle de la gomme, à la tenir dans les lisières qui sont celles du dessin, dans l'acception académique du terme. En ce sens (mais en ce sens-là seulement), vouloir qu'un tracé, en droit, ne se voie pas, dans la mesure «où ce qui lui reste d'épaisseur colorée tend[rait] à s'exténuer pour marquer la seule bordure d'un contour : entre le dedans et le dehors d'une figure», et que le dessin, quand bien même cette limite ne serait jamais atteinte, «toujours [fasse] signe vers cette inaccessibilité, vers le seuil où n'apparaît que l'entour du trait, ce qu'il espace en délimitant et qui donc ne lui appartient pas», c'est s'abandonner une fois encore, au moins dans les termes, à la rêverie du contour et de la limite (du contour comme limite) qui est le propre de l'art et de la pensée d'Occident. Celle-là qui voudrait que «*rien n'appartien[ne] au trait*, donc au dessin et à la pensée du dessin, pas même sa propre "trace", que rien n'y participe même, et qu'il ne joigne et n'ajoute qu'en séparant»[20].

5.6.3.   Au rebours de ce que Derrida présente comme «une *hypothèque générale* pour toute pensée du dessin, à la limite inaccessible en droit», mais en rapport à cet obstacle, on se sera d'abord attaché à marquer dans ce «traité», par le détour d'une taxinomie improbable, dérangée, relativisée, mise en perspective, sinon minée en son fond qu'elle aura été dès l'abord par l'intrusion de l'Unique Trait de Pinceau tel que l'entendaient les peintres lettrés de la Chine ancienne, la différence entre la ligne et le trait aussi bien qu'entre le dessin et les modalités d'activité graphique qui échappent en tout ou partie à sa juridiction (mais non, c'est là mon postulat, à toute forme de pensée). Cette même différence que Vasari, en écho à la pratique qui était celle de Léonard de Vinci et de Michel-Ange, aura lui-même tenu à introduire en opposant au dessin de figure, par profils, contours ou délinéation, le dessin d'esquisse, qui lui semblait participer de la tache, et qui ne devait selon lui servir qu'à arrêter les attitudes et ébaucher une composition.[21] Pour autant, la tache n'est pas plus à l'origine du trait que la

---

19. «La mélodie fait précisément dans la musique ce que fait le dessin dans la peinture; c'est elle qui marque les traits et les figures dont les accords et les sons ne sont que les couleurs [...] Qu'est-ce qui fait de la peinture un art d'imitation? C'est le dessin. Qu'est-ce qui de la musique en fait un autre? C'est la mélodie», Rousseau, *Essai...*, chap. XIII.
20. Derrida, *Mémoires d'aveugle*, p. 58.
21. «*Quegli poi che hanno il prime linee intorno intorno, sono chiamati profili, dintorni o lineamenti*»; «*Gli schizzi [...] chiamiamo noi una prima sorte di disegni che si fanno per trovar il modo delle attitudini, ed il primo componimento dell'opra; e sono fatti in forma di una macchia, ed accennati solamente da noi in una sola bozza del tutto*», Vasari, *Della pittura*, in *Vite...*, Introduction, éd. Milanesi, t. I, p. 170 et 174.

ligne n'en représente la fin : l'une et l'autre sont plutôt comme les deux pôles entre lesquels s'active le trait.

5.7.   Que l'on puisse user du trait avant d'*avoir* du dessin, la preuve en est la fille de Corinthe s'efforçant à fixer par des «lignes» le contour de cette autre manière de tache qu'était l'ombre de son amant projetée sur le mur. Mais qu'un artiste qui aura tâté de la caricature ait

été tenté de renouer avec ce qui peut faire, en deçà du travail de la ligne, la dynamique propre du trait, c'est ce que démontre ce qu'on voudrait être l'*Etude de danseuse* de Daumier : ce n'est pas seulement la figure qui se retourne ici sur elle-même, mais le trait lui-même, dont les repentirs sont nettement visibles dans la figure de droite, elle aussi encore hantée par la «rêverie de la limite», et qui, dans celle de gauche, se reprend et se redouble, se tord ainsi que le fait le corps, et se brouille, comme gagné par une manière de somnambulisme qui serait en l'espèce moins le propre de la figure[22] que celui de l'esquisse autant que de la tache dont celle-ci procède et à laquelle elle semble vouloir faire retour.

43, détail

5.7.1.   Le trait peut s'essayer à rendre le mouvement, à le décrire, à l'*exprimer*. Comme il peut le faire des gestes. Ainsi, avec Rembrandt, de celui qui serait le fait du *Créancier impitoyable*, et qui n'assume en fait une valeur négative qu'au vu du mouvement de recul qui est celui de l'homme agenouillé devant le vieillard. L'homme y réagirait-il autrement, ce geste pourrait être interprété comme un geste de bénédiction, ou de protection, à l'instar de celui de Jésus dans *Le Christ et la femme adultère* : mais, là encore, la main levée re-

45, détail

vêtirait un sens différent si la femme, au lieu de s'agenouiller devant le Christ, avait conservé la station debout que Rembrandt lui aurait d'abord assignée pour ensuite la biffer à la gouache blanche.[23] Les questions d'iconographie recoupent ici les problèmes techniques que pose le traitement proprement graphique : si la figure à demi effacée n'est pas celle du pharisien du tableau de la National Gallery de Londres auquel ce dessin est apparenté, on peut être tenté de la rapprocher du profil de vieille femme tracé dans la marge; mais la façon dont le dessinateur a chargé d'encre le trait correspondant à la manche gauche du vêtement du Christ et à la femme agenouillée indique qu'il s'agit bien là d'un «repentir». A l'égal de la *Danseuse* de Daumier, la correction après coup suffirait à introduire dans l'espace qui est censé être celui du dessin le vacillement du temps (en raison inverse des plages de repos entre deux scènes ou des

44, détail

22. *Daumier. Dessins et aquarelles*, introduction de Jean Adhémar avec une préface de Claude Roger-Marx, Paris, s. d., p. 18.
23. Cf. J.-P. Foucart, «Versos inédits des dessins de Rembrandt», *Oud Holland*, 81 (1966), p. 44-50.

parenthèses à l'intérieur d'une même scène dans lesquelles l'opéra italien, tout à coup, semble prendre son temps et ouvrir l'espace qui est celui de l'intervalle, comme au deuxième acte de *Tosca* que j'écoute en écrivant ces lignes), si ne l'imposait dès l'abord, comme une évidence, le trait, dans ce qu'il peut avoir de «gribouillé».

5.7.2.   Si le gribouillage a son «évidence», c'est qu'à la différence du dessin sous son espèce prétendument maîtrisée, il est comme le registre de sa propre génération. Le *scarabocchio*, comme le nomment les Italiens, peut bien être tenu, en Occident, pour l'antonyme de la calligraphie.[24] Sous la plume ou le crayon d'un Rembrandt, il ne s'en approche pas moins au plus près de ce que la tradition chinoise regardait comme la définition de l'«écriture d'herbe» ou «de brouillon» parvenue à son point d'achèvement : le «Spontané». Indice le plus sûr, comme on l'a vu, de la maîtrise : un seul trait révélera la main d'un maître. Ainsi en va-t-il ici. Ce qui compte est moins le sens qu'on peut prêter au trait que ce par quoi il en appelle à ce nom : Rembrandt.

5.7.3.   Le trait, la ligne elle-même, ne prêteraient à description que pour autant qu'ils aient un sens, qu'ils fassent sens. Mais qu'est-ce pour un trait, qu'est-ce pour une ligne, qu'*avoir* un sens, que *faire* sens ?
Un trait a nécessairement une direction. Cela ne suffit pas à faire qu'il ait un sens, qu'il *fasse* sens. Mais peut y aider, y concourir (dans l'écriture chinoise, la direction des traits qui entrent dans la composition des caractères a valeur discriminante). Mais un gribouillage ? Paradoxe du *scarabocchio* : le trait qui fait sens lors même qu'il s'approche au plus près de ce que l'Occident tient pour la marque (ou le stigmate) de la «spontanéité» – la tache.

5.7.4.   Si l'on met à part les dessins déclarés «automatiques» de Pollock, malheureusement mal représentés dans les collections françaises, je ne connais pas de meilleur exemple d'un trait qui semble retenir, intacte, un peu de l'énergie pulsionnelle qui est encore au travail dans le tableau (conformément au vœu qui était celui de Delacroix d'une peinture qui renouerait en fin de parcours avec la force de l'esquisse) que les esquisses dudit Delacroix pour *La Mort de Sardanapale*. Non qu'il (le trait) n'obéisse en l'espèce à nulle ligne directrice (pas plus que ne fait l'écriture cursive) : mais si l'amour a guidé la main de la fille de

46, détail   **47, détail**

---

24. «*SCARABOCCHIO. Imbratto che stassi su'fogli da chi impara a scrivere o disegnare*» ; «*SCARABOCCHIARE. Fare scarabocchi*», Baldinucci, *op. cit.*

Corinthe, c'est la pulsion qui a guidé celle de Delacroix dans ce gribouillage de part en part traversé par le mouvement qui est celui du désir et soumis à la loi impérieuse de la *libido*. La même pulsion, le même désir, la même *libido*, dont la vue de la figure de la femme poignardée au bas du lit, reins ployés, lors d'une première visite au Louvre, a voulu (si l'on me passe ce trait) qu'elle trouve pour moi, dès l'enfance, l'un de ses champs d'élection dans la peinture avant de le faire, beaucoup plus tard, dans le dessin – et mieux que cela : dans le *trait*.

6.

Histoires

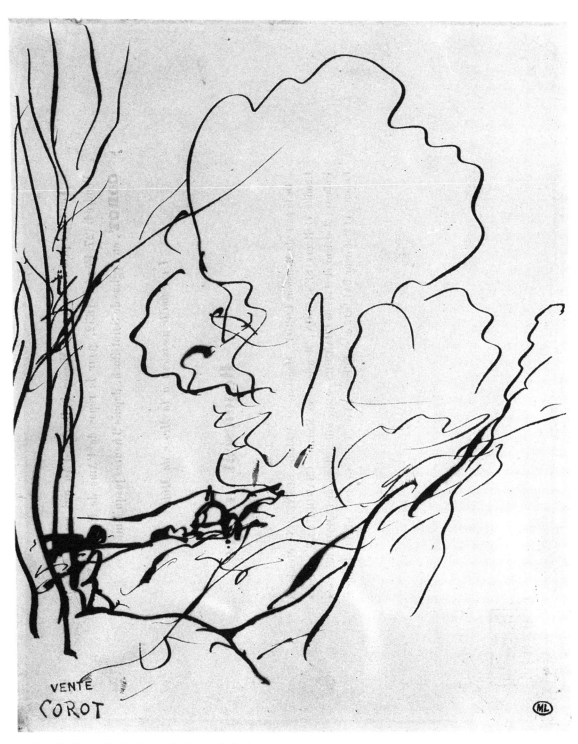

49 Camille Corot, *Etude d'arbres,* Paris, musée du Louvre.

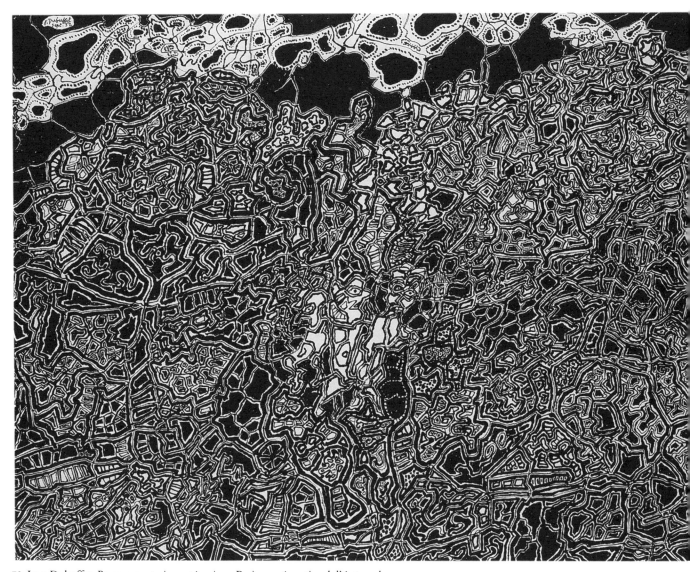

50 Jean Dubuffet, *Paysage aux trois compères ivres*, Paris, musée national d'Art moderne.

Piet Mondrian, *Etude d'arbres,* Paris, musée national d'Art moderne.

52 Ingres, *Etude pour «L'Age d'or»,* Paris, musée du Louvre.

53 Edgar Degas, *Etude pour « Les Malheurs de la ville d'Orléans »*, Paris, musée du Louvre.

54 Georges Seurat, *Nourrice à l'enfant,* Paris, musée du Louvre.

55 Edgar Degas, *Le Lever,* Paris, musée du Louvre.

56 Pablo Picasso, *Couple attablé*, Paris, musée Picasso.

57 Pablo Picasso, *Femme nimbée de personnages,* Paris, musée Picasso.

58 Paul Klee, *Aéroport, 1925,* Paris, musée national d'Art moderne.

59 François Rouan, *Ratures / Raclures,* collection particulière.

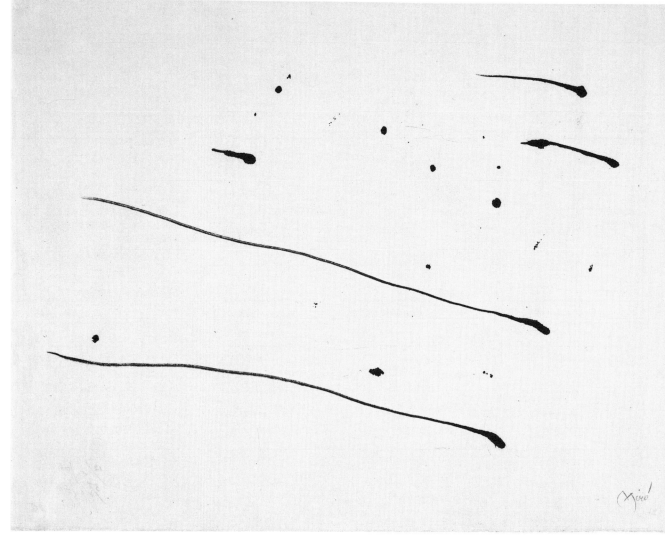

60 Joan Miró, *Sans titre,* Paris, musée national d'Art moderne.

Joan Miró, *Sans titre*, Paris, musée national d'Art moderne.

6.   Le trait en passe ainsi dans l'histoire par des moments de brouillage, sinon de cryptage, qui ne se laissent pas analyser dans les termes d'une stylistique non plus que d'une sémiotique, même détournée, ou pervertie. Des moments où il ne décrit plus rien d'autre que la pulsion dont il procède et qui l'anime, quand les figures auxquelles il s'ordonne ne se réduisent pas à des signes, des graphes, des idéogrammes qui ne renvoient qu'à eux-mêmes. D'où la question que m'auront posée mes amis du Cabinet des Dessins alors que nous en étions encore à faire un premier tri parmi les œuvres : comment articuler ce qui serait de l'ordre d'une morphologie, voire d'une énergétique pulsionnelle, avec les grands épisodes de l'histoire du dessin ?

6.1.   Le dessin et/ou le trait : le temps où l'on a pu prétendre, dans les termes que Francisco de Hollanda met dans la bouche de Michel-Ange, que le *disegno* ne faisait qu'un avec le trait («*Il disegno, che con altro nome chiamamo tratto*»), et cela dans tous les domaines où il trouvait à s'exercer, de la peinture aux arts déclarés «mineurs», et de l'architecture aux sciences qui prêtaient à un traitement graphique.[1] Mais les moments (italien : *i tratti*), aussi bien, dans lesquels l'idée, sinon l'usage du trait, en vient à travailler à l'encontre du dessin entendu comme une compétence dont on serait en droit de se prévaloir, qu'on soit à même de posséder (au sens où Diderot tenait pour assuré qu'on peut «avoir de l'expression» avant d'«avoir du dessin»).

6.1.1.   Le trait ne saurait se confondre avec le dessin, ni le dessin se réduire au trait, pour la raison qu'il n'y a et ne saurait y avoir de trait, au registre du concept aussi bien que dans l'ordre graphique, que distinctif, voire *distractif* (au sens, *actif*, d'une diversion, d'une séparation, d'une interruption, d'un hiatus, sinon d'une soustraction, d'une absence). Et cela dès le principe, dans son départ d'avec la surface, aussi bien que par destination, dans sa différence d'avec la ligne ou sa variante déclarée «ornementale», l'arabesque.

6.1.2.   La vertu discriminante qui est celle du trait se vérifie dans les sciences descriptives comme le sont l'anatomie, la zoologie, ou la botanique. C'est par le dessin que l'homme a d'abord su fixer quelque chose de ce qui, de l'intérieur des corps, une fois incisée la peau, accédait progressivement à la visibilité : un premier tri consistant, avant que d'opérer le partage

---

1. «*Il disegno, che con altro nome chiamamo tratto, e quello in cui consiste ed la fonte e il capo della pittura, della architettura, e di tutti gli altri generi d'arte, e la radice di tutte le scienze* [...] *è grande, molto grande la forza del disegno o del tratto...*», Francisco de Hollanda, *Da pintura antigua*, 1548, «Troisième Dialogue»; cité par Paola Barocchi, *Scritti d'arte del Cinquecento*, VIII, *Disegno*, Turin, 1979, p. 1911.

entre la chair et les muscles, les os et les cartilages, les nerfs, les veines et les artères, à nettoyer le tout du sang et des humeurs partout répandues pour s'en tenir à ce qui, des parties molles autant que des parties dures, s'offrait à la représentation graphique. Là encore la plastique aura pris le relais du *disegno* pour produire de l'«écorché». Mais si les cires anatomiques en appelaient elles-mêmes à une cartographie (comme on le voit à Florence, au musée de la Specola, où chaque préparation s'accompagne d'un schéma analytique), la photographie n'a pas non plus totalement supplanté le dessin dans ses fonctions descriptives : de nos jours même, le trait demeure un instrument indispensable à l'inventaire de la réalité chaque fois que l'objet, sous un aspect ou un autre, *fait tache*.

6.2.   Imiter, c'est – toujours et déjà – décrire. Mais si toute description comporte nécessairement une part (variable) d'imitation, et si «décrire» peut se réduire à «reproduire», le champ opératoire ouvert à la description ne se laisse pas contenir dans les limites qui sont celles de la *mimesis*. Au point qu'on tienne peut-être là un critère qui permettrait de distinguer entre les diverses espèces ou les divers modes, les différents *degrés* de l'une et de l'autre, et de la description autant que de l'imitation. Une équation peut décrire un phénomène sans exclure toute manière de *mimesis* ou d'iconicité. Mais un trait ?

6.2.1.   Quand «décrire» a rapport, sinon à un faire, au sens d'un «performatif», au moins à un mouvement, une activité, voire à une production : l'hypothèse qui aura été ici la mienne voulait que si une ligne prête à description sous la forme passive, au sens où l'on dit d'un mobile qu'il décrit une courbe, un trait ne se laisse quant à lui décrire que dans son opération. Ce qu'il représente ou ce qu'il signifie importe moins que ce qu'il décrit, au sens actif du verbe. La ligne est *décrite* ; le trait *décrit*.

6.2.2.   Du trait considéré sous ses aspects descriptifs, en tant qu'acte ou opération, aussi bien qu'au titre de concept. Sous la rubrique de «l'Unique Trait de Pinceau», Shitao ne traite ni des peintres, ni des peintures, mais, comme l'a bien dit Pierre Ryckmans, du peintre et de la peinture, et plus exactement de *l'acte du peintre*[2] – ou de celui de la peinture, sinon du trait lui-même. Ainsi du problème que pose, au départ de ce choix de dessins et du texte qui l'accompagne (qui l'«illustre»), le *Concept spatial* de Fontana, dans les formes – sinon dans les termes – qui sont les sien(ne)s : que fait là cette incision ? pourquoi une telle *attaque* ? que donne-t-elle à voir et à décrire ? quelle en est l'opération, tout ensemble conceptuelle *et* spatiale, spatiale *et* conceptuelle ? Et plus généralement : comment un concept trouve-t-il à s'inscrire dans l'espace, à revêtir une forme, à assumer une qualité spatiale ? ou, à l'inverse : comment l'espace s'ouvre-t-il au concept ? comment le dessin en vient-il à produire du concept ?

6.2.3.   Du *concept* de «trait» en tant qu'invention (ou production) de l'art, à la façon dont Serge Daney a pu dire que le cinéma aura inventé (ou produit) au moins une chose qui soit

2. Ryckmans, *in* Shitao, *op. cit.*, p. 5.

de l'ordre du concept, dans l'acception deleuzienne, opératoire, du terme : le plan. A charge, pour nous, de prendre la mesure de cet objet au statut indécidable – entre «trace» et «concept». Et cela quoi qu'il puisse en être du trait (et de la ligne, de l'arabesque) au regard du dessin contemporain, là où le cinéma s'emploierait aujourd'hui, si l'on en croit toujours Daney, à «dynamiter» le concept de plan.[3]

6.3.   Le trait comme opérateur dont la valeur distinctive, la fonction discriminante, s'affirme jusque dans le registre qui peut être celui de l'histoire. Si le dessin se confondait avec le trait (si le trait était le tout du dessin), l'histoire aurait à connaître de l'un et de l'autre dans les mêmes termes. Mais le mot «histoire» – à commencer par lui – n'a ni le même sens ni la même pertinence s'appliquant au dessin considéré comme une pratique qui obéirait à ses déterminations propres ou au trait qui en serait l'un des éléments ou des termes moteurs. On ne saurait traiter du trait de façon plus ou moins systématique (ainsi que le voudrait le projet même d'un «traité») sans être conduit à assigner ses limites à ce qui s'en donnerait pour l'«histoire». Sans exclure pour autant que quelque chose comme de l'«histoire», sous des espèces essentiellement multiples, hétérogènes, disséminées, rompues, puisse se nouer autour de cet élément ou de ce terme, lequel prendrait alors doublement valeur d'index, graphique *et* conceptuel. Voire que le «trait» ainsi entendu en vienne lui-même à induire du récit, à *faire* histoire.

6.3.1.   Le travail de l'œil qui appréhende, saisit, vise le dessin sous ses différents aspects, sans pour autant assumer la forme d'un parcours continu. Le travail du discours qui procède selon les mesures qui seraient celles de l'histoire, sans pour autant s'égaler à une narration suivie.

6.3.2.   A la limite, la façon la plus simple de décrire un dessin consisterait à le recopier. Ce qui ne laisserait guère de marge pour l'histoire, en quelque sens qu'on l'entende. L'histoire commence à ce point où la description conduite selon les voies du discours trouve à s'articuler sur la description graphique. A s'y articuler, mais non à s'y substituer : point n'aura été besoin d'attendre l'apparition des moyens mécaniques de reproduction pour voir le discours faire alliance avec l'image. La suite des figures (ou des masques) de la passion dessinée par Le Brun répondait à un but analogue à celui auquel peut satisfaire aujourd'hui une série de diapositives : le conférencier y a recours, dans le meilleur des cas, moins pour illustrer son propos que pour donner à celui-ci sa pleine résonance, lui permettre d'embrayer sur les images, lui imposer de travailler *avec* elles. A ceci près que pour ce qui est des œuvres de l'art, l'une des conséquences de la reproduction, à commencer par la gravure, aura été de modifier le procès même de la description, au registre de sa production autant que de sa réception et de sa diffusion. Il y a en effet une grande différence entre ce qu'on nommera une description «assistée», laquelle est à même de renvoyer au dessin qui l'illustre, de dialoguer avec lui, d'attirer l'attention sur tel ou tel détail, de le cadrer, de l'amplifier, et une description strictement

3. Serge Daney, *Persévérance. Entretien avec Serge Toubiana*, Paris, 1994, p. 170-171.

rhétorique, conduite selon les seules voies du langage, sans nul appui ni référence visuelle. Quel qu'en soit l'intérêt documentaire, sinon « scientifique », les éditions illustrées des *Salons* ont pour premier effet de fausser le sens de nombre des descriptions de Diderot, lesquelles visaient moins à donner à voir les œuvres aux lecteurs qui n'avaient pu visiter le Salon qu'à transformer dès l'abord les tableaux en objets de discours.

6.4. Il resterait alors à constituer des séquences qui fonctionneraient comme autant d'« histoires » en elles-mêmes aussi improbables que peut l'être ce qui se donne pour l'« histoire », ou pour une « histoire de l'art ». Des séquences, des « histoires », dont la pertinence s'affirmera d'autant mieux que l'économie calculée, et jusqu'à la brièveté qui sera la leur, en fera ressortir le caractère de « fictions ». J'en proposerai pour conclure deux échantillons, l'un et l'autre réduits de façon arbitraire à quatre spécimens, laissant au visiteur et au lecteur d'en ajouter de son cru ou de concevoir d'autres séquences, d'autres manières d'« histoires ».

6.4.1. Le premier échantillon relèvera du genre dénoté « paysage » et portera sur quelques usages ou aspects du trait qu'on est en droit de tenir pour symptomatiques et qui sont comme l'index d'une histoire, au sens que je viens de dire. Du dessin de Corot qui laisse entrevoir, à travers un écran d'arbres et de feuillages, une coupole qui est comme un souvenir de Rome ou d'Ombrie; de ce croquis rapidement tracé à la plume au revers d'un faire-part, mais qui n'en fait pas moins sa place, sous l'espèce d'un graphe informe, à la figure-relais du spectateur établi au premier plan, aux patients méandres du *Paysage aux trois compères ivres* de Jean Dubuffet, dans

49, détail

50, détail

les réseaux intriqués desquels il nous faut rechercher les figures qu'annonce le titre; de l'ivresse légère du trait – un trait ici bien visible, identifiable comme tel – qui est le fait de Corot à celle (l'ivresse), tellurique, qui caractériserait la suite des *Terres radieuses* dudit Dubuffet,[4] en passant par la grisaille réticulée, dans laquelle l'oblique le dispute à la verticale pour mieux

51, détail

étreindre la surface, de l'*Etude d'arbres* au fusain de Mondrian et le répertoire des traits ou des « rides » (à la chinoise) que propose l'*Aéroport* de Paul Klee; du rideau ou du réseau transparent à travers lequel Corot et Mondrian prennent possession de la surface à la levée verticale d'un sol opaque à laquelle on assiste chez Klee ou Dubuffet (comme déjà chez

58, détail

4. Daniel Cordier, *Les Dessins de Jean Dubuffet*, Paris, 1960.

Degas et Cézanne, lequel aura su jouer lui aussi de l'effet de transparence), le trait est pris dans un double mouvement contradictoire, tout ensemble de projection et d'érection. Ce qui ne suffit sans doute pas à faire une « histoire », mais en porte la marque, en est le symptôme, ou l'indice (l'histoire à laquelle on se refuse désormais à assigner un sens, mais qu'on persiste néanmoins à tenir pour la grande, sinon l'unique dispensatrice du sens).

6.4.2.   Si bien prévenu qu'on soit contre toute analogie de surface, comment se défendrait-on de l'idée que le travail de Cézanne ou de Mondrian, et celui déjà de Corot (dans un registre très différent), sur le motif de l'arbre recoupe quelque part celui des peintres chinois ? Cézanne allant jusqu'à entrevoir « l'intime échange entre arbre et rocher dans lequel l'un et l'autre se trouveront à l'aise tout en s'épaulant et se répondant »[5]. Si « histoire » il y a, et doit y avoir, dans tous les sens, toutes les inflexions du mot, elle en passe aussi par là, et par les problèmes strictement formels que posent ces effets d'écho à travers siècles et continents qu'ignore en général ce qui se donne pour l'« histoire de l'art ».

6.4.3.   On retrouvera l'index (le symptôme) d'une histoire ainsi entendue dans une autre séquence, et qui met délibérément l'accent sur le rapport entre trait et contour, entre contour et figure, entre trait et figure. De l'étude d'Ingres pour *L'Age d'or* à *La Nourrice* de Seurat, en passant par une autre étude, celle-là de Degas, pour la *Scène de guerre au Moyen Age*, et le monotype à l'encre noire du même Degas, dit *Le Lever*, on assiste à une même défection, plus ou moins poussée (et devrait-on dire : progressive ?), du contour. Défection, dans le cas de Degas, qui n'était pas directement liée, comme on pourrait être tenté de le croire, à la technique du « monotype » : travaillant à même une plaque recouverte d'encre grasse, le peintre aurait pu s'attacher à y tracer un contour au lieu de s'employer à extraire de cette tache, par soustraction, une figure définie par un pullulement de traits en négatif et qui revêt les dehors d'une ombre elle-même inversée, blanc sur noir. Mais défection qui prend tout son sens chez Seurat, quand le trait ne vise plus à cerner les figures, mais à les faire surgir du fond par l'effet des seules différences de texture, comme autant de masses ou de taches plutôt que de formes, blanc sur noir, noir sur blanc, blanc *contre* noir, noir *contre* blanc. La manière d'histoire que j'ai

52, détail

54, détail

53, détail

55, détail

5. Shitao, *op. cit.*, p. 64.

ici en vue imposant de soustraire à l'espace qui serait celui de l'«étude» ou de l'«esquisse» les dessins reconnus comme «préparatoires» à telle ou telle œuvre de peinture pour les mettre en série avec d'autres travaux qui n'obéissent pas à une détermination de cet ordre : et cela, sous le seul prétexte, en l'occurrence, du parallèle qu'autorisent ces quatre figures de femmes penchées en avant ou assises, accompagnées ou non d'un enfant, et sans viser à rien d'autre qu'à répondre par le détour des images à la question de savoir ce qui vient à la place du contour quand la ligne fait défection. Défection du contour. Défection de la ligne. Mais défaut, aussi bien, manque à sa place du trait qui se traduit par son dédoublement, sa prolifération, son inversion. Et cela quoi qu'il en soit du sens qui peut s'attacher à une telle défection, un pareil manque à sa place, un semblable dévergondage.

6.4.4.   Soit ce que Leroi-Gourhan nommait «disjonction», au vu des signes tracés sur les parois des grottes de Cougnac ou de Lascaux : terme qu'il jugeait sans doute impropre, mais néanmoins utile pour décrire le processus correspondant «à la suppression, parfois au dédoublement ou à l'allongement d'un ou de plusieurs des traits du motif complet», de telle façon que «la variété des signes, du point de

Fig. 12. Cheval préhistorique (peinture pariétale), grotte de Lascaux.

vue graphique, trouve une sorte d'unité dans le jeu des mêmes éléments». «On perçoit très bien l'existence de quelque chose qui n'est pas un simple jeu de forme, mais le symbolisme qui rendait le message explicite s'est dérobé avec le dernier survivant d'une humanité sans écriture.»[6] S'entend : d'une humanité qui ne nous aura légué – au prix, pour le préhistorien, d'un patient travail de fouille et de l'attention la plus rigoureuse prêtée, comme le voulait Leroi-Gourhan, aux relations entre la configuration des lieux et les signes et figures qui s'y déploient – qu'un fonds d'images et de symboles figuratifs dont la cohérence scripturale s'impose sans que l'analyse puisse s'étayer d'aucun autre élément de «contexte» ni d'aucune information sur le langage et l'idéologie qui pouvait être celle des auteurs des grands décors pariétaux que le «texte» même sur lequel le préhistorien en est réduit à travailler et qu'il lui faut commencer par établir, par constituer, par produire en tant que tel. Dans ce cadre – et si l'on fait abstraction de la différence marquée par Leroi-Gourhan entre «signes» et «figures», laquelle en appellerait à des commentaires qui n'ont pas ici leur place –, les avatars du trait fonctionnent comme autant de symptômes ou d'indices qui témoignent de l'existence d'un code qui prêtait à des variations de toute évidence signifiantes, mais dont la signification nous échappe.[7] Et cela quand bien même Leroi-Gourhan, s'il tenait pour pertinents les contours et tracés qu'il regardait comme «inachevés»[8] (renvoyant du même coup à une notion de

6. André Leroi-Gourhan, «Etude des signes pariétaux paléolithiques», in *L'Art pariétal. Langage de la préhistoire*, Paris, 1992, p. 334.
7. *Ibid.*, p. 336.
8. *Ibid.*, p. 133.

l'«achèvement» qui fait question dans l'ordre graphique), estimait en revanche ne pas devoir faire de différence, au registre non plus des signes mais des figures, entre le trait incisé ou gravé, la peinture au trait continu ou ponctué, ou encore le pochage.[9] Mais que le préhistorien ait lui-même à connaître de pareilles différences formelles, de semblables *traits*, jugés pertinents, aussi bien que de ce qu'il tenait pour de simples particularités techniques, comme telles sans incidence sur le «style» du décor, suffit à faire le lien entre le champ épistémologique censé correspondre à la «préhistoire» et celui de l'«histoire». A s'en tenir à ce cas d'espèce, que peut faire d'autre l'historien, si disert que soit le contexte dans lequel il opère, que de prendre acte, comme d'un symptôme en définitive muet, de la pratique que Baldinucci nommait, avec les peintres de son temps, le «*cancellare*»? Sans pour autant juger nécessaire, fort qu'il se veut de l'appareil documentaire à partir duquel il s'emploie à faire parler les images, de pousser l'analyse formelle et la réflexion théorique au point d'acuité auquel est contraint le préhistorien, lequel ne dispose, en fait de «contexte», que des seuls éléments que l'observation des techniques d'exécution et l'analyse du champ figuré savent arracher à l'obscurité silencieuse des grands sanctuaires rupestres. Des cavernes, celles-là, qui n'avaient rien de «platoniciennes»: en fait d'empreintes, celles qu'on y rencontre sont autrement directes que ne saurait l'être le tracé d'une ombre portée; à commencer par les mains dites «négatives», imprimées comme en réserve par projection de peinture à l'entour des doigts appliqués à même la paroi.

6.4.5.   Sauf à en appeler avec Diderot à quelque chose comme une «métaphysique du dessin», à quoi peu d'historiens se risqueront : «Il n'y a ni science ni art qui n'ait la sienne [de métaphysique], à laquelle le génie s'assujettit par instinct, sans le savoir. Par instinct! O la belle occasion de métaphysiquer encore!» Ladite «métaphysique» ayant rapport aux questions que font lever certaines des procédures qui sont celles de l'art, qu'elles soient ou non délibérées, et qui se signalent par une efficacité ou une pertinence singulière, comme on l'a vu à propos de Michel-Ange et du tracé de la coupole de Saint-Pierre : comme si l'art entretenait avec la réalité des relations qui s'étendent bien au-delà du champ qui est censé être le sien, et bien au-delà même de ce que Diderot entendait sous le titre de la «Nature» : la nature – comme on le lit encore dans ses «pensées bizarres sur le dessin» – contre le despotisme de laquelle les proportions reçues, enseignées par la tradition et imposées par l'Ecole, ne tiennent pas.[10] A la façon dont Descartes parlait – à propos de l'usage que faisait Desargues de la notion de «point à l'infini», et pour s'en inquiéter – d'une «métaphysique de la géométrie».[11]

9. Id., «Analyse méthodique de l'art préhistorique», *ibid.*, p. 213.

10. Diderot, *Essais sur la peinture*, chap. I, «Mes pensées bizarres sur le dessin». L'expression «métaphysique du dessin» apparaît dans le *Salon de 1765*, à propos de l'*Hercule Farnèse*, et de l'exagération de certaines des parties au détriment des autres qui en faisait, à en croire Diderot, tout l'effet, même en réduction : «Voilà, mon ami, un échantillon de la métaphysique du dessin, et il n'y a ni science ni art qui n'ait la sienne, à laquelle le génie s'assujettit par instinct, sans le savoir. Par instinct! O la belle occasion de métaphysiquer encore! vous n'y perdrez rien, ce sera pour un autre endroit. Il y a sur le dessin des choses plus fines encore que vous ne perdrez pas davantage.» Sur Michel-Ange et le projet pour la coupole de Saint-Pierre, cf. ci-dessus, 4.6.2.

11. Descartes, lettre à Mersenne, 9 janvier 1639, in *Œuvres*, «Bibliothèque de la Pléiade», p. 1047-1048.

Ou encore de Wittgenstein, quand celui-ci fait état, pour l'écarter, d'une façon de dessiner tenue pour «métaphysique». « "Vu sur fond d'éternité", pourrait-on dire. Cependant ces traits n'ont une telle signification que dans l'ensemble d'une langue. Et c'est une langue sans grammaire, dont on ne saurait donner les règles. »[12]

57, détail

6.5.   Retournant la phrase de Valéry, on tiendra que «gommer, c'est écrire». Les «disjonctions» dont fait état Leroi-Gourhan revêtant dès lors un caractère éminemment scriptural, sinon scripturaire. Mais les biffures? mais les ratures? Boileau (cité par Littré, à l'article «décrire» du *Dictionnaire*) : «Pardonnez-moi les ratures que je fais à tout bout de champ dans mes lettres, qui m'embarrasseraient fort, s'il fallait que je les décrivisse.»[13] Ce qui revient à dire que la rature peut être partie intégrante du texte, au regard à tout le moins d'une «description» conséquente («décrire» ayant été employé, au XVIIᵉ siècle, comme nous l'enseigne ici Littré, dans le sens de «recopier»). Et cela quand bien même elle (la rature) ne laisserait plus rien entrevoir d'un fragment du texte ou du dessin qu'elle aurait pour fonction d'oblitérer, de biffer, ainsi que le signifient clairement Mola ou Picasso quand ils raturent d'un trait ou d'une croix une figure qui du même coup semble échapper au décompte ou manquer à la place qu'elle est censée occuper dans un ensemble plus vaste, qu'il s'agisse des *Treize Caricatures* du premier, ou de la *Femme nimbée de personnages* du second. Mais que fait François Rouan, quand reprenant un dessin ancien qu'il avait conservé après l'avoir déchiré,

59, détail

il use de la rature pour en recoller ou plutôt en recoudre grossièrement les morceaux, sans rien laisser ignorer de la béance qui demeure entre eux, sans craindre d'introduire dans la feuille un regard emprunté à l'*Autoportrait* de Miró de 1919? La rature fonctionnant en l'espèce en tant qu'opérateur de continuité autant que de discontinuité, de disjonction autant que de conjonction?

6.6.   Le paradoxe atteint à son comble quand on voit Picasso, au terme de son expérience cubiste, faire retour, dans le *Couple attablé* de 1914, à une forme de linéarité qu'on devrait dire continue, si le tracé n'en contredisait aux notions reçues de «figure» et de «contour» et

12. Wittgenstein, *Remarques mêlées*, trad. fr. (texte all. en regard), Paris, 1984, p. 89.
13. Boileau, «Lettre à Brossette», 10 novembre 1699.

ne participait, travaillée qu'est ici encore la ligne par le fantasme de la géométrie, d'une déhiscence générale des plans. Déhiscence que ne suffit pas à contenir l'assise précaire qu'assurent les pieds de la table et cet autre pied, incongru, et dont le statut – mobilier, humain ? – est indécidable, mais qui n'en est pas moins là, introduit, «collé» dans l'angle gauche de la feuille, comme l'est le pied du lit dans l'*Alexandre et le médecin Philippe* de Le Sueur (mais sans plus rien – autre symptôme, autre trait d'époque ? – de sa *pointe*).

56, détail

6.7.   La technique du *polvero* qui faisait les peintres du Quattrocento reporter directement, en passant sur le calque appliqué sur le mur une fine poussière de charbon, les points préalablement percés au long des contours, cette technique s'accordait, matériellement parlant, avec la définition statique de la ligne comme constituée de points accolés que propose Alberti. Si l'activité graphique a sa place dans le système d'Alberti, elle est d'abord le fait du point. Le point, comme on l'a vu,[14] qui correspond lui-même, à l'instar de la ligne, à quelque chose comme une limite : limite en termes graphiques (pour insécable qu'il soit dans sa définition géométrique, le point graphique n'en a pas moins l'étendue minimum que suppose le fait qu'il soit donné à voir); limite, en termes sémiotiques, ou – plus immédiatement – scripturaux (le point correspond à l'écart, lui-même minimal, qui peut être entre le signe et la surface sur laquelle il s'inscrit); mais limite, aussi bien, en termes descriptifs (le point marquant la surface, la produisant en tant que telle, dans son départ d'avec elle).

6.7.1.   Mais la technique, aussi bien, de l'incision pratiquée à même l'*intonaco*, à travers le calque ou le papier. Avec toute la force, l'énergie dans l'attaque, qui peut être le fait du trait de Signorelli tel que j'ai pu le considérer de près, il y a peu, et pour la première fois, du haut des échafaudages dressés dans la chapelle San Brizio, à Orvieto.

6.8.   Le titre en négatif («*Sans titre*») dont s'affectent, dans le catalogue, les deux dessins de Miró en date du 5 novembre 1966 en dit assez la «réserve», au sens tout ensemble graphique et énergétique. Le trait se donne ici à voir pour ce qu'il est, dans sa différence et jusque dans sa non-différence d'avec le point (un point qui

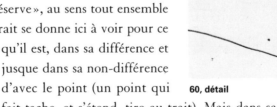

60, détail

61, détail

fait tache, et s'étend, tire au trait). Mais dans sa différence, d'abord, son départ d'avec la surface. La négativité – celle de la pulsion – qui fait sa force quand il ne tire à rien d'autre qu'à la ligne, sans souci aucun de dénotation, de figuration,

14. Ci-dessus, 4.1.6.

de communication. Si quelqu'un a su faire le lien entre les figures plus ou moins mythiques du trait qu'on a recensées ici, de la Chine ancienne à l'Antiquité grecque et romaine, sans se dispenser d'un détour par cette autre figure mythique qu'est celle de la « préhistoire », c'est bien celui-là, Miró, dont le geste, jusque dans la non-distinction, la confusion qu'il implique entre signes et figures, a une qualité essentiellement pariétale, voire rupestre.

00.

Brèche

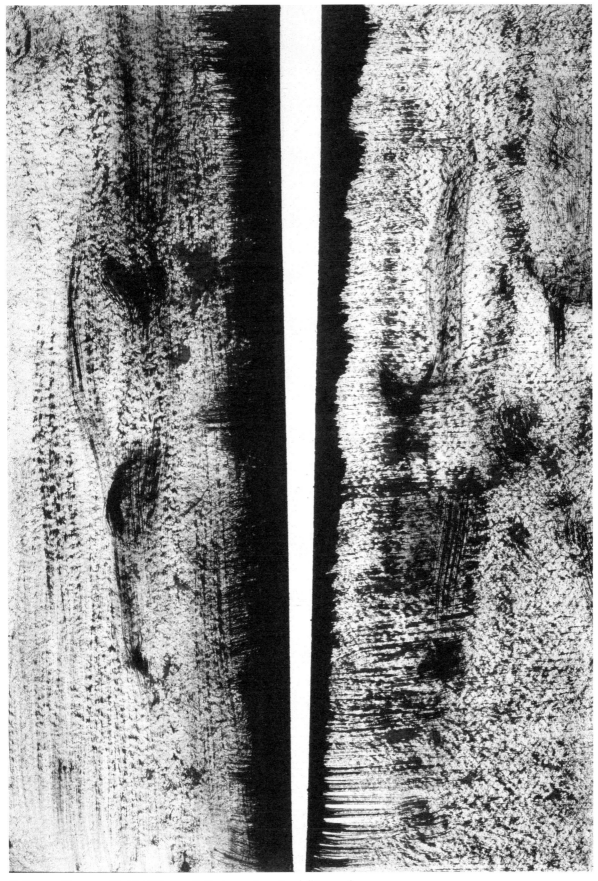

62 Barnett Newman, *Untitled (The Break),* Paris, musée national d'Art moderne.

0.0.   Que vient faire, au terme de ce parcours, et comme en écho au *Concept spatial* de Fontana sous le signe duquel celui-ci s'est ouvert, le dessin de Barnett Newman intitulé, ainsi que seuls s'y risquent les catalogues, *Sans titre (The Break)*? Et pourquoi donc, après ce titre, ou plutôt cette absence de titre signalée, marquée comme telle, ce complément qui en propose bien un, de titre, mais placé quant à lui entre parenthèses : *(The Break)*, *(La Rupture)*, *(L'Ouverture)*, *(La Brèche)*? Comme si le titre *(The Break)*, *(La Rupture)*, *(L'Ouverture)*, *(La Brèche)*, devait s'inscrire, là encore comme en réserve, à la suite de ce qui s'en donne d'abord comme la négation, ou le déni. Comme si la chose, décidément, ne pouvait pas passer sans titre. Mais *break*, «rupture», «brèche», « réserve », ces termes-là n'ont-ils pas eux-mêmes à *voir* avec le négatif, partie liée avec lui?

0.0.1.   Cet intitulé à tiroirs, jouant comme il le fait de l'après-coup, peut-être le doit-on au peintre lui-même, Barnett Newman n'ayant jamais fait mystère du problème que lui posait le fait d'avoir à donner un titre à ses œuvres : s'en tiendrait-on en l'espèce à un simple numéro, aimait-il à dire, ce serait encore là une façon de les qualifier. A ses débuts (*The Break* remonte à 1946), la chose lui importait peu. Ce n'est que plus tard qu'il comprit qu'il y avait là une vraie question : le titre étant susceptible de jouer comme une métaphore propre à évoquer le sens que pouvait avoir pour lui le tableau au moment où il s'occupait à le peindre, sans regarder à autre chose que la peinture.[1]

0.0.2.   Newman accordait au dessin une place centrale dans le concept qu'il avait formé de la peinture. Non pas le dessin en tant que pratique spécifique, mais le dessin tel qu'il pouvait être au travail dans sa peinture.[2] Le fait que *Sans titre (The Break)* ait été peint à l'encre de Chine sur papier chiffon, par la suite marouflé sur toile, suffit à vouloir, en termes muséographiques, qu'on soit ici en présence d'un *dessin*. Et pourtant, comme y insistait encore Newman, il n'y a là ni contours, ni formes, ni constructions spatiales. Si *Sans titre (The Break)*, si ce «dessin» s'inscrit ici en face, ou à la suite du «tableau» de Fontana qui répond lui-même au titre générique de «Concept spatial», c'est d'abord qu'en termes graphiques l'incision, la coupure verticale pratiquée à même la toile par l'un fait immédiatement écho à la rainure, la

---

1. «*In the beginning I suppose, I was vague about titles – they did not seem that important to me. But I realized that the issue was an important one for me, because the title could act as a metaphor to identify the emotional content that I was in when I was doing the painting, since I was not painting anything I was looking at and since in relation to the painting there was nothing really to scrutinize*», Barnett Newman, «Interview with Emile de Antonio», in *Selected Writings and Interviews*, éd. par John P. O'Neill, New York, 1990, p. 305.
2. «*Drawing is central to my whole concept. I don't mean making drawings, although I have always done a lot of them. I mean the drawing that exists in my painting*», *id.*, «Frontiers of Space», Interview with Dorothy G. Seckler, *op. cit.*, p. 251.

faille, la brèche elle aussi verticale, ouverte par l'autre en réserve, blanc sur noir, blanc contre noir, de part en part de la feuille, comme un trait de lumière. «Mon dessin – disait encore Newman – déclare l'espace»[3] : à quoi il ne réussit en l'occurrence, et sans plus de métaphore, comme le faisait déjà l'incision de Fontana, qu'à jouer de la béance que peut induire le contour quand, loin de prétendre plus longtemps à cerner l'ombre ou la figure des choses et des êtres, mais procédant directement de la division de la surface, de sa fracture, de sa brisure, il se réduit à un *bord* né d'une solution de continuité, d'un écart, d'un intervalle : soit quelque chose – ainsi qu'on le dirait du doute, et dans le suspens indéfiniment prolongé d'un nouveau départ, la recherche d'une généalogie différemment fondée, l'attente d'une histoire résolument autre ? – comme *l'ombre d'un trait*.

Villa I Tatti, Florence, automne 1994

3. «*Instead of using outlines, instead of making shapes or setting off spaces, my drawing declares the space*», *ibid.*

Catalogue des œuvres exposées

Le catalogue a été établi par

Régine Bonnefoit (2, 3, 4, 5, 6)
Hubert Damisch (59)
Laura Gensini (1, 7, 8, 9, 10, 11, 13, 16, 18, 26, 51)
Marta Gutierrez (17, 20, 38, 39, 40, 41, 42, 52, 53, 54, 55)
Farouz Lemosle (21, 22, 23, 25, 30, 37)
Anne Lucas (12, 14, 24, 31, 43, 56, 57, 62)
Jane MacAvock (19, 32, 33, 34, 36, 44, 45)
Annette Schmidt (58)
Stéphanie Thuilliez (27, 28, 29, 35, 46, 47, 48, 49)
Hsiao-shao Yeh (15, 50, 60, 61)

Le présent catalogue, dont les notices brèves sacrifient aux exigences usuelles de l'érudition, étudie les œuvres exposées dans l'ordre alphabétique des artistes, en dissociant par souci de clarté les œuvres chinoises des œuvres occidentales. (Les numéros en gras renvoient aux illustrations.)

A Régis Michel les auteurs du catalogue tiennent à exprimer leur profonde gratitude pour la permanence de son conseil et la générosité de son savoir.

Œuvres chinoises

MAÎTRE CHINOIS DE L'ÉPOQUE YUAN
(1279 - 1367)

3
Feuilles de bambou
Pinceau et encre de Chine. Rouleau vertical. H. 1,225; L. 0,534.
Historique
J. P. Dubosc; acquis en 1937. Inventaire AA 215.
Bibliographie
Pao Houei Tsi, 1937, pl. 1 - Vandier, 1938, fig. 1.
Exposition
Paris, Bibliothèque nationale, 1937, n° 1.
Paris, musée Guimet.

Depuis l'époque Song (Xe-XIIIe siècle), le bambou fut crédité de multiples valeurs symboliques. Le poète Su Dongpo (1037-1101), auteur de la *Promenade à la Falaise Rouge* (voir Wen Zhengming, n° 5), décrit dans un poème dédié à l'artiste Wen Tong

(1019-1079) le rôle du bambou dans la méditation créatrice : «Quand Wen Tong peint le bambou il ne voit que le bambou, mais il ne voit plus personne; il oublie son propre corps qui s'unit à la plante pour renaître de nouveau avec elle de manière inlassable...» (Holzwarth, p. 66). L'union méditative avec la nature et l'objet de la représentation est une idée essentielle du taoïsme. C'est ainsi que, dans son poème, Su Dongpo compare Wen Tong avec le philosophe taoïste Zhuangzi. Pendant l'époque Yuan, le taoïste Wu Zhen, surtout célèbre pour ses représentations de bambou, révèle le sens symbolique du végétal : «Tige de bambou, une grotte vide sans un cœur; mais quand les ans se refroidiront, sa vertu sera connue. Le ciel est froid, le soleil décline, eux restent les mêmes et gardent leurs feuilles dans la gelée et la neige» (Vandier, p. 59). Le bambou est parfois le symbole de vertus confucéennes. Sa stature droite, sa fermeté, sa force, qui lui permettent de plier sans se briser, la pérennité de ses feuilles vertes même en hiver, symbolisent les vertus du fonctionnaire confucéen. La ressemblance graphique des feuilles et des tiges du bambou avec les traits de pinceau propres à l'écriture chinoise a toujours attiré l'intérêt des calligraphes. L'auteur anonyme de cette peinture a couvert son rouleau vertical d'un réseau de feuilles savamment gradué, où les feuilles proches ont l'encre épaisse, et les plus éloignées l'encre claire, tramant un effet de brume, d'où surgit en majesté le végétal symbolique.

WAN Shouqi
(Xuzhou, Jiangsu, 1603 - Puxi, Jiangsu, 1652)

2
Quatre Paysages
Pinceau et encre de Chine. Rouleau horizontal. H. 0,20 - 0,26; L. 2,40. Le rouleau s'ouvre par un titre en grands caractères, *Gao feng ke yi* («Pour saluer et partager sa haute renommée»). Le titre est pourvu d'une signature de l'auteur : «écrit par le modeste lettré Xu Jian [1712-1798] de Donghai [province Jiangsu]». Une dédicace et une inscription de Wan Shouqi figurent sur chacune des quatre peintures (traduites par Pirazzoli et Hou) : 1) «Première peinture pour maître Jin, par Shou daoren ; » 2) «Deuxième peinture pour maître Jin, par Shou daoren. Voici mon Xixi caotang. Maître Jin m'a promis de lui consacrer un poème. Ce poème, je n'arrive pas à l'obtenir; je peins donc ce rouleau pour mon seul plaisir. Les Anciens disaient : "dans toute peinture il y a poésie". Maître Jin se place-t-il à l'intérieur ou à l'extérieur de la peinture ? »; 3) «Troisième peinture pour maître Jin. Ce 29e jour du 3e mois de l'année Xinmao [1651], le printemps est parti et moi aussi j'ai regagné le Nord. Haricots et cerisiers remplissent la campagne; des poissons frais arrivent au marché. Hélas! en ce moment j'observe le jeûne. J'en ai l'eau à la bouche, mais il n'y a rien à faire. Si je dessine cette nasse suspendue, c'est pour que les gens de Jingkou ne puissent pas préparer leurs couteaux et je suis ravi [de cette bonne blague]. Précieusement pour Xi gong »; 4) «Après avoir peint la troisième peinture, j'étais encore inspiré; du coup j'en ai fait une quatrième.

Shou daoren ». A la suite, quatre colophons des XVIIIᵉ et XIXᵉ siècles. Chaque peinture est signée : *Shou daoren* (Wan Shouqi) avec la date *1651*.
Historique
Collection Jing (Paris); acquis en 1972. Inventaire MA 3389.
Bibliographie
Pirazzoli, Hou, p. 185-200.

Paris, musée Guimet.

Ce rouleau, suivant l'inscription de la deuxième peinture, est une œuvre de divertissement pour tromper l'attente d'un poème du « maître Jin », à qui Wan Shouqi dédie son œuvre. En quatre strophes, l'auteur livre à son ami ses impressions et sa joie de vivre en ce printemps de 1651, année qui précède sa mort. Après la chute de la dynastie Ming en 1644 et la bataille perdue contre les Mandchous, à laquelle il participa, l'artiste se rasa la tête et devint moine bouddhiste. En 1648, il s'établit à Puxi, où il construisit sa modeste retraite, le Xixi caotang, qu'il a peinte dans le deuxième paysage. Dans les dernières années de sa vie, Wan Shouqi, cultivant son jardin, se voua aux arts. Tous les dons de Wan, poète, peintre, calligraphe et graveur de sceaux, se conjuguent dans l'œuvre présente qui révèle une harmonie parfaite entre la technique picturale, le style calligraphique des inscriptions et celui des sceaux apposés par le peintre. Les trois premiers paysages adoptent le style dépouillé de Nizan (voir Zhu Da, nᵒ 6), mais le dernier suit la facture large à l'encre épaisse chère à la tradition de Shen Zhou (voir Wen Zhengming, nᵒ 5). Comme le calligraphe expert devait savoir écrire dans le style de plusieurs maîtres, le peintre lettré pouvait aisément changer de style pictural. Le traitement géométrique des rochers tronqués est un trait typique de la peinture tardive des Ming. L'aspect très personnalisé des évocations, la fantaisie et la simplicité des textes qui les accompagnent, le passage, sans raison apparente, d'un style pictural à un autre illustrent allègrement les jeux de pinceau d'un peintre-poète.

WEN Zhengming
(Suzhou, Jiangsu, 1470 - *id.*, 1559)

5

Première Promenade à la Falaise Rouge
Pinceau et encre de Chine, poussière d'or sur papier. H. 1,49; L. 0,243. Les dix lignes d'écriture semi-cursive *(xingshu)* sont suivies d'une date : *1550*, d'une signature : *Wen Zhengming* et de deux cachets : *Wen Zhengming yin; Hengshan*.

On trouvera ci-après la traduction par Martine Vallette-Hémery du texte calligra-

phié : « En l'automne de l'an *renxu* (1082), le seizième jour de la septième lune, Su Shi et ses amis passèrent en bateau au pied de la Falaise Rouge. Une fraîche brise soufflait avec nonchalance, pas une vague ne s'esquissait à la surface de l'eau. Je levai ma coupe pour convier mes amis à boire, et nous récitâmes l'antique poème *Apparition de la lune,* chantant le couplet sur "La belle solitaire". Bientôt, la lune apparut à l'est au-dessus des montagnes, pour vagabonder entre le Sagittaire et le Capricorne. Sa lumière tombait comme une rosée d'argent sur le fleuve dont l'éclat se confondait avec le ciel.

Nous laissions notre bateau, frêle comme un roseau, voguer au fil de l'eau vers ces espaces infinis, extasiés comme si nous flottions dans les airs ou chevauchions le vent, sans savoir où nous serions portés, légers comme si nous avions rompu les entraves qui nous liaient au monde pour voler avec les Immortels. Dans la joie de l'ivresse, nous nous mîmes à chanter, frappant en cadence le bord du bateau : "Barque de cannelier, rames d'orchidées – Fendez les reflets du ciel, remontez les flots de lumière – Secrètes pensées, vers toi envolées – Créature accomplie, à l'autre bout du ciel."

L'un de mes amis accompagna notre chanson en jouant de la flûte. Mélancolique comme une plainte, un désir, un sanglot, une doléance, le son se prolongea au-delà du chant, ténu comme un fil de soie déroulé sans fin. Il aurait fait danser un dragon au fond de son val impénétrable, il aurait fait pleurer une veuve sur sa barque solitaire.

Gagné par cette humeur mélancolique, je me redressai et mis de l'ordre dans ma tenue, puis demandai à mon ami : "D'où tires-tu de tels accents ? "

Il me répondit : "La lune luit parmi de rares étoiles, le noir corbeau vers le sud a pris son envol. Ne sont-ce pas des vers de Cao Cao ? De Xiakou à l'ouest, à Wuchang à l'est, la montagne et l'eau s'embrassent en une verte étreinte; n'est-ce pas ici que Cao Cao fut défait par Zhou Yu ? Après avoir détruit Jingzhou, il descendit le fleuve jusqu'à Jiangling. Sa flotte s'étendait sur mille *li,* ses bannières masquaient le ciel. Il offrit une libation au fleuve, puis, sans lâcher sa lance, il composa ce poème. Où est-il aujourd'hui, ce héros sans égal en son temps ? Et qu'en est-il de nous ? Nous avons pêché et coupé du bois sur les îles du fleuve; nous avons été les compagnons des poissons et les amis des cerfs; nous avons navigué sur une barque frêle comme un roseau et levé nos coupes pour nous convier à boire. Nous passons en ce monde comme des éphémères, nous sommes un grain de mil sur l'océan. Je m'afflige de la brièveté de la vie et jalouse le fleuve au cours intarissable. Oh, je voudrais voler dans les espaces infinis, accolé

à un Immortel, vivre sans fin, enlacé à lune ! Mais comme je sais que cela ne s'ob tient, peut-être, qu'au prix d'une longue pa tience, je me suis épanché par cette mélodi dans le triste vent d'automne."

Je lui répondis : "As-tu regardé l'eau et l lune ? L'une passe mais jamais ne s'en v l'autre croît et décroît, mais est toujours l même. Si l'on estime que tout est éphémèr le ciel et la terre ne durent que le temps d'u clin d'œil. Si l'on estime que tout est perma nent, nous sommes éternels, comme tout au tour de nous. Pourquoi ces vaines plaintes Certes, tout en ce monde appartient à quel qu'un, si ce n'est à moi, je ne puis m'e approprier la plus infime part. Mais la bris fraîche qui souffle sur le fleuve, la lun claire qui brille entre les monts devienne musique pour nos oreilles et couleur pou nos yeux. Nous pouvons en profiter sans res triction, en jouir sans limites, car elles son un trésor inépuisable dispensé par le créateu pour notre commun bonheur."

Ce fut avec des rires que nous rinçâme nos coupes pour les remplir à nouveau. A l fin de notre collation, nous abandonnâme coupes et plats en désordre et nous nous al longeâmes au fond de la barque, nous ser vant d'oreiller les uns aux autres, sans nou apercevoir que l'orient déjà blanchissait.»
Historique
J. P. Dubosc; acquis en 1937. Inventair AA 222.

Expositions
Paris, Bibliothèque nationale, 1937, nᵒ 8 Venise, 1954, nᵒ 805.

Paris, musée Guimet.

Transcription de la première des deux cé lèbres pièces en prose, *Promenade à la Falais Rouge,* composées en 1082 par le poète de Song du Nord, Su Dongpo (Su Shi; 1037 1101), pendant son deuxième exil à Hang zhou, province Hubei. Le poète décrit d'u ton mélancolique une excursion en barqu qu'il entreprit avec ses amis à la Falaise Rouge, située sur le moyen cours du fleuv Yangzi. C'est en un autre lieu, également nommé « Falaise Rouge », que l'armée d Cao Cao, comme l'indique l'allusion de Su fut vaincue en 208, événement qui précède l chute de la dynastie Han. Un rouleau hori zontal de Weng Zhengming, daté de 1548 e conservé au Palais national de Taipei (Cahil fig. 17), montre Su Dongpo au sommet de l Falaise Rouge. Le sujet fut très en vogu parmi les peintres lettrés de Suzhou (provin ce Jiangsu) au XVIᵉ siècle. Wen Zhengming est, après Shen Zhou (1427-1509), le maître l plus représentatif de l'« école » de Wu, nom courant pour désigner la peinture des lettré de Suzhou. Wu est l'ancien toponyme de l région que baigne le cours inférieur du angzi. Depuis l'Antiquité chinoise, la calligraphie fait partie des «Six Arts» *(liu yi)*, avec le rituel, la musique, le tir à l'arc, la conduite de char et le calcul (Ledderose, p. 28). La maîtrise de la calligraphie est alors au principe de toute carrière dans le gouvernement impérial. Pour atteindre à la perfection, le calligraphe devait s'entraîner pendant des années d'après les modèles canoniques. Il était censé maîtriser plusieurs types d'écriture et plusieurs styles propres aux auteurs célèbres dans l'histoire de la calligraphie chinoise. La présente œuvre est un exemple d'écriture semi-cursive *(xingshu)* qui suit les normes esthétiques des «Deux Wang» : Wang Xizhi (307-365) et son fils Wang Xianzhi (344-388), qui servent de prototypes à la tradition classique de la calligraphie. Le rouleau vertical, daté de 1550, atteste la maturité de l'artiste, qui se retira en 1526 de son poste à l'Académie Hanlin de Pékin pour se dévouer dans sa ville natale à la poésie, à la calligraphie et à la peinture.

ZHENG Xie
(Xinghua, Jiangsu, 1693 - Yangzhou, Jiangsu, 1765)

4
Bambous et rochers
Pinceau et encre de Chine. Rouleau horizontal. H. 0,60 ; L. 1,10. Inscription autographe en deux colonnes sur le bord droit (traduit par J. Gies) : «Sieur Bambou et vénérable Rocher, pour mille années [resteront] les amis [qu'ils ont été] durant quatre printemps accomplis.» La signature de l'artiste, à la suite de l'inscription, associe à son nom son surnom de pinceau *(hao)*, Banqiao, et insère entre eux l'expression *jushi,* titre que s'attribue le peintre. L'ensemble signifie : «Le lettré retiré Banqiao, Zhengxie.»
Historique
P. Way (Paris); acquis en 1989. Inventaire MA 5110.
Bibliographie
Gies, 1989, p. 110-111, fig. 11 - Gies, *Orientations*, 1991, p. 92, fig. 3.

Paris, musée Guimet.

L'inscription rappelle, sous forme d'un rébus, l'amitié qui lie le peintre à un certain Monsieur Shi, dont le nom signifie littéralement «rocher». L'artiste lui-même paraît s'identifier avec le bambou, suivant une longue tradition chère aux peintres du végétal (voir Maître chinois de l'époque Yuan, n° 3). Comme il est question des adieux de deux amis que désignent les mots «bambou» et «rocher», on en déduit que l'œuvre est un présent d'adieu de Zheng Xie à Monsieur Shi en témoignage de quatre années d'ami-

tié. Zheng Xie figure dans la peinture chinoise parmi les «Huit excentriques de Yangzhou» (Sirén, V, p. 237). Le terme «excentrique» se réfère à son tempérament indépendant et à son œuvre marginale par rapport aux courants contemporains de la peinture chinoise. Ses biographes le tiennent pour inégalé dans l'art de représenter les bambous, éloge qui concerne l'aisance du style dont la fluidité, la spontanéité doivent beaucoup à la calligraphie cursive. Aux tiges ascendantes, tracées d'un seul trait, que rythment les nœuds, répondent, calligraphie virtuose, les feuilles écrasées par la pointe du pinceau. L'œuvre ne porte pas de date, mais ce n'est que sur le tard, après sa retraite en 1753, que Zheng Xie se consacra à la peinture.

ZHU Da
(Nanchang, Jiangxi, 1625/26 - 1705)

6
Les Six Gentilshommes
Pinceau et encre de Chine, rehauts de couleur. Rouleau vertical. H. 0,80 ; L. 0,45. En haut à gauche, une inscription autographe en deux colonnes (traduite par J. Gies) : «Peinture des Six Gentilshommes [d'après] Nigaoshi (Ni Zan)» ; suivie de la date *1694* et de la signature *Badashanren*.
Historique
P. Way (Paris) ; acquis en 1990. Inventaire MA 5824.
Bibliographie
Gies, *Orientations*, 1991, p. 94, fig. 5 - Gies, Acquisitions, 1991, p. 20, repr.

Paris, musée Guimet.

La peinture s'inspire, comme le souligne une inscription autographe, de la célèbre composition du grand paysagiste de l'époque Yuan, Ni Zan (1301-1374), intitulée «Six Gentilshommes» et datée de 1345 (Sirén, VI, pl. 94). Les « personnages », conformément à l'œuvre de Ni Zan, sont six arbres d'essences différentes, dressés au pied d'une montagne, sur la rive d'un fleuve qui se perd dans les brumes. Si l'on excepte la métaphore des arbres, qui leur est commune, Zhu Da s'affranchit de son modèle pour créer une composition radicalement neuve. Les traits caractéristiques du style de Ni Zan sont la clarté des plans, l'économie de l'encre sèche et la transparence des effets. Zhu Da s'éloigne de cette facture canonique en insistant sur l'expressivité des arbres noueux. L'artiste signa sa peinture du plus célèbre de ses noms de pinceau, Badashanren. Après la chute de la dynastie Ming (1644), Zhu Da s'était retiré dans un monastère bouddhique, où il peignit ce paysage en 1694, qui fut l'une des années les plus fécondes de sa carrière.

Œuvres occidentales

Guido di Pietro, dit BEATO ou FRA ANGELICO
(Vicchio, Florence, vers 1395 - Rome, 1455)

26
La Vocation de saint Pierre et de saint André
Au verso : *Etude de perspective bifocale*
Plume et encre brune, pinceau et lavis brun, rehauts de blanc sur papier lavé de sanguine (recto) et plume et encre brune sur papier lavé de sanguine (verso). H. 0,135; L. 0,180.
Historique
G. Vallardi (selon His de la Salle) - A. Ch. H. His de la Salle (L. 1332); don en 1878. Inventaire RF 430.
Bibliographie
Both de Tauzia, 1881, n° 47; Pope-Hennessy, 1952, p. 207; Salmi, 1958, sous 115 b; Berenson, 1961, p. 26, n° 1752, fig. 21; Orlandi, 1964, p. 165, n° 24; Degenhart, Schmitt, 1968, vol. II, p. 448-449, n° 372, fig. 308; Pope-Hennessy, 1974, p. 235-236, fig. 115; Baldini, 1973, p. 108-109, n° 108; Castelfranchi, 1985, p. 98, pl. 71.
Expositions
Paris, Orangerie, 1931, p. 14, n° 2; Florence, 1955, p. 94, n° 64, pl. XXX.

Paris, musée du Louvre, département des Arts graphiques.

La feuille fut attribuée à Fra Angelico par Both de Tauzia (1881) et B. Degenhart (1968), à Domenico di Michelino par B. Berenson (1961), et par M. Salmi (1958) à un travail d'école. J. Pope-Hennessy (1952, 1974) considère ce dessin comme de Fra Angelico ou de son atelier et, comme Both de Tauzia, l'a rapproché des scènes de la *Vie du Christ* peintes par Fra Angelico dans la chapelle du Saint-Sacrement au Vatican en 1447, aujourd'hui détruite. L'étude de perspective au verso dérive clairement d'Alberti. Il est évident que Fra Angelico a recouru aux pages du *De Pictura* qu'Alberti consacre à la «pyramide visuelle» (Castelfranchi, p. 98), où l'auteur donne une méthode éprouvée de mesure de l'espace pour permettre aux peintres du Quattrocento de placer leur composition dans une grille spatiale.

Michelangelo BUONARROTI, dit MICHEL-ANGE
(Caprese, Arezzo, 1475 - Rome, 1564)

27
Etude de voûte
Au recto : *Le Christ en croix*
Pierre noire. H. 0,243; L. 0,131.

Historique
E. Jabach, paraphe au verso (L. 2959); paraphes de A. Coypel (L. 478) et de R. de Cotte (L. 1963) au recto; acquis pour le Cabinet du Roi en 1671. Inventaire 842 (verso).
Bibliographie
Dussler, 1959, n° 358, p. 193; Berenson, 1961, n° 1598 A; Berti, 1965, n° 208, p. 486, note 194; de Tolnay, 1971, n° 220, p. 221; Bacou, Viatte, 1975, n° XXXV, repr.; Viatte, Goguel, 1979-1980, n° 30; Millon, Smyth, 1976, n° 44, p. 191; Argan, Contardi, 1991, n° 436, p. 327; Carpiceci, 1991, n° 13 b, p. 34; Perrig, 1991, n° 108, p. 97; Shell, 1992, sous n° 74; Joannides, à paraître.
Expositions
Chicago, 1979-1980, n° 30; Paris, Louvre, 1989, n° XIII, p. 188.

Paris, musée du Louvre,
département des Arts graphiques.

Ce diagramme structural, associé d'ordinaire à la voûte de la chapelle du roi de France à Saint-Pierre de Rome, fut exécuté par Michel-Ange, architecte de la basilique depuis 1546. Le croquis, que l'on peut dater de 1557, année du démontage complet de la toiture dû à une erreur du maître d'œuvre, précise l'idée de l'architecte pour la demi-voûte. Celle-ci était divisée en trois sections concaves, séparées par deux arêtes qui montaient en diminuant jusqu'à un demi-tondo en relief au plafond. La courbe de la voûte, en blocs de travertin, s'accentuait vers le haut. Le plan triangulaire d'une des sections essaie de traduire en deux dimensions la complexité des problèmes d'exécution : l'épaisseur des arêtes, la taille des blocs, et la jonction des blocs et des arêtes. La feuille, incomplète, fut découpée, peut-être par E. Jabach, le fragment manquant étant collé au bas d'un autre dessin du Louvre (Inv. 841).

Annibale CARRACCI,
dit Annibal CARRACHE
(Bologne, 1560 - Rome, 1609)

28
Hercule assis
Plume et encre brune. H. 0,232; L. 0,378.
Historique
Ch.-P. de Saint-Morys; saisie des Emigrés en 1793, remise au Muséum en 1796-1797. Inventaire 7210.
Bibliographie
Lumet, Rambosson, 1911, vol. I, n° 22; Vitzthum, 1962, fig. 24, p. 77; Bacou, 1964, note 10, p. 44; Johnston, 1969, fig. 3, p. 73; Arquié-Bruley, Labbé, Bicart-Sée, 1987, II, p. 165; Goldstein, 1988, fig. 126, p. 151.
Expositions
Paris, Louvre, 1961, n° 54, p. 37; Chicago, 1979-1980, n° 9, p. 34; Paris, Louvre, 1987, n° 92, p. 150, repr.

Paris, musée du Louvre,
département des Arts graphiques.

Recherche aboutie pour la *Mort d'Hercule*, fresque en grisaille, ornant l'encadrement d'une fenêtre du Camerino Farnèse dans le palais romain de la famille princière, commande du cardinal Odoardo Farnèse : seule la position de la tête est modifiée. Il est difficile de savoir si les architectures et les lignes d'horizon ont un rapport avec le décor mural, mais les travaux de perspective peuvent être considérés comme des études pour d'autres compositions comme *Hercule soutenant le globe terrestre*. La feuille, que l'on peut dater de 1595 à 1597, premières années du séjour romain de l'artiste, illustre ses efforts pour renouveler la manière de ses paysages.

29
Etude de perspective
Au recto : *Etude de personnages sur une corniche*
Plume et encre brune, lavis brun. H. 0,215; L. 0,237.
Historique
Cabinet du Roi. Inventaire 7422 (verso).
Bibliographie
Bacou, 1961, sous n° 56; Martin, 1965, n° 44 verso, fig. 149; Posner, 1971, p. 98, notes 25, 26; Rangoni, 1991, p. 65, n° 2.

Paris, musée du Louvre,
département des Arts graphiques.

Etude de composition et de perspective d'Annibal Carrache qui date peut-être du moment où il commençait à réfléchir au décor de la galerie Farnèse à Rome, commandé par le cardinal Odoardo Farnèse en 1597, et achevé en 1602. L'idée de la balustrade vue en contrebas comme soutenue par une saillie, au recto de la feuille, a pu être empruntée au décor du palais Poggi de Bologne, peint par Pellegrino Tibaldi entre 1554 et 1556.

Camille COROT
(Paris, 1796 - *id.*, 1875)

49
Etude d'arbres
Plume et encre brune au verso d'un fragment de faire-part imprimé annonçant les messes du bout-de-l'an pour le repos de l'âme de Madame veuve Corot, daté du vendredi 27 février 1852. H. 0,206; L. 0,166.
Historique
Atelier Corot (L. 461); vente Paris 31 mai-2 juin 1875; E. Moreau-Nélaton; legs en 1927. Inventaire RF 8915.
Bibliographie
Moreau-Nélaton, 1924, t. I, fig. 113, p. 142; Bazin, 1951, ill. h.t.; Rey, 1962, p. 72; Robaut, 1965, t. I, p. 125, t. IV, n° 2833, p. 58.
Expositions
Paris, Louvre, 1962, n° 69, p. 40-41; Paris, Orangerie, 1975, n° 159, p. 159; Paris, Grand Palais, 1991, n° 202, p. 203.

Paris, musée du Louvre,
département des Arts graphiques.

Ce croquis schématique, exécuté par Corot en février 1852, figure au revers d'une invitation commémorant le décès de sa mère. Malgré ce deuil, la période est caractérisée dans la carrière de l'artiste, par une grande activité picturale et la formation d'un cercle d'« élèves ». Corot s'inspire sans doute de paysages italiens, sans que l'on puisse identifier le site de référence. Cette étude cursive d'une vallée sylvestre ne peut être associée à aucune composition future. L'élision de tout détail anecdotique favorise le style nerveux qui marque les travaux de la maturité du peintre.

Piero di COSIMO
(Florence, 1462 - *id.*, 1521)

11
Profil de femme
Au verso : *Tête d'homme barbu, coiffé d'un bonnet*
Pinceau et encre brune, lavis brun, rehauts de blanc sur papier lavé de beige. H. 0,240; L. 0,177.
Historique
J. Richardson senior, marque au verso (L. 2184); Tufsall; acquis en 1883. Inventaire RF 1439.
Bibliographie
Berenson, 1961, p. 168, n° 898 C; Dalli Regoli, 1974, p. 61-62, fig. 13; Griswold, 1988, p. 264-266; Fermor, 1993, p. 93, fig. 35; Viatte, 1994, p. 51-52, fig. 10.
Expositions
Paris, Orangerie, 1931, n° 9; Paris, Louvre, 1952, n° 20; Paris, Louvre, 1986 (hors cat.).

Paris, musée du Louvre,
département des Arts graphiques.

Ce dessin fut exposé en 1931 comme anonyme du Quattrocento et en 1952 comme Raffaellino del Garbo (au moment où celui-ci travaillait sous l'influence directe de Filippino Lippi) avec le titre de *Tête de jeune homme*, titre maintenu par Berenson, lequel évoque l'influence de Mainardi et Benedetto Ghirlandaio pour le profil du recto, quand le vieillard du verso rappellerait plutôt Piero di Cosimo. Le connaisseur émet pour attribuion l'hypothèse d'un auteur étranger, comme Juan de Borgogna, qui dut travailler à Florence sous la dépendance de la famille Ghirlandaio, et fut probablement influencé par Piero di Cosimo (1961, p. 168, non signalé dans la 1re édition). La critique la plus récente préfère l'attribution à Piero di Cosimo d'après les liens manifestes de la feuille avec le profil de la *Simonetta Vespucci* de Chantilly (musée Condé; Fermor, p. 93), et les saintes Catherine et Marguerite à genoux de la *Concezione Tedaldi* (Florence, Offices; Dalli Regoli, p. 61), dont perdure le type de portrait, valorisé par Desiderio da Settignano et Pollaiolo dans la Florence du Quattrocento.

Lorenzo di CREDI
(Florence, 1459? - id., 1537)

18
Tête de vieillard
Pointe de métal, avec rehauts de blanc sur papier préparé gris et rose. H. 0,300; L. 0,245.
Historique
P. J. Mariette (L. 1852); vente 1775, partie du n° 381; acquis par le Cabinet du Roi. Inventaire 1779.
Bibliographie
Reiset, 1866, n° 199; Leporini, 1925, p. 49, fig. 36; Degenhart, 1931, p. 466, fig. 8; Van Marle, 1931, p. 327, fig. 229; Berenson, 1961, p. 133, n° 709; Dalli Regoli, 1966, p. 64, 161, n° 133, fig. 172; Brewer, 1970, p. 79, pl. XX; Ragghianti Collobi, 1974, p. 110; Leymarie, Monnier, Rose, 1979, p. 44-45; Bacou, 1981, n° 1; Pignatti, 1991, p. 18, n° 17.
Expositions
Paris, Orangerie, 1931, n° 20; Paris, Petit Palais, 1935, n° 582; Paris, Louvre, 1952, n° 13; Paris, Louvre, 1962, n° 12; Paris, Louvre, 1967, n° 50; Paris, Louvre, 1988, n° 11.

Paris, musée du Louvre,
département des Arts graphiques.

Tenu pour l'un des meilleurs exemples de l'art du portraitiste dans les années 1490 (Degenhart, 1931), le dessin du Louvre atteste que Lorenzo di Credi n'ignore rien de l'évolution réaliste du genre, dont témoigne entre autres l'activité de sculpteurs florentins comme Mino da Fiesole, Antonio Rossellino, Benedetto da Maiano (Grassi, 1956). L'artiste se souvient sans doute de sa formation dans l'atelier de Verrocchio. Vasari, qui, semble-t-il, posséda la feuille dans sa collection, a fortement souligné la vigueur sculpturale du graphisme (Vasari-Milanesi, *Vita di Lorenzo di Credi*, p. 564). La maîtrise de la ligne est ici le principe d'une étude psychologique à la rare profondeur, qui le rapproche des exemples flamands, en particulier de Hugo Van der Goes.

Honoré DAUMIER
(Marseille, 1808 - Valmondois, 1879)

43
Esquisses de danseuse
Crayon noir et craie noire. H. 0,328; L. 0,274.
Historique
Roger-Marx; don de la Société des Amis du Louvre, 1923. Inventaire RF 5897.
Bibliographie
Fuchs, 1927, repr. 264b; Roger-Marx, 1934, n° 115; Maison, 1968, II, n° 474, repr. pl. 160; Ives, Stuffmann, Sonnabend, 1992, n° 21, fig. 49, p. 44; Adhémar, s.d., fig. 9.
Expositions
Berlin, 1926; Paris, Orangerie, 1933, n° 151; Paris, Orangerie, 1934, n° 115; Paris, Louvre, 1968, n° 23; Francfort, 1992-1993, n° 21; New York, 1993, n° 21, fig. 49, p. 44.

Paris, musée du Louvre,
département des Arts graphiques,
fonds du musée d'Orsay.

L'un des rares nus féminins de Daumier. K. E. Maison l'a daté de 1857 par référence à un dessin (Maison D. 2907) de la série *Croquis dramatiques,* publiés la même année. L'artiste était notoirement fasciné par les somnambules et leur allure dansante, qu'il convient peut-être de reconnaître ici à la place de deux danseuses. L'étude relie les deux figures en un enchaînement cinétique qui pourrait tracer les pas d'un même personnage. Le halo qui nimbe la figure de gauche et la courbe exagérée du corps visent à suggérer la violence des attitudes.

Jacques-Louis DAVID
(Paris, 1748 - Bruxelles, 1825)

30
Le Vieil Horace défendant son fils
Pierre noire, reprise à la plume et encre noire, lavis gris. H. 0,216; L. 0,289.
Historique
Atelier David; paraphes des fils de l'artiste : Jules David (L. 1437) et Eugène David (L. 839); vente, 17 avril 1826, n° 41; baronne Emilie Meunier; Jacques-Louis-Jules David Chassagnolle, legs en 1886, sous réserve d'usufruit à sa femme; entré au Louvre en 1893. Inventaire RF 1917.
Bibliographie
A. Sérullaz, 1991, p. 142, repr., p. 150-151 (avec bibliographie précédente); Johnson, 1993, p. 59, repr.; Dufour Denison, 1993, p. 194.
Expositions
Paris, Galerie des Beaux-Arts, 1884, n° 137; Zurich, 1937, n° 59; Paris-Versailles, 1948, n° M.O. 92; Toulouse, 1955, n° 39; Paris, Louvre, 1972, n° 49; Rome, 1981-1982,

n° 33; Le Petit-Couronne, 1987, n° 85, Paris-Versailles, 1989-1990, n° 53.

Paris, musée du Louvre,
département des Arts graphiques,

On voit usuellement dans cette feuille une étude notoire pour le tableau – commande royale – qui devint au Salon de 1785 le *Serment des Horaces*. David s'y inspire de l'*Horace* de Corneille, qui fut notamment représenté à Paris en 1782. Le héros, vainqueur des Curiaces, ayant tué sa sœur Camille pour avoir pleuré son amant (l'un des vaincus) au mépris de tout patriotisme, est défendu par son père, le vieil Horace, qui en appelle au peuple pour sauver son fils. David aurait, à en croire Péron, l'un de ses biographes, renoncé à l'épisode sur le conseil de ses amis qui trouvaient excessif qu'un père « pousse le stoïcisme jusqu'à excuser son fils du meurtre de sa propre fille » (Péron, 1839, p. 28). L'artiste reporta son intérêt sur un autre motif de la saga des Horaces, dont les sources demeurent énigmatiques, en dépit d'hypothèses récentes : David choisit le thème du serment, riche en allusions politiques de première grandeur.

Edgar DEGAS
(Paris, 1834 - id., 1917)

53
Etude pour
« *Les Malheurs de la ville d'Orléans* »
Crayon noir. H. 0,356; L. 0,229.
Historique
Atelier Degas, marque en bas à gauche : *Degas* (L. 658), marque au verso : (L. 657); vente I, Paris, 6-8 mai, 1918, sans numéro, vendu après le n° 13 (*croquis et études*); acquis par le musée de Luxembourg, transmis au musée du Louvre en 1930. Inventaire RF 15514.
Bibliographie
Jamot, 1924, p. 27; Lemoisne, 1946, vol. I, p. 44; Adhémar, 1967, p. 297; Boggs, 1988, p. 357, fig. 313; Couëssin, 1988, p. 150; Loyrette, 1988, p. 106-107.
Expositions
Paris, Orangerie, 1969, n° 140; Paris, Louvre, 1991, n° 6.

Paris, musée du Louvre,
département des Arts graphiques,
fonds du musée d'Orsay.

Etude préparatoire pour une œuvre de jeunesse nommée à tort *Les Malheurs de la ville d'Orléans*, ultime peinture d'histoire de l'artiste, qui devait être à l'origine une scène contemporaine peignant les malheurs des femmes de La Nouvelle-Orléans pendant la guerre de Sécession (Adhémar, 1967). Mais

Degas modifia le sujet pour exposer son œuvre au Salon de 1865 sous le nom de *Scène de guerre au Moyen Age*. Ce crayon, qui prépare l'une des figures attachées à un arbre, montre une femme nue, penchée en avant, les cheveux tombant sur le visage, qui renvoie, malgré le tragique de la situation, à la célèbre série – souvent grave – des femmes à la toilette, laquelle caractérise la maturité de l'artiste.

55

Le Lever
Monotype à l'encre noire sur papier blanc avec légers rehauts de pastel blanc et rose sur le torse et sur les mains. H. 0,237; L. 0,216. Signé à gauche au pastel noir : *Degas*.
Historique
Isaac de Camondo; legs en 1911. Inventaire RF 4046 A.
Bibliographie
Lemoisne, 1946, p. 132; Janis, 1968, n° 168, repr.; Monnier, 1969, p. 365, 367; Janis, 1972, p. 65, fig. 14; Adhémar, Cachin, 1973, n° 136, repr.
Expositions
Paris, Georges Petit, 1924, n° 249; Paris, Orangerie, 1937, n° 211; Paris, Orangerie, 1967, n° 208; Cambridge, 1968, n° 168; Dijon, 1975-1976, n° 58.

Paris, musée du Louvre, département des Arts graphiques, fonds du musée d'Orsay.

Cette femme assise sur un lit qui enfile ses bas relève exemplairement de ces sujets intimes que Degas traite dans les années 1880 dans une technique rapide aux résultats surprenants. Le monotype est une impression sur papier à partir d'une planche en cuivre où l'artiste exécute son dessin par élision de l'encre dont elle est imprégnée. D'où les contrastes aigus d'ombre et de lumière qui se rapprochent de la photographie pour donner à ces instantanés du corps féminin le réalisme impudique d'un art voyeur.

Eugène DELACROIX
(Charenton/Saint-Maurice, 1798 - Paris, 1863)

46

Etude pour «La Mort de Sardanapale»
Au verso : *Etude pour l'Ethiopien tenant la bride du cheval, esquisses d'hommes et de femmes*
Plume et encre brune, lavis brun. H. 0,206; L. 0,314.
Historique
Atelier Delacroix (L. 838); vente du 22 au 27 février 1864, probablement partie du lot n° 318; vente de Champfleury le 26-28 jan-

vier 1891, partie du lot n° 542; baron Vitta; don en 1921. Inventaire RF 5277.
Bibliographie
Jullian, 1963, n° 4, p. 84; Spector, 1974, n° 25, p. 39; Brown, 1984, n° 13, p. 245; M. Sérullaz, 1984, t. I, n° 131, p. 104; André, 1991, n° 4, p. 167.
Expositions
Paris, Petit Palais, 1936, n° 556; Bâle, 1939, n° 101; Paris, Louvre, 1963, n° 102, p. 43-44; Brême, 1964, n° 159, p. 172; Sydney-Melbourne, 1980-1981, n° 26, p. 64; Paris, Louvre, 1982, n° 106; Bruxelles, 1986, n° 94, p. 264; Zurich, 1987, n° 18, p. 11; Paris, Orsay, 1990, n° 138.

Paris, musée du Louvre, département des Arts graphiques.

Dessin des années 1825-1827, probablement fait en atelier avec la complicité des modèles, pour *La Mort de Sardanapale* du Salon de 1827 (Louvre). La physionomie de type assyrien et l'attitude nonchalante du monarque, que la tradition associe à un autoportrait de l'artiste, sont reprises à l'identique dans la version finale. L'étude analyse, par un jeu de regard, les relations ambiguës entre le roi et sa concubine, bientôt sacrifiée, rapport psychologique de dépendance cruelle que la toile développe avec acuité.

47

Etude pour « La Mort de Sardanapale »
Au verso : *Trois croquis d'une femme se voilant*
Plume et encre brune et noire, rehauts d'aquarelle. H. 0,258; L. 0,324.
Historique
Atelier Delacroix, cachet au verso (L. 838); vente du 22-27 février 1864, probablement partie du lot n° 318; baron Vitta; don en 1921. Inventaire RF 5274.
Bibliographie
Jullian, 1963, n° 5, p. 84; Spector, 1974, n° 21, p. 35; M. Sérullaz, 1984, t. I, n° 137, p. 106; André, 1991, n° 5; Daguerre de Hureaux, 1993, p. 77.
Expositions
Paris, Petit Palais, 1936, n° 554, p. 257; Bâle, 1939, n° 128; Paris, Louvre, 1963, n° 104, p. 44; Brême, 1964, n° 160, p. 173; Paris, Louvre, 1982, n° 105.

Paris, musée du Louvre, département des Arts graphiques.

Recherche préliminaire pour la nature morte au premier plan de *La Mort de Sardanapale*, tableau qui fit sensation, comme on sait, au Salon de 1827. La scène s'inspire d'un poème de Byron, mais la mort du despote semble être une idée propre au peintre. Le premier plan magnifie la fluidité du trait dans l'évo-

cation de la couche du potentat. La négresse accoudée au montant du lit, reprise à l'identique dans la peinture finale, semble se confondre avec les volutes formées par les draps. Delacroix, dans cette étude, travaille moins la composition de l'ensemble que la vertu dynamique des objets inanimés.

48

Maison, cheval marin, triton
Au verso : *Croquis d'un jet d'eau avec végétation et nuages*
Plume et encre brune sur papier brun H. 0,206; L. 0,155.
Historique
E. Moreau-Nélaton; legs en 1927. Inventaire RF 10331.
Bibliographie
Escholier, 1963, h. t.; M. Sérullaz, 1984, t. I, n° 755, p. 315.

Paris, musée du Louvre, département des Arts graphiques.

Ce libre croquis en manière de jeu atteste les liens de Delacroix avec Jean-Baptiste Pierret (1795-1854), un camarade du lycée Louis-le-Grand, et Félix Guillemardet (1796-1840), un proche ami de la famille. Le dessin retrouvé dans un calepin dit *Soirée chez Pierret* des environs de 1818-1820, époque où l'artiste se forme dans l'atelier de Guérin tout en admirant la manière «héroïque» de Gros, illustre les moments de détente du futur maître durant sa jeunesse parisienne, qui fut austère et impécunieuse.

Jean DUBUFFET
(Le Havre, 1901 - Paris, 1985)

15

Corps de dame
Plume et encre de Chine. H. 0.270; L. 0,210. Signé en bas à droite : *J. Dubuffet*.
Historique
D. Cordier; don en 1989. AM 1989-297.
Bibliographie
Loreau, 1967, n° 146; Abadie, 1989, p. 162, repr. p. 168.
Expositions
Londres, 1966, n° 20; Arras, 1979, n° 6; Prague, 1993, n° 22; Toulouse, 1994, p. 4.

Paris, musée national d'Art moderne, Centre Georges-Pompidou.

Dubuffet produisit en 1950, sous le titre générique de *Corps de dames*, une trentaine de «dessins au trait» (selon la formule même de l'auteur), où l'on voit une femme nue que déforme, dissèque et désintègre la plume de l'artiste, qui se fait scalpel. On constate souvent chez Dubuffet une curieuse antériorité les tableaux par rapport aux dessins. Le peintre marque ainsi sa volonté de se dégager des techniques et matières appliquées à la peinture, ou de les orienter différemment. Cette série d'œuvres interroge la représentation de la femme dans la tradition européenne. Dubuffet voulait, en effet, «juxtaposer brutalement, dans ces corps féminins, du très général et du très particulier, du très subjectif et du très objectif, du métaphysique et du trivial grotesque [...]». C'est ainsi que, non sans une outrancière cruauté, qui est le propre de son art, ces créatures démembrées se métamorphosent en cartes géographiques, emblèmes héraldiques ou jardins propices aux germinations folles.

50

Paysage aux trois compères ivres
Plume et encre de Chine. H. 0,510; L. 0,650. Signé et daté en haut à gauche : *J. Dubuffet Sept. 52.*
Historique
D. Cordier, don en 1989. AM 1989-299.
Bibliographie
Cordier, 1960, n° 270; Loreau, 1967, n° 270; Franzke, 1980, p. 111, repr. p. 130; Abadie, 1989, repr. p. 170.
Exposition
Barcelone, 1993, n° 23.

Paris, musée national d'Art moderne, Centre Georges-Pompidou.

En 1952, Dubuffet produisit, sur le thème de ses tableaux dits *Sols et Terrains*, de multiples dessins qu'il intitula *Terres radieuses*. Il souhaitait, de fait, recréer par le médium léger de la plume les effets propres aux lourds matériaux qu'il triture puissamment dans ses peintures en relief. Mais le résultat prend une tournure plus conceptuelle. Dans ce *Paysage aux trois compères ivres* ne reste de la terre qu'un écheveau fantastique, où les creux et les lignes dessinent leur réseau arachnéen, comme la texture cellulaire d'un organe inconnu. Le tout converge en direction de trois figures réunies, que les ligatures de la plume semblent déchiqueter, morceler, enterrer. Mais ce trio de personnages n'a rien de pitoyable : il fait retour aux éléments bruts de leurs origines telluriques. Dubuffet qualifie volontiers ses paysages peints de «philosophiques». Mais peut-être est-ce la seule ivresse qui fait ainsi se dissoudre ces trois créatures.

Albrecht DÜRER
(Nuremberg, 1471 - *id.,* 1528)

12

Femme nue vue de dos
Au verso : *Femme nue vue de face*
Pinceau et lavis gris, reprises à la plume et encre noire (recto); plume et encre noire (verso). H. 0,319; L. 0,213. Monogramme : *A D* et date : *1495,* en bas à gauche au recto; annoté à gauche au verso, à la plume et encre noire : *dem ersamen und weisen* (à l'honorable et sage).
Historique
P. Vischer. Entré au Louvre avant 1827. Inventaire 19058.
Bibliographie
Meller, 1925, p. 203, 204, fig. 2 et 3; Tietze, Tietze-Conrat, 1928, n° 87 et 88, repr., p. 319, 397, 399, 402, 403; Winkler, vol. I, 1936, p. 49, n° 85 et 89; Neumeyer, 1938, p. 16-17, repr. pl. 16, 1938, *Dürer,* n° 30, p. 67; Anzelewsky, 1970, p. 18, 35, pl. 14; Strauss, 1974, vol. I, n° 1495/10, 1495/11, p. 280, 282; Panofsky, 1987, p. 66, fig. 56, repr. p. 67; Starcky, 1991-1992, n° 31.
Expositions
Paris, Louvre, 1961 n° 19; Paris, Louvre, 1964; Paris, Louvre, 1965, n° 1; Nuremberg, 1971, n° 455 et 458; Paris, Bibliothèque nationale, 1971; Paris, Louvre, 1980, n° 30; Paris, Louvre, 1986, n° 123; Paris, Louvre, 1991-1992, n° 31.

Paris, musée du Louvre, département des Arts graphiques.

Bien que le monogramme et la date de 1495 soient discutés (cf. Paris, Louvre, 1992), le dessin fut probablement exécuté à Venise en 1495, pendant le premier séjour de Dürer dans cette ville, qui le rapprocha de l'art de la Renaissance italienne. L'influence des artistes italiens s'y fait sentir, la silhouette rappelle la gravure de Jacopo de' Barbari, *La Victoire et la Renommée.* Cette femme dessinée d'après nature semble être la première pensée de *La Petite Fortune* (1497), premier nu gravé de Dürer. Entre *La Femme nue* de 1490 à Bayonne (musée Bonnat), traitée dans un esprit encore archaïsant, et *Le Bain des femmes* de 1496 à Brême (Kunsthalle), le dessin du Louvre possède une facture plus souple et plus assurée, qui manifeste l'assurance croissante de Dürer au contact de l'Italie. Le verso reprend la même figure de femme, mais vue de face.

Lucio FONTANA
(Rosario di Santa Fe, 1899 - Comabbio, Varese, 1968)

1

Concept spatial / Attente
1966
Acrylique blanc sur toile. H. 1,64; L. 1,14. Inscription autographe au dos : *L. Fontana Concetto spaziale - Attesa - Due donne hanno scoperto come allevare un marito!* (Deux femmes ont découvert comment élever un mari!).
Historique
Don de Teresita Fontana en 1970; n° de catalogue général de l'œuvre de Fontana : 66 T 39. Inventaire A 29679.
Bibliographie
Crispolti, 1974, vol. II, p. 182 (2ᵉ éd. 1986, vol. II, p. 637); Blistène, 1989, p. 20-33, p. 28, repr.
Expositions
Venise, 1966, p. 44; Humlebaek, 1967 (hors catalogue); Stockholm, 1967, (hors catalogue); Hanovre, 1968, n° 64; Bruxelles, 1971, n° 19, p. 68; Helsinki, 1971, n° 56; New York, 1977, n° 83, p. 89; Amsterdam, 1982, n° 5, p. 120; Paris, Centre Georges-Pompidou, 1987-1988, p. 244-245, fig. 244.

Amsterdam, Stedelijk Museum.

Les *Fentes* occupent, dans les années soixante, une place majeure dans l'œuvre de l'artiste : c'est le cycle le plus vaste et le plus significatif de toute sa production. Elles s'insèrent dans le cadre d'un «absolutisme gestuel», où la déchirure de la toile vaut rupture avec le système plan de la représentation picturale. C'est la même recherche d'un espace supplémentaire, avec la volonté d'en suggérer d'autres, indéfinis, à travers la perforation du support, que le peintre avait déjà tentée dans les années cinquante avec la série des *Trous.* Le présent tableau fut exposé en 1966, à la Biennale de Venise, avec des toiles analogues, toujours sur fond blanc, qui avaient pour fonction de briser l'architecture d'insertion. Pour Fontana, le blanc représentait «la couleur la plus pure, la plus immédiatement correspondante à la pure simplicité, à la pure philosophie, à la philosophie spatiale, cosmique», que l'artiste aspirait à atteindre, dans les dernières années de sa vie.

Théodore GÉRICAULT
(Rouen, 1791 - Paris, 1824)

38

Etudes de félins
Crayon noir. H. 0,316; L. 0,402.
Historique
A. Ch. H. His de la Salle (L. 1333); don en 1878. Inventaire RF 1696.
Bibliographie
Berger, 1952, p. 17, 50, fig. 36, 1968, p. 38-39, 128-129, fig. 40, 1978, p. 16, 52, fig. 36; Jeune, 1987-1988, sous n° D 25.
Exposition
Copenhague, 1964, p. 31.

Paris, musée du Louvre,
département des Arts graphiques.

Ces dix études sont généralement datées vers 1818. Après son voyage en Italie (1816-1817), Géricault explore de nouveaux sujets et de nouvelles formes d'expression, qui ne manqueront pas d'influencer Delacroix. Il délaisse les thèmes inspirés de l'Antiquité au profit d'une étude naturaliste des animaux, plus particulièrement des félins, qui lui permettent d'extérioriser, à travers des esquisses d'une grande force expressive, la vivacité d'un tempérament rebelle.

40

L'Enlèvement de Fualdès
Plume et encre brune, lavis brun sur traits à la mine de plomb. H. 0,210; L. 0,270.
Historique
Don de Géricault à Mlle Constantin; M. Moignon; Paris, duc de Trévise; vente Charpentier, Paris, 19 mai 1938, n° 11; don de la Société des Amis du Louvre, 1993. Inventaire RF 43330.
Bibliographie
Berger, 1952, p. 28-29, 53, fig. 54, 1968, p. 70-73, fig. 59, 1978, p. 28-29, 55, fig. 54; Eitner, 1983, p. 156-158, fig. 142; Michel, 1992, p. 130; Bazin, 1992, vol. V, n° 1615, p. 49-59; Michel, 1993, p. 5-6; Simon, à paraître, 1995.
Expositions
Paris, Charpentier, 1924, n° 58 *bis*; Paris, Gobin, 1935, n° 34 a; Paris, Petit Palais, 1936, n° 603 a; Paris, Bernheim-Jeune, 1937, n° 122 a.

Paris, musée du Louvre,
département des Arts graphiques.

Dessin d'une série de six connus illustrant l'assassinat du procureur Fualdès à Rodez, la nuit du 19 mars 1817. Il montre l'ancien jacobin, plus tard magistrat de l'Empire, entraîné vers la maison de la famille Bancal pour y être égorgé. Ce crime, sans doute imputable à la Terreur blanche, ouvre un des procès les plus fameux de l'histoire judiciaire

au cours de l'hiver 1817-1818. Géricault traite à l'antique cette série qui était probablement destinée à la lithographie et non, comme l'affirme Clément, à un grand tableau d'actualité.

41

Homme nu terrassant un taureau
Au verso : *Etude de la croupe d'un cheval*
Plume et encre brune. H. 0,240; L. 0,300.
Historique
Alexandre Collin; vente Drouot, Paris, 14-15 janvier 1845 (n° 58); A. Ch. H. His de la Salle (L. 1333); don en 1878. Inventaire RF 795.
Bibliographie
Clément, 1867, p. 247-248, 1872, 1879; Berger, 1952, p. 47-48, fig. 31, 1968, p. 118-121, fig. 34, 1978, p. 48-49, fig. 31; Eitner, 1983, p. 109-110, fig. 93; Grunchec, 1985-1986, p. 90-91, sous n° 37; Bazin, 1990, n° 1220, p. 22-23.
Expositions
Paris, Petit Palais, 1936, n° 582; Bruxelles, 1949, n° 123; Paris, Louvre, 1956, n° 106; Paris, Louvre, 1964, n° 19, pl. VII; Paris, Grand Palais, 1992, n° 85.

Paris, musée du Louvre,
département des Arts graphiques.

Ce combat mystérieux, que la tradition met en rapport avec un sarcophage représentant Mithra et le sacrifice du taureau, est certainement inspiré par l'iconographie antique (voir le *Taureau Farnèse*), mais montre aussi l'influence des spectacles populaires, comme le domptage de taureaux, dont Géricault fut témoin à Rome. Daté par les historiens vers 1816-1817, dates du séjour de l'artiste en Italie, le dessin est aux origines d'un nouveau style où la ligne, d'un traitement sculptural qui rappelle l'art de Michel-Ange, devient plus importante que la couleur.

Jacob de GHEYN III
(Haarlem, 1596 -?, après 1644)

37

Têtes de Noir
Plume et encre brune. H. 0,213; L. 0,283.
Historique
Ch.-P. de Saint-Morys; saisie des Emigrés en 1793; remise au Muséum en 1796-1797. Inventaire 19997.
Bibliographie
Lugt, 1929, n° 287; Van Regteren Altena, 1936, p. 42 et 1983, t. I, p. 144, t. II, n° 106, t. III, repr. pl. 49; Bouchot-Saupique, 1953, n° 24; cat. exp. Rotterdam, 1986, sous n° 43; Arquié-Bruley, Labbé, Bicart-Sée, 1987, II, p. 364.

Exposition
Paris, Louvre, 1953, n° 24.

Paris, musée du Louvre,
département des Arts graphiques.

A la suite de Frits Lugt, ce dessin fut régulièrement attribué «à la manière de J. de Gheyn II» (Bouchot-Saupique, 1953, Arquié-Bruley, Labbé, Bicart-Sée, 1987). Pourtant, cette attribution fut remise en cause dès 1936 par Van Regteren Altena, qui a montré qu'un même plâtre servit de modèle à deux générations d'artistes: Jacob de Gheyn II (1565-1629) l'utilisa dans un dessin des *Rois Mages* (Rotterdam, musée Boymans-Van Beuningen), et son fils, Jacob de Gheyn III, dans trois dessins (deux à Darmstadt et le dernier – ici exposé – au Louvre). Il nous offre deux points de vue différents de la même tête. L'emploi très libre de la plume, le dispositif serré des larges hachures jouent de contrastes lumineux qui rattachent ce dessin au caravagisme du Nord. Datée des années 1620, période où le jeune de Gheyn accompagne son père dans divers voyages en Angleterre et en Suède, la feuille reflète son admiration pour Terbrugghen.

Anne-Louis GIRODET
(Montargis, 1767 - Paris, 1824)

42

La Mort de Phèdre
Crayon noir. H. 0,265; L. 0,368.
Historique
Vente après décès de l'artiste, Paris, 11 avril 1825, n° 290; N. Revil; vente, Paris, 29 mars-2 avril 1842, n° 110; A. Ch. H. His de la Salle; acquis en 1851. Inventaire 26780.
Bibliographie
Reiset, 1869, n° 757, p. 37; Guiffrey, Marcel, 1911, VI, n° 4244; M. Sérullaz, 1966, fig. 21; Bernier, 1975, p. 50-51, repr.; Vilain, 1978, p. 115; Michel, 1989, p. 93-95, 153, n° 55.
Expositions
Paris, Louvre, 1972, n° 81, pl. XIX; Paris, Louvre, 1989, n° 55; Malmaison, 1992, n° 36.

Paris, musée du Louvre,
département des Arts graphiques.

Etude préparatoire pour l'illustration de *Phèdre* (acte V, scène VII) dans les *Œuvres complètes* de Racine, publiées par Pierre Didot en 1801, avec le concours de sept artistes dirigés par David, où le dessin de Girodet fut gravé par Velyn. Avec une finesse de ligne qui annonce Ingres, ce dessin montre Phèdre expirant dans les bras de sa suivante Panope, après l'aveu de ses fautes à Thésée et Théramène. L'expression de ces derniers, qui contraste avec la sobriété de sa mort grecque, atteste la quête du pathos, dont témoigne plus encore la reprise du visage de Phèdre, où s'accentue puissamment l'image de la souffrance.

Francisco José de Goya y Lucientes, dit GOYA
(Fuendetodos, 1746 - Bordeaux, 1828)

21

Quelle folie
de penser encore au mariage !
Pinceau et encre noire, lavis gris. H. 0,234; L. 0,144. Annoté en bas à l'encre de Chine : *Que disparate! pensar aun en matrimonio!*
Historique
G. Poelet; Lebas; P. H. C. Cosson; legs en 1926. Inventaire RF 6913.
Bibliographie
Mayer, 1938, p. 23; Gassier, 1954, p. 39-40, repr. n° 10; Gassier, 1972, p. 112, 1973, vol. I, D. 18, p. 162, repr.

22

Vieille Femme en prière
Pinceau et encre noire, lavis noir. H. 0,255; L. 0,180.
Historique
Remis au Cabinet des Dessins par la Commission de récupération artistique, 1952. Inventaire Réc. n° 155.

23

La Veuve
Pinceau et lavis brun. H. 0,203; L. 0,142. Numérotation *94* au pinceau, *69* à la plume.
Historique
P. Lebas; de Bernonville; E. Calando; J. Dubourg; don de Noémi, Jacqueline et Evelyne Dubourg en 1982. Inventaire RF 38980.
Bibliographie
Gassier, 1973, vol. I, F. 94, p. 494, repr.
Exposition
Paris, Louvre, 1984, n° 159.

Paris, musée du Louvre,
département des Arts graphiques.

A trois albums de dessins relevant d'époques différentes appartiennent ces trois figures féminines que Goya moque sans aménité. La vieille à face camarde qui égrène son chapelet provient de l'album D, que Gassier date de 1801-1803, et qui est inachevé. Le Goya des *Caprices* (1799) y joue de sa rhétorique favorite, qui est celle de l'antithèse, avec une ironie ravageuse, où le sexe et la mort s'allient en de justes noces. Une autre vieille, aux allures de paysanne, qui fixe d'un œil bigleux la croix de son rosaire, se rapproche, notamment par les filets sombres qui bordent la feuille, des planches caractéristiques de l'album E, dit à bords noirs, que l'on date de 1814-1818. La simplicité de l'image plaide le

même rapprochement puisque la créature goyesque, vraie sorcière, est muette : l'artiste ne l'a dotée d'aucune légende. La jeune veuve (?), qui appartient à l'album F des années 1815-1820, période noire des *Désastres de la guerre*, est également dispensée de tout sarcasme. Son attitude énigmatique est précisée par un dessin plus ancien de l'album dit de Madrid (Gassier, B 50) où l'on voit une femme en pleurs devant le cadavre d'un homme. Ici la veuve présumée ne s'apitoie plus que sur elle-même, une branche de cyprès (?) symbolisant son deuil. La satire naît en l'espèce de l'afféterie du geste, qui suggère insidieusement la tartuferie de cette fausse affliction, où point de l'artiste la lucidité misanthrope.

Jean-Auguste-Dominique INGRES
(Montauban, 1780 - Paris, 1867)

20

Homme drapé debout
Plume et encre brune, lavis brun. H. 0,157; L. 0,078. Signé en bas à droite à la mine de plomb : *Ing.*
Historique
E. Gatteaux (L. 852); legs en 1881. Inventaire RF 1097.
Bibliographie
Duplessis, 1870, p. 347; Guiffrey, Marcel, 1911, VI, n° 5059, repr. p. 128-129; Méjanès, 1980, p. 279.
Exposition
Paris, Louvre, 1980.

Paris, musée du Louvre,
département des Arts graphiques.

Peut-être une étude pour un tableau d'histoire religieuse dans la tradition de Raphaël, dont Ingres était un grand admirateur. Cet homme drapé, de facture très stylisée, put être exécuté lors du premier séjour de l'artiste en Italie (1806-1820), lorsqu'il envoya au Salon des tableaux fort critiqués par David et Vivant Denon pour leur style abrupt et linéaire.

39

Etude pour
« Romulus vainqueur d'Acron »
Au verso : *Etude de pieds et de mains*
Mine de plomb. H. 0,222; L. 0,350. Inscriptions à la mine de plomb, au centre gauche : *plus en avant,* et au centre droit : *ombre égale et douce.*
Historique
E. Gatteaux, marque au verso (L. 852); legs en 1881. Inventaire RF 1100.
Bibliographie
Galichon, 1861, p. 347; Guiffrey, Marcel, 1911, VI, n° 5021, repr. p. 122-123; Long-

street, 1964, repr.; Ternois, 1970, p. 83, fig. 36; Méjanès, 1980, p. 1, repr.
Expositions
Paris, Salon des Arts unis, 1861; Paris, Louvre, 1980, n° 11.

Paris, musée du Louvre,
département des Arts graphiques.

Etude préparatoire pour le tableau peint entre 1811 et 1813 comme allégorie des victoires napoléoniennes dans le décor du palais de Monte Cavallo, résidence officielle de l'empereur à Rome. Pour le dessin de ces guerriers, qu'inspire l'iconographie antique (un des *Dioscures du Quirinal,* selon Daniel Ternois), Ingres s'appuie sur une étude rigoureuse de la nature à travers le modèle nu. A cette époque, l'artiste, s'affranchissant de l'école davidienne, évolue vers une stylisation de la ligne influencée par les primitifs italiens, d'où le caractère archaïsant de la composition finale.

52

Etude pour « L'Age d'or »
Au verso : *Etude de femme drapée*
Mine de plomb. H. 0,235; L. 0,132. Signé en bas à gauche à la mine de plomb : *Ing.*
Historique
E. Gatteaux (L. 852); legs en 1881. Inventaire RF 1101.
Bibliographie
Blanc, 1870, p. 39; Duplessis, 1870, p. 347, 353, 338, repr.; Guiffrey, Marcel, 1911, VI, n° 5013, repr. p. 120-121; Lapauze, 1911, p. 409-410; Méjanès, 1980, p. 3; Ternois, 1980, p. 101.
Exposition
Paris, Louvre, 1980, n° 75.

Paris, musée du Louvre,
département des Arts graphiques.

Dessin préparatoire pour une décoration murale dont le sujet, choisi par l'artiste, représente, en vertu d'un idéalisme utopique, l'âge d'or de l'humanité tel que l'imaginaient les Anciens sur le mode bucolique des églogues virgiliennes. Commandée par le duc de Luynes en 1839 pour son château de Dampierre, la peinture ne fut commencée qu'en 1843, après de nombreuses recherches, qu'attestent cinq cents études de grande qualité. Celle-ci montre une femme et son enfant nus destinés au groupe entourant Astrée, déesse de la Justice, à gauche de l'ensemble. La quête de l'unité dans la composition a suscité plusieurs repentirs, d'où la modification sensible des deux figures dans l'œuvre définitive, qui demeure inachevée.

Paul KLEE
(Münchenbuchsee, 1879 - Muralto, Locarno, 1940)

58

Aéroport, 1925

Gouache, plume et encre noire, rehauts d'argent sur papier, collé sur carton. H. 0,080; L. 0,342 (dessin). H. 0,110; L. 0,365 (support). Signé en haut à droite : *Klee*. Titré en bas à droite sur le montage : *Flugplatz*. Daté et catalogué en bas à gauche : *1925 p. 9*.

Historique
Dresde, Galerie Ernst Arnold; Elmer Rice; Heinz Berggruen; don en 1972. Inventaire AM 1972-14.

Bibliographie
Geelhaar, 1972, p. 162, 171, n° 128, repr.

Expositions
Munich, Galerie Hans Goltz, 1925, n° 210; Paris, Galerie Berggruen, 1971, n° 38; Paris, musée national d'Art moderne, 1972, p. 10-11, repr.; Paris, musée national d'Art moderne, 1977, n° 169, repr.; New York, 1988, p. 206-207, repr., p. 298.

Paris, musée national d'Art moderne, Centre Georges-Pompidou.

Datée de 1925 et cataloguée en 1969 par l'artiste lui-même sous le n° 9, cette aquarelle est exemplaire des théories du Bauhaus. La composition pouvait servir de modèle dans les ateliers de tissage du Bauhaus où Klee enseigna pendant quelque temps. De petits traits, formant un réseau de quadrangles transparents de différentes couleurs, structurent l'ensemble de l'aquarelle. La trame en est rompue par des lignes constructives qui donnent son dynamisme à la composition. La synthèse de la couleur avec les éléments architectoniques et picturaux est produite par l'emploi d'une double technique (la gouache et l'encre) qui crée un double niveau visuel. La couleur correspond à l'irrationalité du sentiment, lequel est renvoyé à l'ordre de la raison par les signes noirs de la plume. Si l'on se réfère au titre de l'œuvre, les motifs formels peuvent suggérer aux amateurs de figuration des pistes d'atterrissage ou des hangars d'avion. En 1927, Klee reprit la technique des hachures du pinceau sur un mode systématique dans les sept aquarelles intitulées *Côte de Provence*.

Charles LE BRUN
(Paris, 1619 - *id.*, 1690)

36

La Jalousie

Plume et encre noire, sur esquisse à la pierre noire. H. 0,198; L. 0,254. Trait d'encadrement à la plume et encre noire. Annoté, à la plume et encre noire, en haut : *N La Jalousie*, la lettre *N* étant reprise en haut à gauche; en bas : *n° 32*.

Historique
Atelier de Le Brun. Entré dans les collections royales en 1690 à la mort de l'artiste. Paraphe de J. Prioult (L. 2953). Inventaire INV 28303.

Bibliographie
Jouin, 1889, p. 589; Guiffrey, Marcel, VIII, 1913, n° 6503, repr.; Montagu, 1994, p. 136, 144-145, repr.

Exposition
Paris, Louvre, 1988, n° 77a.

Paris, musée du Louvre, département des Arts graphiques.

Dessin d'une série de vingt-quatre illustrant les passions de l'âme, et comportant chacun deux têtes de face et une de profil, exécuté pour la conférence prononcée par Le Brun sur l'*Expression des passions* à l'Académie royale de peinture et de sculpture en 1668. Les lignes verticales et horizontales servent à garder la correspondance entre les têtes de face et de profil comme à montrer les déformations des traits du visage sous l'empire des émotions. Dans sa conférence, Le Brun s'efforce d'illustrer ce que Descartes avait énoncé dans *Les Passions de l'âme*, publié en 1649. Pour l'artiste, l'expression «est nécessaire et entre dans toutes les parties de la peinture. Un tableau ne sauroit estre parfaict sans l'expression; c'est elle qui marque les véritables caractères de chaque chose» (*Traité des passions*, texte autographe, publié dans Jouin, 1889, p. 371). Cette conférence particulièrement célèbre servit – entre autres – à codifier les règles de la représentation propres à la peinture académique pendant près de deux siècles.

LEONARDO DA VINCI
dit LÉONARD
(Vinci, Florence, 1452 - Château de Cloux, Amboise, 1519)

8

Profil d'enfant

Pointe d'argent, rehauts de blanc sur papier préparé gris-bleu. H. 0,135; L. 0,093.

Historique
G. Vallardi, marque au verso (L. 1223); acquis en 1856. Inventaire 2351.

Bibliographie
Vallardi, 1855, n° 138; *Magasin pittoresque*, 1858, p. 13-14, repr.; Both de Tauzia, 1888, n° 2026; Müller-Walde, 1890, p. 110, 113, repr.; Gruyer, 1891, p. 29; von Seidlitz, 1909, p. 169, note n° 27; Demonts, 1921, n° 12, fig. 12.

Exposition
Paris, Louvre, 1922, n° 12.

9

Le Christ enfant
(pour « La Vierge aux rochers »)

Pointe d'argent, rehauts de blanc sur papier préparé gris. H. 0,120; L. 0,100.

Historique
Cabinet du Roi; paraphe de R. de Cotte (L. 1963). Inventaire 2250.

Bibliographie
Magasin pittoresque, 1858, p. 13-14, repr.; Reiset, 1866, n° 383; Müller-Walde, 1890, p. 110, fig. 62; Gruyer, 1891, p. 29; von Seidlitz, 1909, p. 169-170; Demonts, 1921, n° 10, fig. 10; Verne, 1927, p. 627; Cogliati-Arano, 1965, n° 4, fig. 63; Richter, 1970, vol. I, p. 345, note n° 3.

Expositions
Paris, Louvre, 1919, n° 14; Paris, Louvre, 1922, n° 10.

Paris, musée du Louvre, département des Arts graphiques.

Ces deux dessins préparent l'Enfant Jésus de *La Vierge aux rochers*, dont le musée du Louvre possède une troisième étude (Inv. 2350). Le tableau, si l'on en croit le contrat passé à Milan entre la Confraternité de l'Immaculée Conception et les frères Ambrogio et Evangelista De Predis et Léonard, fut commencé en 1483, date que l'on impute d'ordinaire aux deux feuillets, lesquels attestent, comme l'a de longue date souligné Gruyer (1891), la singulière grandeur du peintre qui a su, dans des dimensions restreintes, concilier la puissance de Dieu et l'humilité d'un mortel avec une vigueur quasi sculpturale, dérivée sans doute de son apprentissage chez Verrocchio. Rien ne subsiste pourtant des travaux préparatoires à la composition peinte si l'on exclut les quatre esquisses du Metropolitan Museum et des études de détail. Mais la paternité de Léonard paraît ici peu niable, même si la critique érudite a proposé, vers le début du siècle, d'attribuer ces œuvres à Ambrogio De Predis (von Seidlitz, 1909), tandis que la feuille Inv. 2250 a été donnée à Andrea Solario pendant son séjour en France (1507-1510) par Cogliati-Arano (1965).

10

Profil de jeune homme
avec études de têtes

Plume et encre brune, lavis brun. H. 0,180;
L. 0,155.

Historique

E. Jabach; acquis pour le Cabinet du Roi en
1671. Paraphes d'A. Coypel (L. 478) et de
R. de Cotte (L. 1963). Inventaire 2248.

Bibliographie

Reiset, 1866, n° 382; von Geymüller, 1886,
p. 158, pl. 232; Müller-Walde, 1889, p. 45,
fig. 10; von Seidlitz, 1906-1907, p. 31, fig. 18;
Ricci, 1913, p. 200-202; Demonts, 1921, n° 21,
fig. 21; Bacou, 1968, sous n° 17; Brown, 1983,
p. 107, fig. 7.

Expositions

Paris, Louvre, 1919, n° 22; Paris, Louvre,
1922, n° 21.

Paris, musée du Louvre,
département des Arts graphiques.

Tête de jeune homme inconnu vu de profil
et coiffé d'une calotte; à gauche, trois autres
indications de figures, dont une caricature.
Le modèle du Louvre est proche du *Portrait
d'un musicien* de l'Ambrosiana au point
qu'on l'a tenu pour une étude préparatoire
(Ricci, p. 200-202). Mais la feuille porte aussi
des études très intéressantes sur la physionomie, qui caractérisent surtout la période mi-
lanaise de Léonard (fin des années 1490),
dont l'analyse obsessionnelle conduit souvent l'artiste, comme ici, jusqu'aux lisières
de la caricature. La critique a souvent souligné le contraste entre les deux figures, d'attitude et de psychologie différentes, que l'on
peut retrouver dans un dessin des Offices
(423 E r). L'œuvre fut popularisée au
XVIIIᵉ siècle par une gravure du comte de
Caylus.

Eustache LE SUEUR
(Paris, 1616 - *id.*, 1655)

32

Alexandre le Grand buvant la potion
que lui tend son médecin

Pierre noire, plume et encre brune; lavis
brun. Indications de perspective à la plume
et encre brune. Mis au carreau à la sanguine. H. 0,263; L. 0,210. Annoté en haut à la
plume: « Le point de distance est a six
pieds neuf pouces du poinct de vüe »; en
haut à droite, biffé: « le point de distance
est a »; au-dessous: « 1 3 1 pied du poinct
de vue ». Annoté en bas à gauche: « E Le
Sueur ».

Historique

E. Desperet (L. 721); vente Paris, 7-10 juin
1865, (n° 491); E. Calando (L. 837); acquis en
1970. Inventaire RF 34517.

Bibliographie

Montaiglon, 1852, p. 97-98; Mérot, 1987,
D 208, p. 231, Hilaire, 1993, p. 194.

Paris, musée du Louvre,
département des Arts graphiques.

Esquisse pour un tableau perdu, peint vers
1645-1648, probablement pour Jérôme de
Nouveau, surintendant des Postes, vendu
ensuite au régent Philippe d'Orléans. Le
dessin, qui s'inscrit dans un cercle, offre
quelques variantes par rapport à la composition finale, connue par une gravure de
Benoît Audran. Selon M. Hilaire (1993), la
perspective linéaire du dessin suit les préceptes du mathématicien Girard Desargues
(1593-1662) et du graveur Abraham Bosse
(1602-1676). L'anecdote est empruntée à Plutarque: Alexandre, malade, boit une coupe
offerte par son médecin Philippe, auquel il
vient de donner la lettre où Parménion pré-
vient le prince que le médecin, corrompu par
Darius, a résolu de l'empoisonner.

33

Darius faisant ouvrir
le tombeau de Nitôkris

Pierre noire, plume et encre brune, sanguine; mis au carreau à la pierre noire. Indications de perspective à la plume et encre
brune. Indications de dimensions à la plume.
H. 0,300; L. 0,210. Annoté en bas à gauche à
la plume et encre brune: *Le Sueur*.

Historique

Acquis à la vente Silvestre, décembre 1851.
Inventaire 30829.

Bibliographie

Montaiglon, 1852, p. 93; Rouchès, 1923,
p. 51; Dimier, 1927, t. II, p. 22; Guiffrey,
Marcel, IX, 1921, n° 9164; Méjanès, 1984-
1985, sous n° 123; Mérot, 1987, D 213, p. 235.

Paris, musée du Louvre,
département des Arts graphiques.

Dessin préparatoire pour un tableau aujour-
d'hui au musée de l'Ermitage (Saint-Péters-
bourg), commandé par M. Vedeau Gram-
mont, conseiller au parlement de Paris, en
1649. Hérodote raconte que Nitôkris, reine de
Babylone, fit élever un tombeau où était gravée cette inscription: « Si quelqu'un des rois
qui me succéderont à Babylone vient à manquer d'argent, qu'il ouvre ce sépulcre, et qu'il
en prenne, autant qu'il en voudra, mais qu'il
se garde bien de l'ouvrir à moins d'une grande nécessité ». Un siècle plus tard, Darius,
voulant s'emparer des trésors de Nitôkris, fit
ouvrir le tombeau, où il ne trouva que cette
deuxième inscription: « Si tu n'avais pas été
insatiable d'argent et avide d'un gain honteux,
tu n'aurais pas troublé l'asile des morts » (cité
par Duchesne, VI, 1828-1834, p. 388). L'observation rigoureuse des lois de la perspective
semble être un souci majeur de l'artiste,
comme l'indiquent les annotations, qui éva-
luent les distances réelles entre l'œil du spectateur et les figures ou les motifs de la composition.

34

Décollation de saint Protais

Pierre noire, plume et encre brune sur papier
crème. Mis au carreau à la pierre noire et à la
sanguine. Indications de perspective à la
plume. H. 0,387; L. 0,555. Annoté en bas à
droite à la plume: *Le Sueur*.

Historique

Jules Boilly; vente Paris, 19 mars 1869,
n° 161; acquis en 1869. Inventaire MI 1102.

Bibliographie

Montaiglon, 1852, p. 89; Guiffrey, Marcel,
IX, 1921, n° 9210; Sapin, 1978, p. 247, repr.;
Mérot, 1987, D 264, p. 284-285.

Paris, musée du Louvre,
département des Arts graphiques.

Dessin préparatoire pour un double vitrail,
aujourd'hui perdu, de la chapelle Le Roux
dans l'église Saint-Gervais-Saint-Protais à
Paris. Le vitrail, illustrant le martyre des ju-
meaux saint Gervais et saint Protais sous
Néron, fut exécuté par Jean Perrin, maître
verrier en 1651. Les scènes principales, ainsi
que les arabesques environnantes, étaient en
grisaille. L'influence décisive de Raphaël est
manifeste dans cette étude poussée d'un clas-
sicisme strict, dont la mise au carreau ne fait
qu'accuser la froide géométrie.

Filippino LIPPI
(Prato, 1457 - Florence, 1504)

7

Profil d'homme

Pointe de métal, rehauts de blanc sur papier
préparé rose. H. 0,138; L. 0,109.

Historique

F. Baldinucci; F. Strozzi; acquis en 1806. Inventaire 2690.

Bibliographie

Reiset, 1866, n° 427; Berenson, 1961, p. 267,
n° 1359 B, pl. 229 (non signalé dans la 1ʳᵉ édition); Degenhart, Schmitt, vol. II, p. 649;
Shoemaker, 1977, n° 84, fig. 84.

Expositions

Paris, Louvre, 1952, n° 28, p. 9-10; Rome,
1959, p. 37, n° 9.

Paris, musée du Louvre,
département des Arts graphiques.

Citée comme autographe de Donatello dans
le premier volume du catalogue de la collection Baldinucci, la feuille est attribuée à

Filippino Lippi par Pouncey en 1954, attribution qu'accepte Berenson (1961) en précisant qu'il s'agit d'un portrait d'après nature de Tanai de' Nerli, noble florentin, pour une étude devant servir au retable de Santo Spirito, à Florence, œuvre considérée comme la plus achevée de la maturité du peintre. La position différente de la tête, tournée vers le bas et non vers le haut, s'explique par le thème originel du retable, qui devait être une Nativité (Berenson, p. 267). Le tableau étant unanimement daté par la critique vers 1488 (seul Bridgeman, en 1988, donne une date légèrement postérieure à 1446), le dessin devrait en toute logique relever de la même chronologie.

MAÎTRE DES ANCIENS PAYS-BAS
(XVe siècle)

19
Pleurant
Pinceau et encre noire, rehauts de blanc sur papier préparé gris. H. 0,178; L. 0,088.
Historique
Walter Gay; don en 1938. Inventaire RF 29053.
Bibliographie
Lavallée, 1931, p. 74, n° 35, repr.; 1948, p. 16; Bazin, 1938, p. 26, repr.; Sterling (sous pseudonyme Jacques), 1941, p. 43, n° 96; Ring, 1949, p. 201, n° 71; Lugt, 1968, p. 2, n° 4, repr.
Expositions
Paris, Louvre, 1904, n° 12; Londres, 1932, n° 633 et *Commemorative Catalogue...*, 1933, p. 122, n° 544, repr.; Paris, Palais national des Arts, 1937, n° 430; Dijon, 1951, n° 43; Paris, Louvre, 1957, n° 36; Hambourg, 1958, n° 6; Paris, Palais de Tokyo, 1980 (première présentation, avril-juillet, sans n°).

Paris, musée du Louvre,
département des Arts graphiques.

Ce motif est fréquent dans la sculpture funéraire du XVe siècle. Jadis attribuée au grand Claus Sluter (vers 1340-1405/06), sculpteur du tombeau de Philippe le Hardi, duc de Bourgogne, à la Chartreuse de Champmol (conservé depuis la Révolution dans la Salle des Gardes du Palais ducal du musée de Dijon), dont elle évoque précisément une figure de deuil, cette étude est aujourd'hui donnée à l'école bourguignonne de la première moitié du XVe siècle, sans que l'on puisse avancer avec vraisemblance un nom d'auteur.

Emmanuel Rudnisky, dit MAN RAY
(Philadelphie, 1890 - Paris, 1976)

13
Sans titre (Nu)
Photographie noir et blanc, solarisée, épreuve aux sels d'argent collée sur carton. Tirage 3/50. H. 0,205; L. 0,160. Signé sous l'image en bas à droite : *Man Ray*. Inscription : *3/50*.
Historique
New York, Christie's, 7 novembre 1978, n° 234; New York, Christie's East, 16 mai 1980, n° 441; acquis en 1987. Inventaire AM 1988-574.
Expositions
Athènes, 1993, (hors catalogue); Turin, 1933, p. 33, repr.

Paris, musée national d'Art moderne, Centre Georges-Pompidou.

Ce nu, vers 1930, s'inscrit dans la période la plus productive de l'artiste en matière d'expérimentation photographique. Dès le début des années vingt, lorsqu'il s'installe à Paris, Man Ray s'absorbe dans la photographie professionnelle (de mode surtout) et la découverte de nouvelles techniques : les *rayographs*, qui produisent des images abstraites en noir et blanc sans appareil photographique, et les *solarisations*, procédé de développement à la lumière du soleil, qui rend les contours des formes avec des lignes noires d'une rare puissance en fait de graphisme. Le présent exemple manifeste au mieux le souci technique propre à l'artiste d'identifier l'image même à son ombre. Principe de contestation de l'ordre établi et de la norme esthétique, mais aussi moyen d'accès à une réalité possible. Ce torse n'est pas un portrait, ni même un nu, mais l'expression d'un personnage et de ses virtualités.

MICHEL-ANGE, voir Buonarroti.

Joan MIRÓ
(Barcelone, 1893 - Palma de Majorque, 1983)

60
Sans titre
Pinceau et encre de Chine sur papier Japon. H. 0,460; L. 0,625. Signé en bas à droite : *Miró*. Au verso : *12/V/66/5/XI/66/26*.
Historique
Don de l'artiste en 1979. Inventaire AM 1980-289.
Expositions
Paris, Galerie Maeght, 1971; Paris, musée national d'Art moderne, 1978, n° 221; Paris, musée national d'Art moderne, 1994 (sans catalogue).

61
Sans titre
Pinceau et encre de Chine sur papier Japon. H. 0,460; L. 0,625. Signé en bas à droite : *Miró*. Au verso : *12/V/66/5/XI/66/28*.
Historique
Don de l'artiste en 1979. Inventaire AM 1980-290.
Expositions
Paris, Galerie Maeght, 1971; Paris, musée national d'Art moderne, 1978, n° 222; Paris, musée national d'Art moderne, 1994 (sans catalogue).

Paris, musée national d'Art moderne, Centre Georges-Pompidou.

Dans la lignée du triptyque *Bleu,* ensemble de taches et de traits sur une surface monochrome datant de 1961, loin de son style dit «détailliste», Miró fit entre mai et novembre 1966 une série de dessins à l'encre de Chine sur papier, *sans titre*, de même format. On n'y retrouve pas l'aspect symbolique de ses dessins-collages et dessins-gouaches, bouquet de figures cueillies au jardin des rêves de l'artiste (la femme, l'oiseau et l'étoile...). Les deux dessins ici exposés font partie d'un jeu très libre du pinceau. Ses traces menues sur un fond vide rythment l'espace. La simplicité des moyens plastiques, la quête d'une écriture à la fois brute et raffinée, confirment son goût pour la calligraphie. Par ailleurs, les deux œuvres semblent faire écho à la gestualité immédiate de l'Art informel tel que le pratiquent Mathieu, Degottex, ou encore le Michaux de la même période.

Pier Francesco MOLA
(Coldrerio, Côme, 1612 - Rome, 1666)

35
Caricatures
Plume et encre brune. H. 0,267; L. 0,202. Annoté en bas au centre : *Franc.o Mola*.
Historique
F. Baldinucci; F. Strozzi; acquis en 1806. Inventaire 8449.
Bibliographie
Riccio, 1972, n° 9, p. 408; Searle, Roy, Bornemann, 1974, p. 36; Davis, 1991, p. 49-50.

Paris, musée du Louvre,
département des Arts graphiques.

Ces caricatures de dignitaires et de prélats, non identifiés, datent des dernières années du peintre, entre 1650 et 1666, époque où Mola, très influencé par les artistes bolonais, installé à Rome sous protection pontificale, s'intéresse au genre illustré par Annibal Carrache et Bernin. Ces divers portraits, peut-être pris sur le vif, sont éloignés de ses charges habituelles, «auto-satires» ou dessins piquants inspirés des allégories baroques. La feuille semble être une étude de physionomies d'après son entourage plutôt qu'une critique implicite de la société romaine.

Piet MONDRIAN
(Mondriaan Pieter Cornelis)
(Amersfoort, Utrecht, 1872 - New York, 1944)

51

Etude d'arbres
Au verso : *Deux têtes de profil*
Fusain et estompe sur papier crème.
H. 0,190; L. 0,275. Signé en bas à gauche :
P. Mondrian.
Historique
Acquis en 1991. Inventaire AM 1991-81.
Exposition
Paris, musée national d'Art moderne, 1993, n°53.

Paris, musée national d'Art moderne, Centre Georges-Pompidou.

Etude pour le tableau de *La Ferme* (1905), conservé à La Haye (Gemeentemuseum). On peut la rapprocher de nombreux fusains, situés chronologiquement entre 1895 et 1907, où la description naturaliste du paysage coïncide avec une prédilection manifeste pour le motif de l'arbre. L'artiste abandonnera définitivement pareille thématique dans les années 1910. Les débuts de Mondrian correspondent aux tentatives de l'Ecole de La Haye pour ressusciter la grande tradition du paysage hollandais, dont l'influence se fait sentir dès 1860 chez la plupart des peintres des Pays-Bas.

Barnett NEWMAN
(New York, 1905 - *id.*, 1970)

62

Untitled (The Break)
Pinceau et encre de Chine sur papier chiffon fixé sur toile. H. 0,915; L. 0, 610.
Historique
Annalee Newman, don en 1986. AM 1986-173.
Bibliographie
Monte, 1964, repr. p. 36; Rosenberg, 1978, repr. p. 182, n° 162; Richardson, 1979, n° 39, p. 110, repr.; Rose, 1981, n° 39, p. 19; Derouet, 1990, p. 94, repr.
Expositions
New York, 1964, n° 89; Londres, 1972, n° 68; New York, 1972, n° 99; Paris, Grand Palais, 1972, n° 68; Baden-Baden, 1976, pl. 7; Paris, musée national d'Art moderne, 1981, n° 39, repr. p. 19; Cologne, 1981, p. 21; Villeneuve-

d'Ascq, n° 16; Paris, musée national d'Art moderne, 1993, n°55, p. 62.

Paris, musée national d'Art moderne, Centre Georges-Pompidou.

The Break appartient à une série de dessins faits entre 1944 et 1949. Cette encre de Chine marque l'émergence du vocabulaire formel propre à Newman, et notamment le «zip», zone réservée, immaculée, vierge, de l'œuvre. La touche preste du pinceau, comme la réserve du papier blanc, renforcent la sensation de vitesse que suggère le vocable même de «zip». Newman s'exerce à une facture qui «affirme l'espace», et dont la recherche est fondée sur la monochromie et la stylisation, élaborant, avec Rothko et Motherwell, le principe du *color field*, qui rompt avec la tendance dominante de l'art américain : l'expressionnisme abstrait.

Pablo PICASSO
(Malaga, 1881 - Mougins, 1973)

14

Les Trois Grâces
Plume et encre de Chine sur papier à lettre à en-tête de l'«Hôtel du Cap d'Antibes».
H. 0,276; L. 0, 216.
Historique
Dation en 1979. M.P. 985.
Bibliographie
Giraudy, 1981, p. 58; Bernadac, Parigoris, Seckel, 1983, p. 131, n° 12; Richet, 1987, p. 157, fig. 877.
Expositions
Bielefeld, 1934, n° 64; Montauban, 1980, n° 228; Antibes, 1981, n° 7; Athènes, 1983, n° 12.

Paris, musée Picasso.

Le couple féminin apparaît assez tôt dans l'œuvre de Picasso (*Deux femmes se tenant*, 1906, musée national d'Art moderne). Exécutées à Antibes en 1923, *Les Trois Grâces*, référence directe à l'Antiquité comme à Raphaël, s'inscrivent dans la tradition grecque du dessin au trait, tradition revue par le néo-clacissisme. Les portraits de 1914 inauguraient déjà le procédé, que l'artiste utilisa fréquemment par la suite. Picasso y associe, par les tailles croisées du modèle de droite, la technique de la gravure, jouant ainsi des contrastes entre la ligne pure et les valeurs sombres du modelé.

56

Couple attablé
Crayon, daté en haut, à gauche : *Avignon 1914.* H. 0,496; L. 0,379.
Historique
Dation en 1979. M.P. 762.

Bibliographie
Zervos, 1942, t. II, fig. 841, repr.; Spies, 1986, fig. 88; Richet, 1987, t. II, p. 105, fig. 356, repr. p. 139, 140; Green, 1987, p. 15, fig. 10, repr.
Expositions
Amsterdam, 1967, n°141; Paris, Petit Palais, 1966-1967, n°49; Minneapolis, 1980, n°37; New York, 1980, n°391; Londres, 1981, n°265; Tübingen, 1986, n°88; Düsseldorf, 1986, n°88; New York, 1989; Arles, 1991, n°19.

Paris, musée Picasso.

Après avoir expérimenté le cubisme synthétique et les premiers papiers collés vers 1913, Picasso amorce un retour au concret avec la *Femme en chemise dans un fauteuil* de 1913 (collection Victor Ganz, New York), «masse énorme et sculpturale dans son fauteuil [...], les seins cloués à la poitrine [...]», selon la description de Paul Eluard. Ce motif, repris en Avignon l'été suivant, sera intégré dans une série surréaliste, à laquelle appartient ce dessin. Un homme et une femme, assis à la terrasse d'un café, jouent aux cartes. L'artiste réorganise l'espace selon les lois d'une géométrie encore inédite.

57

Femme nimbée de personnages
Plume et encre brune. H. 0,136; L. 0,233.
Historique
Dation en 1979. M.P. 471.
Bibliographie
Fabre, 1981, fig. 873; Langner, 1984, p. 132-134, fig. 12, repr. p. 132; Richet, 1987, fig. 72, repr. p. 47; Richardson, 1991, t. I, p. 270-271, repr.
Expositions
Bielefeld, 1984, n° 12; Paris, musée Picasso, 1991-1992, n°42.

Paris, musée Picasso.

Pour le tableau de *La Vie* (1903), bilan de la période bleue, Picasso abandonna ses esquisses, comme cette femme nimbée de personnages, et réorganisa sa composition, délaissant la forme circulaire. La femme au centre, figure symbolique et principe de vie, régit tout, mais demeure immobile ou insensible, à la manière de l'Un qui engendre, dans la tradition néoplatonicienne (Plotin), les différentes hypostases. Les quatre figures qui l'entourent sont les allégories de l'existence humaine, du destin, du *Fatum*. Le motif du cercle, évoquant le retour inlassable du même, se réfère à l'iconographie médiévale des *âges de la vie*.

Raffaello Sanzio, dit RAPHAËL
(Urbin, 1483 - Rome, 1520)

17

Etude pour l'allégorie de la Poésie
Au verso : *Figure volant tenant un phylactère
et traits de plume*
Plume et encre brune. H. 0,070; L. 0,066.
Historique
Alfonso IV d'Este, duc de Modène (L. 106);
entré en 1796. Inventaire 10963.
Bibliographie
Cordellier, 1985, p. 96-101; Cordellier, Py,
Inventaire..., 1992, p. 100-102, n° 86; Cordel-
lier, Py, *Raphaël...,* 1992, p. 128, n° 41.
Exposition
Rome, 1992, n° 41.

Paris, musée du Louvre,
département des Arts graphiques.

Etude pour le visage de la *Poésie* à la voûte de
la Chambre de la Signature (*Stanza della Se-
gnatura*) au Vatican, dont l'ensemble décoratif fut peint par Raphaël pour le pape Jules II
(1508-1511). Allégorie du beau, la *Poésie,* assise entre deux *putti*, est inscrite dans un
tondo qui domine la fresque du *Parnasse*.
Classé pendant longtemps parmi les ano-
nymes italiens du début du XVIᵉ siècle, ce
dessin, fragment d'une étude disparue, a été
récemment attribué à Raphaël par D. Cordellier, qui rapproche cette feuille d'autres
œuvres de la même période, où l'on retrouve
les traits croisés, le type des ombres et l'aspect
général du visage.

REMBRANDT Harmensz van Rijn
(Leyde, 1606 - Amsterdam, 1669)

44

Le Christ et la femme adultère
Plume et encre brune, correction à la
gouache blanche. H. 0,154; L. 0,136.
Historique
A. F. comte Andreossy : vente à Paris les 13-
16 avril 1864, n° 347; L. Bonnat, acquis entre
1885 et 1893 (L. 1714), numéroté en haut à
gauche : *72* de son album, don en 1919. In-
ventaire RF 4699.
Bibliographie
Michel, 1893, p. 589; Hofstede de Groot,
1906, n° 691; Lugt, 1933, n° 1134, pl. 21;
Benesch, 1935, p. 35 et 1954-1957, t. III,
n° 532; Rosenberg, 1959, p. 111; Haverkamp-
Begemann, 1961, p. 52; Foucart, 1966, p. 49;
Gerson, 1968, p. 496; Sumowski, 1979,
p. 210, 460; Brown, 1991, p. 328-329.
Expositions
Paris, Orangerie, 1937, n° 132; Milan, 1954,
n° 242; Paris, Louvre, 1988-1989, n° 37.

Paris, musée du Louvre,
département des Arts graphiques.

Lugt et Benesch tiennent cette feuille incisive
pour une première pensée du tableau de
Londres (National Gallery), peint en 1644,
Le Christ et la femme adultère. Après la mort
de Saskia (1642), son épouse, la renommée de
Rembrandt ne cesse de décliner, malgré son
activité créatrice, dont témoigne l'abondan-
ce de sa production graphique. Selon Brown,
ce dessin ne serait qu'une dérivation de la
peinture, qu'il attribue à une autre main.
L'artiste illustre le moment où les pharisiens
mènent devant le Christ la femme adultère
(à genoux sur la droite) et lui demandent si
elle doit être lapidée à mort selon la loi de
Moïse (Jean VII, 53 à VIII, 11). De cette
composition très libre naît une émotion
qu'exaltent les accents de la plume, qui do-
tent les figures d'une vigueur elliptique.

45

La Parabole du créancier impitoyable
Plume et pinceau, encre brune, corrections à
la gouache blanche. H. 0,150; L. 0,243. Annoté, plume et encre noire, en bas à gauche :
Rembran.
Historique
Marquis de Calvière; vente Paris, 1779, par-
tie du n° 313 ou 314; comte d'Orsay; saisie
des Emigrés, 1793, envoyé à Versailles; n° 4
de l'envoi de Versailles au Louvre en 1803.
Inventaire 22882.
Bibliographie
Von Seidlitz, 1894, p. 122; Kleinmann, 1894-
1899, série V, pl. 29, repr.; Hofstede de
Groot, 1906, n° 604 (cf. n° 603); Saxl, 1908,
p. 236-237; Lippmann, Hofstede de Groot,
1911, t. IV, repr.; Benesch, 1922, p. 35-37;
Hofstede de Groot, 1923-1924, p. 111-112;
Valentiner, 1925-1934, n° 366 a, repr.; Bredt,
1928, t. II, n° 61; Lugt, 1933, t. III, n° 1136,
repr.; Benesch, 1954-1957, t. IV, n° A 49,
repr.; Rosenberg, 1959, p. 116; Slive, 1965,
t. I, n° 162.
Expositions
Paris, Orangerie, 1937, n° 124; Paris, Louvre,
1970, n° 220; Paris, Louvre, 1983, n° 43.

Paris, musée du Louvre,
département des Arts graphiques.

Le sujet du dessin, dont l'Albertina de Vienne conserve une copie, fut identifié par Hofstede de Groot en 1923. Il s'agit de la parabole du Nouveau Testament où le maître,
ayant remis une dette de dix mille talents à
son serviteur, lui reproche d'avoir fait em-
prisonner l'un de ses compagnons qui ne lui
devait que cent deniers. Benesch a mis en
doute l'attribution à Rembrandt dès 1922 :
l'épaisseur du trait propre au serviteur et aux
accessoires relie ce croquis aux œuvres de la
seconde moitié des années 1640, mais la facture de la feuille y apparaît plus faible. On y

trouve une composition libre où domine le
rendu de l'instantanéité. Lugt et Rosenberg
l'ont pourtant considérée comme de la main
du maître, et la datent vers 1640.

François ROUAN
(Montpellier, 1943)

59

Ratures / Raclures
Laversine, 1994
Mine de plomb sur papier Japon. H. 0,660;
L. 0,525.

Collection particulière.

Troisième version, jouant de la rature, d'un
dessin réalisé à partir d'une « raclure » plus
ancienne, elle-même raturée puis déchirée.
La scène s'éclaire d'un regard emprunté à
l'*Autoportrait* de Joan Miró (1919).

Georges SEURAT
(Paris, 1859 - *id.,* 1891)

54

Nourrice à l'enfant
Crayon noir. H. 0,312; L. 0,240. Signé au
verso en rouge : *136 Seurat*.
Historique
Eugène Drouet; Bernheim-Jeune; acquis par
Paul Jamot en 1909; legs en 1941. Inventai-
re RF 29302.
Bibliographie
Benoist, 1926, p. 171; Roger-Max, 1927,
p. 317; Laprade, 1945, p. IX; Hauke, 1961,
n° 487, repr. p. 93; Chastel, 1972, p. 112-113;
M. Sérullaz, A. Sérullaz, 1976, p. 85; Her-
bert, 1991, p. 76.
Expositions
Paris, Galerie des Beaux-Arts, 1933, n° 83;
Paris, Orangerie, 1941, n° 144; Washington,
1952-1953, n° 166; Paris, Louvre, 1957, n° 46;
Hambourg, 1958, n° 194; Rome, 1959-1960,
n° 201; Paris, Louvre, 1962, n° 133; Paris,
Louvre, 1968, n° 91; Paris, Grand Palais,
1991, n° 21.

Paris, musée du Louvre,
département des Arts graphiques,
fonds du musée d'Orsay.

La nourrice est assise de profil vers la gauche,
tenant un enfant dans ses bras. Datée de
1882, la feuille fait partie des dessins « indé-
pendants » de Seurat, c'est-à-dire sans rapport direct avec une composition précise, qui
furent exécutés entre 1881 et 1884. Avec son
trait fluide qui dénote l'influence de Rembrandt, Daumier et Goya, ce dessin se rapproche d'Odilon Redon et des Nabis par son
caractère intemporel et mystérieux. L'artiste,
aidé par l'utilisation du papier Michallet

(type de papier Ingres) et du crayon Conté, crée les volumes à partir des seuls contrastes du blanc et du noir, comme l'attestent le bonnet de la nourrice ou les vêtements de l'enfant, qui tranchent sur le manteau noir de la femme et les tons gris du fond.

Jacopo Robusti, dit le TINTORET
(Venise, 1518 - *id.,* 1594)

16

Etude d'homme nu
Au verso : *Etude d'homme nu, de face, le bras droit légèrement levé*
Pierre noire, rehauts de blanc, mis au carreau, sur papier bleu. H. 0,282; L. 0,176.
Historique
A. L. de Mestral de Saint Saphorin; F. de Cérenville et R. de Cérenville; J. Mamie, Lausanne; N. Chaikin, Lausanne; vente, Londres, Colnaghi; Prouté S. A. Acquis en 1986. Inventaire RF 41216.
Bibliographie
Viatte, 1990, p. 20-21.
Expositions
Londres, 1967, n° 3, pl. III; Paris, Galerie Paul Prouté, 1986, p. 5; Paris, Louvre, 1990, p. 20-21, n° 4.

Paris, musée du Louvre, département des Arts graphiques.

Dessin d'une série d'études (deux aux Offices, une à Darmstadt, une autre à Rotterdam), pour l'*Adoration du veau d'or*, à la Madonna dell'Orto de Venise, que l'on date généralement du début des années 1560. Il s'agit, au recto, de l'homme qui montre l'idole à la foule, dans la partie droite du tableau (Viatte, 1990). Le verso reprend à l'envers le même motif, sauf le bras tendu et le contour de la tête, où l'on relève plusieurs repentirs. C'est vraisemblablement une première pensée pour ledit porteur.

Paolo UCCELLO
(Florence, 1397 - *id.,* 1475)

24

Mazzocchio vu en perspective
Plume et encre brune, lavis brun, fond au lavis noir. H. 0,160; L. 0,233. Montage Baldinucci avec annotation : *Di Paolo Uccello, Pittr. Fiorentino il p.mo che incominciasse a valersi nelle pitture delle buone regole di Prospettiva.*
Historique
F. Baldinucci; F. Strozzi; acquis en 1806. Inventaire 1970.
Bibliographie
Bacou, Bean, 1958, n° 3; Bacou, Bean, 1959, n° 3; Degenhart, Schmitt, 1968, n° 317,

pl. 283 d, p. 402-406; Pope-Hennessy, 1969, p. 156; Damisch, Tongiorgi Tomasi, 1972, n° 64, p. 100, repr.; Borsi, 1992, p. 160, repr.
Expositions
Paris, Louvre, 1952, n° 57; Paris, Louvre, 1958, n° 3; Rome, 1959, n° 3; Paris, Louvre, 1978, n° 9.

Paris, musée du Louvre, département des Arts graphiques.

Le cercle est une figure géométrique pure, résumant l'idée du cosmos et la perfection de la nature aristotélicienne, qu'Uccello n'a cessé de privilégier, avec ses dérivés comme le *mazzocchio* (cf. Marin, 1990, p. 118), d'ailleurs représenté de façon réaliste dans des peintures telles que *Le Déluge* (Cloître Vert, Santa Maria Novella, Florence) et *La Bataille de San Romano* (Louvre). Le *mazzocchio* était la couronne de bois ou d'osier tressé qui, drapée d'étoffes, servait de coiffure usuelle aux Florentins de l'époque (Bacou, Bean, 1958). Il est difficile de dater avec précision ce dessin puisque Uccello a repris cette forme dans ses œuvres entre 1443 et 1458 et qu'il s'agit peut-être là aussi, comme la *Sphère à pointes de diamant*, d'une étude pour un ébéniste. Car ce dessin, loin de la technique linéaire de la construction par points dont témoigne la version des Offices, favorise par sa monochromie l'effet réaliste de l'illusion optique. Néanmoins, cette forme rend compte de l'intérêt suscité par l'étude de la perspective, que l'on retrouve dans les écrits théoriques de Piero della Francesca (vers 1482) et dans la *Pratica della prospettiva* de Daniele Barbaro (1569).

25

Sphère à pointes de diamant
Plume et encre brune, lavis brun. Verso visible par transparence. H. 0,270; L. 0,248. Montage Baldinucci avec annotation : *Paolo Uccello.*
Historique
F. Baldinucci; F. Strozzi; acquis en 1806. Inventaire 1969.
Bibliographie
Bacou, Bean, 1958, n° 4; Bacou, Bean, 1959, n° 4; Degenhart, Schmitt, 1968, n° 316, pl. 283 c; Pope-Hennessy, 1969, p. 156; Damisch, Tongiorgi Tomasi, 1972, n° 65, p. 100, repr.; Salmi, 1972, p. 361; Cristiani Testi, 1981, fig. 16; Borsi, 1992, p. 138.
Expositions
Paris, Louvre, 1952, n° 58; Paris, Louvre, 1958, n° 4; Rome, 1959, n° 4.

Paris, musée du Louvre, département des Arts graphiques.

Baldinucci, qui possédait deux dessins d'Uccello, mentionne de semblables études dans

le texte des *Notizie* consacré à la vie de l'artiste (1686) : « Il inventa encore d'autres compositions perspectives d'une belle fantaisie comme une sphère de soixante-deux faces à pointes de diamant » (*inventò ancora altri bei capricci di diverse vedute di prospettiva come palla di settantadue facce a punta di diamante*). Pour Degenhart et Schmitt, le mauvais état de conservation de la feuille ne permet pas plus que pour le *Mazzocchio* d'établir avec certitude l'attribution à Uccello. Ce n'est pas tant la construction mathématique, préoccupation majeure de l'artiste, qui est mise en valeur ici mais bien plus le volume et la forme de l'objet. Ce dessin notoire fut peut-être commandé par un ébéniste (voir le numéro précédent) : les motifs géométriques intéressèrent particulièrement les spécialistes de la marqueterie jusqu'à la fin du XVIᵉ siècle.

François-André VINCENT
(Paris, 1746 - *id.,* 1816)

31

Le Jeune Pyrrhus devant Glaucias
Plume et encre brune, lavis brun sur esquisse à la sanguine et traits de pierre noire; mis au carreau à la pierre noire. H. 0,375; L. 0,425.
Historique
Mlle Atger; acquis en 1976. Inventaire RF 36140.
Bibliographie
Cuzin, 1988, p. 7, n° 52, p. 22, repr.; Michel, 1989, p. 89-91, 127, 165, n° 52, repr.
Expositions
Paris, Louvre, 1984, n° 101; Paris, Louvre, 1989, n° 52.

Paris, musée du Louvre, département des Arts graphiques.

Le sujet est emprunté à la légende de Pyrrhus, relatée par Plutarque dans *Les Vies parallèles* : le jeune roi d'Epire, exilé, implore l'hospitalité de Glaucias, roi d'Illyrie. Le tableau que ce dessin prépare fut exposé au Salon de 1791 et se trouve aujourd'hui conservé au château de Zidlochowice (République tchèque). Pour son dessin, Vincent suit la technique de la mise au carreau chère à David, l'étude par le dessin au trait, qui confère aux figures un aspect sculptural. Mais il reprend aussi le code classique de l'anatomie et de la perspective.

Bibliographie

Ouvrages cités dans le catalogue des œuvres exposées

ABADIE, Daniel, *Donations Daniel Cordier, le regard d'un amateur,* Paris, 1989.

ADHÉMAR, Hélène, « Edgar Degas et la scène de guerre au Moyen Age », *Gazette des Beaux-Arts,* 1967, p. 295-298.

ADHÉMAR, Jean, CACHIN, Françoise, *Edgar Degas, gravures et monotypes,* Paris, 1973.

ADHÉMAR, Jean, « Introduction », *Daumier, dessins et aquarelles,* Paris, s.d., p. 1-16.

ANDRÉ, Jacques, « La petite mort de Sardanapale. Féminité et passivité sur la scène originaire », *L'Excès, Nouvelle revue de psychanalyse,* XLIII, printemps 1991, p. 165-185.

ANZELEWSKY, Fedja, *The Graphic Works of Dürer,* Londres, New York, Sydney, Toronto, 1970.

ARGAN, Giulio Carlo, CONTARDI, Bruno, *Michel-Ange architecte,* Paris, 1991.

BACOU, Roseline, *Dessins des Carrache,* cat. exp. Louvre, Cabinet des Dessins, Paris, 1961.

BACOU, Roseline, « Two Unpublished Drawings by Annibale Carracci for the Palazzo Farnese », *Master Drawings,* n° 1, vol. II, 1964, p. 40-44.

BACOU, Roseline, *The Famous Italian Drawings from the Mariette Collection at the Louvre in Paris,* Milan, 1981.

BACOU, Roseline, BEAN, Jacob, voir cat. exp. Paris, Louvre, 1958.

BACOU, Roseline, BEAN, Jacob, voir cat. exp. Rome, 1959.

BACOU, Roseline, CACHIN, Françoise, « Michel-Ange au Louvre », *Le Petit Journal des Grandes Expositions,* n° 23, 1975.

BALDINI, Umberto, *Tout l'œuvre peint de Fra Angelico,* Paris, 1973 (1ʳᵉ éd. italienne Milan, 1970).

BAZIN, Germain, « La Collection Walter Gay au Louvre », *Amour de l'Art,* février 1938.

BAZIN, Germain, *Corot,* Paris, 1951.

BAZIN, Germain, *Théodore Géricault. Etude critique, documents et catalogue raisonné,* vol. IV. *Le voyage en Italie,* Paris, 1990.

BAZIN, Germain, *Théodore Géricault. Etude critique, documents et catalogue raisonné,* vol. V. *Le retour à Paris : synthèse d'expériences plastiques,* Paris, 1992.

BENESCH, Otto, « Eine Zeichnung von Aert de Gelder », *Mitteilungen der Gesellschaft für Vervielfältigende Kunst,* 45, 1922, p. 25-37.

BENESCH, Otto, *Rembrandt, Werk und Forschung,* Vienne, 1935 (réédité par Eva Benesch, à Vienne, en 1970).

BENESCH, Otto, *The Drawings of Rembrandt. First Complete Edition in Six Volumes,* Londres, 1954-1957.

BENOIST, Luc, « La collection Paul Jamot », *L'Amour de l'Art,* 1926.

BERENSON, Bernard, *I disegni dei pittori fiorentini,* Milan, 1961 (1ʳᵉ éd. anglaise, Londres, 1903 et 2ᵉ éd. Chicago, 1938).

BERGER, Klaus, *Géricault und sein Werk,* Vienne, 1952 (éd. française, Paris, 1968 et éd. américaine, New York, 1978).

BERNADAC, Marie-Laure, PARIGORIS, A., SECKEL, H., voir cat. exp. Athènes, 1983.

BERNIER, Georges, *Anne-Louis Girodet, Prix de Rome 1789,* Paris, 1975.

BERTI, Luciano, et *alii, Michelangelo Artista. Pensatore. Scrittore,* 2 vol., Novare, 1965.

BLANC, Charles, *Ingres, sa vie et ses œuvres,* Paris, 1870.

BLISTÈNE, Bernard, « Fontana, Burri, Manzoni et l'Arte Povera : la mauvaise question », *Artstudio,* 13, 1989, p. 20-33.

BORSI, Franco et Stefano, *Paolo Uccello,* Paris, 1992.

BOTH DE TAUZIA, vicomte L., *Notice de la Collection His de La Salle,* Paris, 1881.

BOTH DE TAUZIA, vicomte L., *Dessins, Cartons, Pastels et Miniatures,* Paris, 1888.

BOUCHOT-SAUPIQUE, Jacqueline, cat. exp. Paris, Louvre, 1953.

BREDT, Ernst Wilhelm, *Rembrandt - Bibel, Altes Testament, Neues Testament,* Munich, 1927-1928.

BREWER, Robert, *A study of Lorenzo di Credi,* Florence, 1970.

BRIDGEMANN, Jane, « Filippino Lippi's Nerli altar-piece, a new date », *Burlington Magazine,* 130, 1988, p. 668-671.

BROWN, Christopher, *National Gallery Catalogues. The Dutch School 1600-1900* by Neil McLaren, revised and expanded, vol. I, Londres, 1991.

BROWN, David Alan, « Leonardo and the idealized portrait in Milan », *Arte Lombarda,* 1983, n° 67, p. 107-108.

BROWN, Roy Howard, « The formation of Delacroix's Hero between 1822 and 1831 », *The Art Bulletin,* vol. LXVI, 102, juin 1984, p. 237-254.

CAHILL, James, *Parting at the Shore, Chinese Painting of the Early and Middle Ming Dynasties, 1368-1590,* New York, Tokyo, 1978.

CARPICECI, Alberto Carlo, « Progetti di Michelangelo per la Basilica Vaticana », *Bollettino d'Arte,* nᵒˢ 68-69, 1991.

CASTELFRANCHI, Liana, « L'Angelico e il *De Pictura* dell'Alberti », *Paragone,* 1985, n° 419-421-423, p. 97-106.

CHASTEL, André, *L'opera completa di Seurat,* Milan, 1972.

CLÉMENT, Charles, *Géricault. Etude biographique et critique avec le catalogue raisonné de l'œuvre du maître,* Paris, 1867, 1872, 1879.

COGLIATI-ARANO, Luisa, *Andrea Solario,* Milan, 1965.

Commemorative Catalogue of the Exhibition of French Art, 1200-1900, Royal Academy of Arts, London, January-March, 1932, Londres, 1933.

CORDELLIER, Dominique, « Un dessin de Raphaël au Louvre : Le visage de la Poésie », *La Revue du Louvre,* 1985, n° 2, p. 96-104.

CORDELLIER, Dominique, PY, Bernadette, *Raphaël, son atelier, ses copistes, musée du Louvre, musée d'Orsay. Inventaire général des dessins italiens,* t. V, Paris, 1992.

CORDELLIER, Dominique, PY, Bernadette, voir cat. exp. Rome, 1992.

CORDIER, Daniel, *Les dessins de Jean Dubuffet,* Paris, 1960.

COUESSIN, Charles de, *Degas inédit.* Actes du colloque Degas. Musée d'Orsay, 18-21 avril 1988, Paris, 1988.

CRISPOLTI, Enrico, *Fontana. Catalogo generale*, Milan, 1974 (2ᵉ éd. revue et corrigée, Milan, 1986).

CRISTIANI TESTI, Maria Laura, « Panoramica a volo d'Uccello. La battaglia di San Romano », *Critica d'Arte,* XLVI, 175-177, 1981, p. 13-47.

CUZIN, Jean-Pierre, *François-André Vincent*, Cahiers du dessin français, n° 4, Paris, 1988.

DAGUERRE DE HUREAUX, Alain, *Delacroix*, Paris, 1993.

DALLI REGOLI, Gigetta, *Lorenzo di Credi*, Pise, 1966.

DALLI REGOLI, Gigetta, « Piero di Cosimo, Disegni noti e ignoti, 1 », *Critica d'Arte*, 1974, extrait du fascicule n° 133, p. 49-65.

DAMISCH, Hubert, TONGIORGI TOMASI, Lucia, *Tout l'œuvre peint de Paolo Uccello*, Paris, 1972.

DAVIS, Bruce, « Pier Francesco Mola's Autobiographical Caricatures : A Postscript », *Master Drawing's*, n° 1, vol. 29, 1991, p. 48-51.

DEGENHART, Bernhard, « Studien über Lorenzo di Credi », *Pantheon*, 1931, VIII, p. 463-466.

DEGENHART, Bernhard, SCHMITT, Annegrit, *Corpus der Italienischen Zeichnungen 1300-1450*, Berlin, 1968.

DEMONTS, Louis, *Les Dessins de Léonard de Vinci au Musée du Louvre*, Paris, 1921.

DEROUET, Christian, *Le Musée national d'Art moderne, Cabinet d'Art graphique*, Paris, 1990.

DIMIER, Louis, *Histoire de la peinture française du retour de Vouet à la mort de Le Brun (1627-1690)*, Paris-Bruxelles, 1927.

DUCHESNE, Aimé, *Musée de Peintures et de Sculptures ou Recueil des principaux Tableaux, Statues et Bas-reliefs des collections publiques et particulières de l'Europe dessiné et gravé à l'eau-forte par Réveil, avec des notices descriptives, critiques et historiques*, 15 vol., Paris, 1828-1834.

DUFOUR DENISON, Cara, voir cat. exp., Paris, Louvre, 1993.

DUPLESSIS, Georges, « Le cabinet de M. Gatteaux », *Gazette des Beaux-Arts,* Paris, 1870, p. 338-355.

DUSSLER, Luipold, *Die Zeichnungen des Michelangelo*, Berlin, 1959.

EITNER, Lorenz E. A., *Géricault, his Life and his Work,* Londres, 1983 (trad. française, Paris, 1991).

ESCHOLIER, Raymond, *Eugène Delacroix*, Paris, 1963.

FABRE, Jacqueline, *Picasso vivant*, Paris, 1981.

FERMOR, Sharon, *Piero di Cosimo, Fiction, Invention and Fantasìa*, Londres, 1993.

FOUCART, Jacques-Paul, « Versos inédits des dessins de Rembrandt », *Oud Holland,* 81, 1966, p. 44-50.

FRANZKE, Andreas, *Jean Dubuffet Zeichnungen,* Munich, 1980.

FUCHS, Eduard, *Der Maler Daumier*, Munich, 1927.

GALICHON, Emile, « Description des dessins de M. Ingres exposés au Salon des Arts Unis », *Gazette des Beaux-Arts,* 1861, p. 346-362.

GASSIER, Pierre, « Les dessins de Goya au musée du Louvre », *La Revue des Arts*, n° 1, mars 1954, p. 31-40.

GASSIER, Pierre, « Une source inédite de dessins de Goya en France au XIXᵉ siècle », *Gazette des Beaux-Arts*, juillet-août 1972, p. 109-120.

GASSIER, Pierre, 2 vol., *Les dessins de Goya*, vol. 1, Paris, 1973.

GEELHAAR, Christian, *Paul Klee et le Bauhaus*, Neuchâtel, 1972.

GERSON, Horst, *Rembrandt Paintings*, Amsterdam, 1968.

GIES, Jacques, « Activités du musée national des Arts asiatiques-Guimet, Acquisitions, II, Peintures et Sculptures », *Arts Asiatiques*, XLIV, 1989, p. 110-112.

GIES, Jacques, « Activités du musée national des Arts asiatiques-Guimet, Acquisitions, II, Peintures et Sculptures », *Arts Asiatiques*, XLVI, 1991, p. 129-132.

GIES, Jacques, « Chinese Paintings », *Orientations,* XXII, n° 5, 1991, p. 91-95.

GIRAUDY, Danièle, « Picasso à Antibes », *Revue municipale d'Antibes/Juan-les-Pins*, nᵒˢ 11-12, 1981.

GOLDSTEIN, Carl, *Visual Fact over Verbal Fiction*, Cambridge, 1988.

GRASSI, Luigi, *I disegni italiani del Trecento e Quattrocento, Scuole fiorentina, senese, marchigiana, umbra*, Venise, 1956.

GREEN, Christopher, *Cubism and its Enemies - Modern Movements and Reaction in French Arts, 1916-1928*, Londres, 1987.

GRISWOLD, William, *The Drawings of Piero di Cosimo*, Ph. D. dissertation, Courtauld Institute of Art, Londres, 1988.

GRUNCHEC, Philippe, voir cat. exp. New York, 1985-1986.

GRUYER, François-Anatole, *Voyage autour du Salon carré au Musée du Louvre*, Paris, 1891.

GUIFFREY, Jean, MARCEL, Pierre, *Inventaire général des dessins du musée du Louvre et du musée de Versailles. Ecole française,* vol. VI, Paris, 1911 ; vol. VIII, Paris, 1913 ; vol. IX, Paris, 1921.

HAUKE, C. M. de, *Seurat et son œuvre,* Paris, 1961.

HAVERKAMP-BEGEMANN, Egbert, « Recensie van Otto Benesch, *The Drawings of Rembrandt*, Londres, 1954-1957 », *Kunstchronik,* 14, 1961, p. 10-14, 19-28, 50-57, 85-91.

HERBERT, Robert L., voir cat. exp. Paris, Grand Palais, 1991.

HILAIRE, Michel, *Dessins français du XVIIᵉ siècle dans les collections publiques françaises*, cat. exp. Paris, 1993.

HOFSTEDE DE GROOT, Cornelis, *Die Handzeichnungen Rembrandts,* Haarlem, 1906.

HOFSTEDE DE GROOT, Cornelis, « Rembrandts Bijbelsche en historische voorstellingen », *Oud Holland,* 12, 1923-1924, p. 49-59, p. 97-114.

HOLZWARTH, Gerhard, voir cat. exp. *Im Schatten hoher Bäume, Malerei der Ming- und Qing-Dynastien (1368-1911) aus der Volksrepublik China,* Baden-Baden, Staatliche Kunsthalle, Cologne, Museum für Ostasiatische Kunt, Hambourg, Museum für Kunst und Gewerke, 1985.

IVES, Colta, STUFFMANN, Margret, SONNABEND, Martin, *Daumier Drawings*, cat. exp. New York, 1993.

JAMOT, Paul, *Degas,* Paris, 1924.

JANIS, Eugenia Parry, *Degas Monotypes*, cat. exp. Cambridge, 1968.

JANIS, Eugenia Parry, « Degas and the Master of Chiaroscuro », The Art Institute of Chicago, *Museum Studies,* 1972, n° 7, p. 52-71.

JEUNE, Marie, voir cat. exp. Kamakura, 1987-1988.

JOANNIDES, Paul, *Inventaire des dessins de Michel-Ange au Louvre* (titre provisoire), à paraître.

JOHNSON, Dorothy, *Jacques-Louis David, Art in Metamorphosis*, Princeton, 1993.

JOHNSTON, Catherine, « Quelques dessins de Guido Reni pour la suite d'Hercule », *Revue de l'art,* n° 3, 1969, p. 72-74.

JOUIN, Henry, *Charles Le Brun et les arts sous Louis XIV*, Paris 1889.

JULLIAN, Philippe, «Delacroix et le thème de Sardanapale», *Connaissance des Arts*, avril 1963, p. 82-89.

KLEINMANN, H., *Handzeichnungen alter Meister der Holländischen Schule*, Haarlem, 1894-1899.

LANGNER, Johannes, «Der Sturz des Ikarus», voir cat. exp. Bielefeld, 1984, p. 121-134.

LAPARDE, Jacques de, *Georges Seurat,* Monaco, 1945.

LAPAUZE, Henry, *Ingres, sa vie et son œuvre,* Paris, 1911.

LAVALLÉE, Pierre, *Le Dessin français*, Paris, 1931 (2ᵉ éd. 1948).

LEDDEROSE, Lothar, *Mi Fu and the Classical Tradition of Chinese Calligraphy*, Princeton, 1979.

LEMOISNE, P. A., *Degas et son œuvre*, t. I, Paris, 1946.

LEPORINI, Heinrich, *Die Stilentwicklung der Handzeichnung*, Vienne, 1925.

LEYMARIE, Jean, MONNIER, Geneviève, ROSE, Bernice, *Le dessin*, Genève, 1979.

LIPPMAN, Friedrich, HOFSTEDE DE GROOT, Cornelis, *Original Drawings by Rembrandt reproduced in the Colours of the Originals*, La Haye, 1911, IVᵉ série, nᵒˢ 1-100.

LONGSTREET, Stephen, *The Drawings of Ingres*, New York, 1964.

LOREAU, Max, *Catalogue des travaux de Jean Dubuffet*, fascicule VI : *Corps de dame*; fascicule VII : *Tables paysagées, Paysages du mental, Pierres philosophiques,* Paris, 1967.

LOYRETTE, Henry, voir cat. exp. Paris, Grand Palais, 1988.

LUGT, Frits, *Inventaire général des dessins des écoles du Nord. Ecole hollandaise*, Paris, 1929.

LUGT, Frits, *Rembrandt et ses élèves, ses imitateurs, ses copistes, musée du Louvre. Inventaire général des dessins des écoles du Nord. Ecole hollandaise*, t. III, Paris, 1933.

LUGT, Frits, *Musée du Louvre. Inventaire général des dessins des écoles du Nord, publié sous les auspices du Cabinet des dessins. Maîtres des Anciens Pays-Bas nés avant 1550*, Paris, 1968.

LUMET, Louis, RAMBOSSON, Yvanohé, *Le dessin par les grands maîtres*, Paris, 1911.

Magasin Pittoresque, 1858
«Recueil de dessins de Léonard de Vinci au Musée du Louvre», *Magasin Pittoresque*, 1858, p. 11-14.

MAISON, K. E., *Honoré Daumier, Catalogue raisonné of the Paintings, Watercolours and Drawings*, vol. II, Paris, 1968.

MARIN, Louis, et *alii,* «Architecture et représentation : Paolo Uccello au Chiostro Verde de Santa Maria Novella à Florence», *Symboles de la Renaissance,* vol. III, p. 113-136.

MARTIN, John Rupert, *The Farnese Gallery*, Princeton, 1965.

MAYER, A. L., «Goya Drawings in the Louvre», *Old Master Drawings*, septembre 1938, p. 22-23.

MÉJANÈS, Jean-François, «Ingres au Cabinet des Dessins», *La Revue du Louvre,* 1980, nᵒ 4, p. 278-279.

MÉJANÈS, Jean-François, «Ingres», *Le Petit Journal des Grandes Expositions,* 1980, nᵒ 4, p. 1-4.

MÉJANÈS, Jean-François, voir cat. exp. Paris, Louvre, 1984-1985.

MELLER, Simon, «Eine Dürerzeichnung aus dem Besitze Peter Vischers D. J.», *Jahrbuch der preussischen Kunstsammlungen*, Berlin, 1925.

MÉROT, Alain, *Eustache Le Sueur (1616-1655)*, Paris, 1987.

MICHEL, Emile, *Rembrandt, sa vie, son œuvre et son temps,* Paris, 1893.

MICHEL, Régis, voir cat. exp. Paris, Louvre, 1989.

MICHEL, Régis, voir cat. exp. Paris, Grand Palais, 1992.

MICHEL, Régis, «Résurrection d'un Géricault : L'enlèvement de Fualdès», *Revue du Louvre,* 1993, nᵒ 4, p. 5-6.

MILLON, Henry, SMYTH, Craig Hugh, «Michelangelo and St Peter's : Observations on the interior of the apses, a Model of the apse vault, and related drawings», *Römisches Jahrbuch für Kunstgeschichte*, Sonderdruck, vol. XVI, 1976.

MONNIER, Genevière, «Les dessins de Degas du musée du Louvre», *La Revue du Louvre,* 1969, nᵒ 6, p. 359-368.

MONTAGU, Jennifer, *The Expression of the Passions. The Origin and Influence of Charles Le Brun's Conférence sur l'expression générale et particulière*, Londres, 1994.

MONTAIGLON, Anatole de, *Essai de catalogue des Dessins de Le Sueur* in Louis Dussieux, «Nouvelles recherches sur la vie et les ouvrages de Le Sueur», *Archives de l'Art Français*, t. II, 1852, p. 1-121.

MONTE, James, «Forty-six works from New York», *Art Forum*, vol. II, nᵒ 7, 1964.

MOREAU-NÉLATON, Etienne, *Corot raconté par lui-même*, Paris, 1924.

MÜLLER-WALDE, Paul, *Leonardo da Vinci*, Munich, 1889.

MÜLLER-WALDE, Paul, *Leonardo da Vinci*, Munich, 1890.

NEUMEYER, Alfred, «Study of a nude female Figure», *Old Master Drawings*, XIII, nᵒ 49, 1938, p. 16-17.

NEUMEYER, Alfred, *Dürer*, Paris, 1938.

ORLANDI, Stefano, *Beato Angelico*, Florence, 1964.

PANOFSKY, Erwin, *La vie et l'art d'Albrecht Dürer*, Paris, 1987.

PAO HOUEI TSI, *Douze peintures chinoises de la collection J.-P. Dubosc*, Pékin, 1937.

PÉRON, Alexandre, *Examen du tableau du Serment des Horaces peint par David, suivi d'une note historique du tableau, lu à la Société libre des Beaux-Arts*, Paris, 1839 (extrait des *Annales de la Société...*, t. VIII).

PERRIG, Alexander, *Michelangelo's Drawings. The Science of Attribution*, New Haven et Londres, 1991.

PIGNATTI, Terisio, *La grande avventura del disegno italiano*, Milan, 1991.

PIRAZZOLI, Michèle, HOU, Ching-Lang, «Une peinture pour un poème : un rouleau de Wan Shouqi (1603-1652)», *Arts Asiatiques*, XXVIII, 1973, p. 185-200.

POPE-HENNESSY, John, *Fra Angelico*, Londres, 1952 et New York, 1974.

POPE-HENNESSY, John, *Paolo Uccello,* Londres et New York, 1969 (1ʳᵉ éd. 1950).

POSNER, Donald, *Annibale Carracci*, 2 vol., Londres, 1971.

RAGGHIANTI COLLOBI, Licia, *Il libro de' Disegni del Vasari*, Florence, 1974.

RANGONI, Fiorenza, «Per un ritratto di Francesco Angeloni», *Paragone*, 499, 1991, p. 46-66.

REISET, Frédéric, *Notice des dessins, cartons, pastels, miniatures et émaux exposés dans les salles du premier et du deuxième étages au musée impérial du Louvre. Première partie : écoles d'Italie*, Paris, 1866; vol. II, Paris, 1869.

REY, Jean-Dominique, «Le tour des expositions», *Jardin des Arts*, nᵒ 96, 1962, p. 72-77.

RICCI, Corrado, «Il *Musicista* dell'Ambrosiana», *Bollettino d'Arte*, 1913, p. 200-202.

RICCIO, Bianca, « Ancora sul Mola », *Arte Illustrata*, n° 51, novembre 1972, p. 403-411.

RICHARDSON, Brenda, *Barnett Newman, the Complete Drawings 1944-1969*, Baltimore, 1979.

RICHARDSON, John, *Vie de Picasso, 1881-1906*, New York, 1991.

RICHET, Michèle, *Catalogue sommaire des collections du musée Picasso, II : dessins, aquarelles, gouaches, pastels*, Paris, 1987.

RICHTER, Jean-Paul, « The Notebooks of Leonardo da Vinci », vol. I, New York, 1970.

RING, Grete, *A Century of French Painting, 1400-1500*, Paris, 1949.

ROBAUT, Alfred, *L'œuvre de Corot. Catalogue raisonné et illustré*, vol. V, Paris, 1965.

ROGER-MARX, Claude, « Georges Seurat », *Gazette de Beaux-Arts,* 1927, p. 311-318.

ROGER-MARX, Claude, *Daumier, peintures, aquarelles, dessins*, cat. exp. Paris, 1934.

ROSE, Barbara, *Barnett Newman*, Paris, 1981.

ROSENBERG, Harold, *Newman*, New York, 1978.

ROSENBERG, Jakob, « Recensie van Otto Benesch, *The Drawings of Rembrandt*, Londres 1954-1957, III-IV », *The Art Bulletin,* 1959, n° 41, p. 108-119.

ROUCHÈS, Gabriel, *Eustache Le Sueur*, Paris, 1923.

SALMI, Mario, *Il Beato Angelico*, Spolète, 1958.

SALMI, Mario, « Commenti al coro della Chiesa di San Francesco a Sansepolcro », *Commentari*, vol. XXIII, n° 4, 1972, p. 351-365.

SAPIN, Marguerite, « Contribution à l'étude de quelques œuvres d'Eustache Le Sueur », *Revue du Louvre*, 1978, n° 4, p. 242-254.

SAXL, Frits, « Bemerkungen zu den Münchner Rembrandtzeichnungen », *Repertorium für Kunstwissenschaft,* XXXI, 1908, p. 531.

SEARLE, Ronald, ROY, Claude, BORNEMANN, Bernd, *La caricature. Art et manifeste du XVIᵉ siècle à nos jours*, Genève, 1974.

SÉRULLAZ, Arlette, *Musée du Louvre, Cabinet des dessins. Inventaire général des dessins, école française. Dessins de Jacques-Louis David, 1748-1825*, Paris, 1991.

SÉRULLAZ, Maurice, *Dessins français de Prud'hon à Daumier,* Fribourg, 1966.

SÉRULLAZ, Maurice, et *alii*, *Inventaire général des dessins. Ecole française 1798-1863*, Paris, 1984.

SÉRULLAZ, Maurice, SÉRULLAZ, Arlette, *Le XIXᵉ siècle français,* Paris, 1976.

SHELL, Janice, voir cat. exp. Montréal, 1992.

SHOEMAKER, Innis Howe, *Filippino Lippi as a Draughtsman*, Ann Arbor, Michigan (Etats-Unis), Londres, 1977.

SIMON, Robert, « Géricault and *l'affaire Fualdès* », Actes du colloque *Géricault*, Paris, musée du Louvre, 14-17 novembre 1991, à paraître en 1995.

SIREN, Osvald, *Chinese Painting. Leading Masters and Principles,* 7 vol., Londres, New York, 1956-1958.

SLIVE, Seymour, *Drawings of Rembrandt*, New York, 1965.

SPECTOR, Jack J., *Delacroix : The Death of Sardanapalus*, Londres, 1974.

SPIES, Werner, *Picasso. Pastels, dessins, aquarelles*, Paris, 1986.

STARCKY, Emmanuel, voir cat. exp. Paris, Louvre, 1991-1992.

STERLING, Charles, *Ecole française, peintres du Moyen Age*, Paris, 1941.

STRAUSS, Walter L., *The Complete Drawings of Albrecht Dürer*, New York, 1974.

SUMOWSKI, Werner, *Drawings of the Rembrandt School,* vol. I, New York, 1979.

SUTHERLAND BOGGS, Jean, *Degas,* voir cat. exp. Paris, Grand Palais, 1988.

TERNOIS, Daniel, « Napoléon et la décoration du Palais Impérial de Monte Cavallo en 1811-1813 », *Revue de l'Art,* 1970, n° 7, p. 68-89.

TERNOIS, Daniel, *Ingres*, Milan, 1980.

TIETZE, Hans, TIETZE-CONRAT, Erika, *Der junge Dürer, Verzeichnis der Werke bis zur venezianischen Reise im Jahre 1505*, Augsburg, 1928.

TOLNAY, Charles de, *Michelangelo. The Final Period*, 5 vol., Princeton, 1971.

VALENTINER, Wilhelm, *Rembrandt des Meisters Handzeichnungen*, Stuttgart, Berlin, Leipzig, t. I, 1925, t. II, 1934.

VALLARDI, Giuseppe, *Disegni di Leonardo da Vinci posseduti da Giuseppe Vallardi dal medesimo descritti ed in parte illustrati*, Milan, 1855.

VALLETTE-HÉMERY, Martine, *Les formes du vent, paysages chinois en prose*, Paris, 1987.

VAN MARLE, Raymond, *Italian Schools of Painting*, La Haye, 1931.

VAN REGTEREN ALTENA, I. Q., *The Drawings of Jacques de Gheyn*, Amsterdam, 1936.

VAN REGTEREN ALTENA, I. Q., *Jacques de Gheyn, Three Generations*, 3 vol., La Haye, 1983.

VERNE, Henri, *Le Figaro artistique*, 14 juillet 1927, p. 627.

VIATTE, Françoise, voir cat. exp. Paris, Louvre, 1990

VIATTE, Françoise, « Verrocchio et Leonardo da Vinci : à propos des *Têtes idéales* », *Florentine Drawing at the Time of Lorenzo the Magnificent*, Papers from a Colloquium held at the Villa Spelman, Florence, 1992, introduction par E. Cropper, Bologne, 1994, p. 45-53.

VIATTE, Françoise, GOGUEL, Catherine, voir cat. exp. Chicago, 1979-1980.

VILAIN, Jacques, « A propos de quelques dessins français de la période néo-classique », *Revue du Louvre,* 1978, n° 1, p. 113-118.

VITZTHUM, Walter, « Carracci Drawings at the Cabinet des Dessins (Compte rendu de l'exposition des dessins des Carrache au Louvre) », *Burlington Magazine*, CIV, 706-717, 1962, p. 75-79.

VON GEYMÜLLER, Heinrich, « Les derniers travaux sur Léonard de Vinci », *Gazette des Beaux-Arts*, 1886, p. 143-164.

VON SEIDLITZ, Woldemar, « Rembrandts Zeichnungen », I, XVIII, 1894, p. 116-127.

VON SEIDLITZ, Woldemar, « Ambrogio Preda und Leonardo da Vinci », *Jahrbuch der Kunsthistorischen Sammlungen des allerhöchsten Kaiserhauses*, Vienne-Leipzig, 1906-1907, vol. XXVI, livr. I.

VON SEIDLITZ, Woldemar, *Leonardo da Vinci, der Wendepunkt der Renaissance*, Berlin, 1909.

WINKLER, Friedrich, *Die Zeichnungen Albrecht Dürer*, Berlin, 1936.

ZERVOS, Christian, *Pablo Picasso*, Paris, 1942.

Paris, Louvre, 1986
Les mots dans le dessin, Paris, Louvre, 1986.

Paris, Louvre, 1987
La collection Saint-Morys au Cabinet des Dessins du musée du Louvre, Paris, Louvre, 1987.

Paris, Louvre, 1988
L'an V. Dessins des grands maîtres, Paris, Louvre, 1988.

Paris, Louvre, 1988-1989
Rembrandt et son école, dessins du musée du Louvre, Paris, Louvre, 1988-1989.

Paris, Louvre, 1989
Le beau idéal ou l'art du concept, Paris, Louvre, 1989.

Paris, Louvre, 1989
Michel-Ange dessinateur, Paris, Louvre, 1989.

Paris, Louvre, 1990
Exposition des nouvelles acquisitions du département des Arts graphiques de 1984-1989, Paris, Louvre, 1990.

Paris, Louvre, 1991
Repentirs, Paris, Louvre, 1991.

Paris, Louvre, 1991-1992
Dessins de Dürer et de la Renaissance germanique, Paris, Louvre, 1991-1992.

Paris, Louvre, 1993
Dessins français du XVIIe siècle dans les collections publiques françaises, Paris, Louvre, 1993.

Paris, Louvre, 1993
Le dessin français, chefs-d'œuvre de la Pierpont Morgan Library, Paris, Louvre; New York, The Pierpont Morgan Library, 1993.

Paris, musée national d'Art moderne, 1972
Paul Klee au musée national d'Art moderne, Paris, musée national d'Art moderne, Centre Georges-Pompidou, 1972.

Paris, musée national d'Art moderne, 1977
Musée national d'Art moderne. Acquisitions du Cabinet d'Art graphique. 1971-1976, Paris, musée national d'Art moderne, Centre Georges-Pompidou, 1977.

Paris, musée national d'Art moderne, 1978
Dessins de Miró, Paris, musée national d'Art moderne, Centre Georges-Pompidou, 1978.

Paris, musée national d'Art moderne, 1981
Barnett Newman. Les dessins, 1944-1969, Paris, musée national d'Art moderne, Centre Georges-Pompidou, 1980-1981.

Paris, musée national d'Art moderne, 1987-1988
Lucio Fontana, Paris, musée national d'Art moderne, Centre Georges-Pompidou, 1987-1988; puis *Lucio Fontana 1899-1968*, Barcelone, Fundació Caixa de Pensions; *Fontana*, Amsterdam, Stedelijk Museum, *Lucio Fontana 1899-1968*, Londres, Whitechapel Art Gallery, 1988.

Paris, musée national d'Art moderne, 1993
Noir Dessin, Paris, musée national d'Art moderne, Centre Georges-Pompidou, 1993.

Paris, musée national d'Art moderne, 1994
Joan Miró. Les trois bleus, Paris, musée national d'Art moderne, Centre Georges-Pompidou, 1994 (sans catalogue).

Paris, musée Picasso, 1991-1992
Picasso, jeunesse et genèse. Dessins 1893-1905, Paris, musée Picasso, 1991; Nantes, musée des Beaux-Arts, 1991-1992.

Paris, Orangerie, 1931
Dessins italiens XIVe, XVe et XVIe siècles, Paris, Orangerie, 1931.

Paris, Orangerie, 1933
Les achats du musée du Louvre et les dons de la Société des Amis du Louvre, Paris, Orangerie, 1933.

Paris, Orangerie, 1934
Daumier. Peintures, aquarelles, dessins, Paris, Orangerie, 1934.

Paris, Orangerie, 1937
Rembrandt, Paris, Orangerie, 1937.

Paris, Orangerie, 1937
Degas, Paris, Orangerie, 1937.

Paris, Orangerie, 1941
La donation P. Jamot, Paris, Orangerie, 1941.

Paris, Orangerie, 1969
Degas. Œuvres du musée du Louvre, Paris, Orangerie, 1969.

Paris, Orangerie, 1975
Hommage à Corot, Paris, Orangerie, 1975.

Paris, Orsay, 1990
Champfleury. L'art pour le peuple, Paris, musée d'Orsay, 1990.

Paris, Palais de Tokyo, 1980
La Grisaille, Palais de Tokyo, Paris, 1980.

Paris, Palais national des Arts, 1937
Chefs-d'œuvre de l'Art français, Paris, Palais national des Arts, 1937.

Paris, Petit Palais, 1935
De Cimabue à Tiepolo, Paris, Petit Palais, 1935.

Paris, Petit Palais, 1936
Gros, ses amis, ses élèves, Paris, Petit Palais, 1936.

Paris, Petit Palais, 1966-1967
Dessins-sculptures-céramiques. Hommage à Pablo Picasso, Paris, Petit Palais, 1966-1967.

Paris, Salon des Arts Unis, 1861
Dessins d'Ingres, Paris, Salon des Arts Unis, 1861.

Paris-Versailles, 1948
David - Exposition en l'honneur du deuxième centenaire de sa naissance, Paris, Orangerie des Tuileries; Versailles, musée du Château, 1948.

Paris-Versailles, 1989-1990
Jacques-Louis David, 1748-1825, Paris, Louvre; Versailles, musée national du Château, 1989-1990.

Prague, 1993-1994
Jean Dubuffet, 1901-1985, Prague, Manège du Château, 1993; Varsovie, Galerie Zacheta, 1994.

Rome, 1959-1960
Il disegno francese da Fouquet a Toulouse Lautrec, Rome, Palazzo Venezia, 1959-1960.

Rome, 1959
Disegni fiorentini del Museo del Louvre dalla collezione di Filippo Baldinucci, Rome, Farnesina alla Lungara, Gabinetto Nazionale Delle Stampe, 1959.

Rome, 1992
Raphaël. Autour des dessins du Louvre, Rome, Villa Médicis, 1992.

Rotterdam, 1986
Jacques de Gheyn II, Drawings, 1565-1626, Rotterdam, musée Boymans-van Beuningen, 1986.

Stockholm, 1967
Fontana : Idéer om rymdem, Stockholm, Moderna Museet, 1967.

Sydney-Melbourne, 1980-1981
French Painting : The Revolutionary Decades 1760-1830, Sydney, Art Gallery of New South Wales, 1980; Melbourne, National Gallery of Victoria, 1980-1981.

Toulouse, 1955
Ingres et les maîtres de Roques à David, Toulouse, musée des Augustins; Montauban, musée Ingres, 1955.

Toulouse, 1994
La donation Antony Denney, Toulouse, musée d'Art moderne, 1994.

Tübingen, 1986
Picasso - Pastelle - Zeichnungen - Aquarelle, Tübingen, Kunsthalle, 1986.

Turin, 1993
Da Brancusi a Boltanski, Turin, Castello di Rivoli, 1993.

Venise, 1954
Mostra d'Arte cinese / Exhibition of Chinese Art, Venise, Palazzo Ducale, 1954.

Venise, 1966
XXXIII Biennale Internazionale d'Arte di Venezia, Venise, Biennale, 1966.

Villeneuve-d'Ascq, 1989
Blast, foyer et explosion. Surréalisme européen, Expressionnisme abstrait américain, Villeneuve-d'Ascq, musée d'Art moderne, 1989.

Washington, 1952
French Drawings, exposition itinérante, Washington, Cleveland, St. Louis, Cambridge et New York, 1952-1953.

Zurich, 1937
Zeichnungen französischer Meister von David zu Millet, Zurich, Kunsthaus, 1937.

Zurich, 1987
Eugène Delacroix Zeichnungen, Aquarelle, Graphik, Zurich, Kunsthaus, 1987.

Index

des principaux noms propres cités dans le texte